HERMÉNEUTIQUE CONTEMPORAINE

La liste des volumes publiés dans la même collection se trouve en fin de volume.

TEXTES CLÉS

HERMÉNEUTIQUE CONTEMPORAINE

Comprendre, interpréter, connaître

Textes réunis et présentés par
Denis THOUARD

Traduits par
Ph. LACOUR, F. THOMAS, D. THOUARD

PARIS
LIBRAIRIE PHILOSOPHIQUE J. VRIN
6, place de la Sorbonne, V^e
2011

Imprimé en France
ISSN 1639-4216
ISBN 978-2-7116-2338-9

www.vrin.fr

PRÉFACE

Un état bien dangereux : croire comprendre.
Paul Valéry [1]

L'herméneutique est l'art de comprendre et d'interpréter. On peut parler tout aussi bien simplement d'interprétation. Que l'on utilise le mot venant du grec, plus savant, désignant une discipline, ou le mot issu du latin, plus immédiatement accessible, les problèmes et les objets sont du même ordre [2]. Il s'agit de penser une connaissance par des signes, partant indirecte, qui implique pour nous le fait de devoir interpréter pour reconstruire le sens. Le lecteur rencontrera dans les textes ici rassemblés certains des thèmes et des problèmes liés à l'interprétation, qui lui assurent une place dans la discussion philosophique contemporaine. Cette présence est parfois envahissante, comme chez les maximalistes

1. *Choses tues*, dans *Œuvres* II, Paris, Gallimard, 1960, p. 497.

2. On peut établir une distinction de tradition philosophique, la philosophie allemande utilisant plus volontiers le terme grec, la philosophie anglo-saxonne le terme latin, mais aussi une distinction disciplinaire, la théologie, la philologie et dans une certaine mesure l'histoire et la philosophie reprenant le terme grec, la sociologie, la psychologie, la linguistique ou encore l'anthropologie le terme latin. Ces différents choix terminologiques ne doivent pas masquer l'universalité des problèmes visés.

qui considèrent que « tout est interprétation » et que l'objectivité est un leurre, ce qui revient à défendre un « interprétationnisme », allant jusqu'à identifier l'être à la perspective singulière selon laquelle nous l'interprétons. Elle peut être aussi évanescente quand, par réaction souvent contre un premier excès, on revient aux naïves postures d'un positivisme du fait brut, imaginant que la signification des œuvres ou des actions serait donnée avec celles-ci [1]. Entre les positions extrêmes d'un scepticisme tendant à reconduire toute connaissance à une interprétation qui en vaut bien une autre et d'un réalisme considérant que l'on peut toujours retrouver, sous le vernis des interprétations, la « vérité » des « faits », s'ouvre un éventail de positions qui rend possible en principe une discussion de fond. On verra ici que celle-ci est interne à l'herméneutique (et n'oppose donc pas celle-ci, réduite à un relativisme perspectiviste, à son dehors). Il y a bien une « logique des positions herméneutiques » qui articule, dans les conditions spécifiques de la connaissance herméneutique, les différentes options, des plus sceptiques aux plus confiantes. C'est bien parce qu'il y a un « conflit des herméneutiques » qu'on peut parler d'une « rationalité herméneutique ».

1. On se contentera pour commencer de cette acception générale de l'interprétationnisme, ordinairement attribuée à Nietzsche. La « philosophie du signe » de J. Simon en présente une version provocante, inspirée de Nietzsche et Wittgenstein (*Philosophie des Zeichens*, Berlin, de Gruyter, 1989). D. Davidson en a formulé une version forte, liant la reconnaissance du sens et de contenus mentaux à l'interprétation (*Inquiries into Truth and Interpretation*, Oxford, Clarendon, 1984, trad. fr. P. Engel, *Enquête sur la vérité et l'interprétation*, Nîmes, J. Chambon, 1993). La distinction de différents niveaux d'interprétation permet à G. Abel d'opposer sa « philosophie de l'interprétation », qui doit tant à Nietzsche qu'à Davidson, à un « interprétationnisme » vague (*Interpretationswelten : Gegenwartsphilosophie jenseits von Essentialismus und Relativismus*, Frankfurt a.M., Suhrkamp, 1993). M. Montminy distingue et discute différentes espèces d'interprétationnisme dans « Interprétation et interprétationnismes », *Philosophiques* 32, 2005, p. 3-17. L'attitude inverse est un cas extrême de réalisme du sens commun.

COMPRENDRE ET INTERPRÉTER

Comprendre renvoie à l'accomplissement effectif d'une opération cognitive, alors qu'interpréter se distribue en différentes modalités [1]. On comprend ou non quelque chose, c'est un état de fait qui peut être constaté à un moment donné, alors qu'on interprète d'une façon ou d'une autre. La compréhension est immédiate et se suffit à elle-même, alors que l'interprétation est médiate et indirecte. On peut voir dans l'interprétation le détour nécessaire pour passer d'une absence de compréhension à une compréhension effective, ou d'une compréhension superficielle à

1. Pour une analyse de ces concepts, voir Ch. Berner, *Au détour du sens. Perspectives d'une philosophie herméneutique*, Paris, Le Cerf, 2007; Ch. Berner et D. Thouard (éds.), *Sens et interprétation. Pour une introduction à l'herméneutique*, Lille, Presses Universitaires du Septentrion, 2008; A. Bühler (ed.), *Hermeneutik. Basistexte zur Einführung in die wissenschaftstheoretischen Grundlagen von Verstehen und Interpretation*, Heidelberg, Synchron 2003; R.M. Chisholm, « Verstehen: The Epistemological Question », *Dialectica* 33, 1979, p. 233-246; M. Dascal, *Interpretation and Understanding*, Amsterdam, Benjamins, 2003; G. Deniau, *Qu'est-ce que comprendre?*, Paris, Vrin, 2008; W. Dilthey, *L'Édification du monde historique* (1911), trad. fr. S. Mesure, Paris, Le Cerf, 1989; A. Graeser, « Interpretation, Erfahrung und Bedeutung », *Studia philosophica* 57, 1998, *Interprétation et vérité*, p. 11-25; G. Küng, « Understanding and its rational Justification », *Dialectica* 33, 1979, p. 217-232; W. Künne, « Verstehen und Sinn. Eine sprachanalytische Betrachtung », *Allgemeine Zeitschrift für Philosophie* 6, 1981, p. 1-16; M. Riedel, *Verstehen oder Erklären? Zur Theorie und Geschichte der hermeneutischen Wissenschaften*, Stuttgart, Klett-Cotta, 1978; O.R. Scholz, *Verstehen und Rationalität*, Frankfurt a.M., Klostermann, 1999; G. Simmel, « De la nature de la compréhension historique » (1918), trad. fr. K. Winkelvoss dans *La forme de l'histoire*, Paris, Le Promeneur, 2004, p. 46-88; J. Simon, *Signe et interprétation*, trad. fr. Ch. Berner, M. de Launay et D. Thouard, Lille, Presses Universitaires du Septentrion, 2004; W. Strube, « Analyse des Verstehensbegriffs », *Zeitschrift für Allgemeine Wissenstheorie* 16, 1985, p. 315-333; W. Vossenkuhl, « Analyse und Hermeneutik. Über "Verstehen" », *Philosophia naturalis* 32, 1995, p. 295-317.

un approfondissement. L'objet de la compréhension est d'abord limité : un énoncé, une situation, un comportement renvoyant à un contexte de communication ordinaire. Comprendre est une activité d'orientation fondamentale, elle est une forme d'intelligence qui anticipe et constitue le socle des élaborations ultérieures [1].

L'interprétation marque un arrêt, un retour sur une compréhension, un doute qui motive sa reprise consciente et volontaire. L'interprétation est médiate, elle peut porter sur les mêmes objets que la compréhension, mais de façon critique, supposant que la compréhension n'a pas abouti ou pas suffisamment. Elle introduit donc une réflexion et une mise en relation à d'autres éléments, à un contexte plus vaste, qu'il soit temporel, spatial ou textuel. Elle produit des attentes, comme l'exigence d'une cohérence propre arrachée à son objet. Elle doit se justifier par des raisons. Le caractère discursif et médiat de l'interprétation n'implique pas que la compréhension soit purement intuitive et immédiate, inaccessible aux raisons, mais simplement qu'alternent ici le régime de l'évidence de la pratique et celui de la reconstitution raisonnée.

Quel est l'objet? Ce qui peut être compris s'inscrit dans un réseau de significations prêté à des gestes, des actes, des signes. Quand on agit, que l'on participe à une activité, on n'éprouve pas le besoin de l'interpréter. On vit dans l'évidence de ce qui semble se comprendre de soi. L'interprétation suppose une distance. Elle introduit une interruption de la participation, une réflexion. Dans le cas d'une perturbation acoustique, l'interprétation n'aura qu'à restituer ce qui n'a pu être entendu ou qui était parasité, comme l'œil du lecteur rectifie automatiquement une coquille, mais l'on s'interroge plus souvent sur la signification des paroles prononcées, en elles-mêmes ou dans leur contexte, car un propos banal

1. W. Hogrebe, *Mantik und Metaphysik*, Frankfurt a.M., Suhrkamp, 2000, et « Mantik und Hermeneutik », dans W. Hogrebe (ed.), *Mantik. Profile prognostischen Wissens in Wissenschaft und Kultur*, Würzburg, K&N, 2005, p. 3-15.

peut se révéler, en certaines situations, lourd de sens. Dans tous les cas, la recherche d'une compréhension requiert la présupposition d'une visée : on appréhende ce que l'on cherche à comprendre comme un ensemble de signes supposés porteurs d'une signification. Ce sont donc des sons ou des traces physiques qui sont pris pour des signes dès lors que l'on fait l'hypothèse qu'ils renvoient à du sens. Si ce sont des actes, des gestes, des déplacements dans l'espace, il en ira de même : au niveau le plus élémentaire, on se demandera à quel genre de pratique et donc de visée peut renvoyer un acte physique et donc en quoi il devient une action, une suite de gestes finalisée. En ce premier abord, l'objet de l'interprétation est un ensemble de signes, un acte ou une œuvre. Le texte n'est donc, comme suite de signes linguistiques écrits ou enregistrés, qu'un cas possible de l'interprétation.

Cependant, le caractère indirect de l'interprétation implique bien que des accès au sens soient ménagés, les traces lues, les signes assemblés. Les actions passées, qu'elles soient des habitudes, us et coutumes, ou bien des actes exceptionnels accomplis en des circonstances uniques, doivent être représentées d'une façon déterminée pour qu'on puisse envisager d'en reconstituer la cohérence propre. La connaissance du passé dépend en ce sens d'un travail d'interprétation, puisque le passé, par définition, n'est plus qu'à travers ses traces physiques et les récits et souvenirs qui les accompagnent. Pris ainsi, dans sa plus grande généralité, le problème de l'interprétation ne saurait se limiter à ce qui est langagier. On comprend toutefois que, en raison de son caractère médiat, la réflexion sur l'interprétation se soit exercée prioritairement sur des textes auxquels était reconnue une valeur éminente, qu'elle fût d'ordre religieux, juridique ou littéraire.

Un texte est en effet une forme de communication soustraite à ses conditions premières qui mettaient en présence un locuteur et un auditoire dans une situation qui pouvait servir en elle-même de commentaire des paroles. En l'absence du contexte d'origine, quand le propos s'est absolutisé en un écrit désormais dissociable des circonstances de sa production, l'attention se concentre nécessairement sur le texte lui-même dont on attend qu'il livre des indications non seulement sur son sens, mais aussi sur son mode de signifier. L'interprétation tend alors à reconstituer les conditions de la communication initiale, voire de retrouver la visée des différents acteurs, locuteurs, témoins, auditeurs ou lecteurs. Dans une démarche historique, cette recherche semble parfaitement légitime, mais il apparaît vite qu'elle ne saurait épuiser la signification d'un texte ou d'un événement dont on aura reconstitué la portée pour les acteurs eux-mêmes. En effet, celle-ci se limite rarement à l'intention de leurs auteurs. S'agit-il d'un document historique, sa portée excède souvent la visée initiale des acteurs, confinés qu'ils sont par leur perspective particulière, et peut même produire des effets contraires à l'intention qui les avait inspirés. Si nous avons affaire à un texte juridique, il est encore plus manifeste que sa signification ne saurait être réduite à la visée particulière du législateur en un moment donné, puisqu'il est par définition voué à normer des actions possibles, qui ne se sont pas encore produites. Un texte religieux, de son côté, s'il est considéré comme le document d'une révélation, peut difficilement être lu ès qualité comme une archive historique, et le caractère inépuisable de son sens est même doctrinalement posé d'emblée. Tournons-nous enfin vers un texte littéraire ou bien une œuvre d'art, il est non moins manifeste que, bien que ces œuvres soient nécessairement apparues dans des circonstances historiques particulières, qu'il convient sans doute de retracer, leur signification ne saurait y être réduite.

Ces indications suffisent à suggérer le caractère normatif de l'objet de l'interprétation. Il y a toutes les apparences, en effet, que sa signification ne s'épuise pas en l'une de ses traductions, fût-elle parfaitement « juste », comme si l'interprétation se plaçait d'emblée dans une situation de *déficit* par rapport à ce qu'elle cherche à restituer et à quoi elle se soumet. Une légalité propre de l'acte, de l'œuvre ou du texte interprété vient régler comme par en dessous une opération sans laquelle, inversement, il « n'y aurait » proprement pas de « sens » de ces œuvres. Le paradoxe d'une intentionnalité absentée de ses expressions vient compliquer la perspective première d'une communication différée.

En effet, les expressions humaines, qu'elles prennent la forme d'œuvres, de textes, d'institutions, de coutumes ou de conventions, ne s'épuisent pas dans leur mise en jeu initiale, mais perdurent à travers les sociétés qui les adoptent, les actualisent, les pratiquent, les interprètent et les modifient. Tout comme l'expression linguistique ou artistique ne se résume nullement à sa fonction transitoire, les effets des actions communes et des symbolisations excèdent les actes communicatifs qui les ont portés. Les deux modalités de l'activité humaine qu'avait dégagées Aristote sont en effet impliquées. D'un côté, les expressions relèvent de la *praxis*, d'une visée de sens qui recherche une efficace propre; elles s'adressent à un premier public et visent un certain effet au-delà de lui. Mais elles relèvent également de la *poiesis* en produisant des formes qui perdurent au-delà de l'acte qui les a engendrées. Les actes deviennent des choses, des dépôts en attente d'une réactivation. Le monde des expressions est donc redevable d'une double analyse, en termes d'actes, au sens d'une pragmatique, et en termes d'œuvres, au sens d'une poétique.

Nous avons affaire à des objets qui dépendent bien des visées intentionnelles des différents acteurs qui les mettent en œuvre et qui cependant ne sauraient s'y réduire. Il y a là un domaine de la signification à la fois dépendant et indépendant des actes qui le produisent et l'inscrivent en des signes sensibles. Cette dimension a souvent été approchée par l'expression d'« esprit objectif » ou d'« ontologie sociale » qui désignent bien le paradoxe des formations de sens dont l'existence semble s'être rendue indépendante de leur genèse et qui n'ont cependant d'autre être physique en principe que les supports sensibles, phoniques ou spatiaux, par où ils s'inscrivent dans le monde [1]. Une œuvre d'art peut bien avoir été initialement conçue comme partie d'une liturgie religieuse ou comme l'expression personnelle d'un état d'âme, sa signification artistique excède cette destination première car elle dit plus et parvient à parler au-delà du cercle premier de ses destinataires.

Les œuvres écrites, qui peuvent aussi bien être musicales, demandent même à être actuées dans une nouvelle performance pour survivre : cette nécessaire resensibilisation est une « interprétation » dans le sens premier d'une réexpression de la puissance chiffrée de l'œuvre, sa sonorisation dans le cas d'une pièce de musique ou sa muette réactivation pour la lecture à soi-même. S'y surajoutent des accents interprétatifs particuliers qui sont partie prenante de cette réactualisation. Un dessein d'ensemble peut venir orienter cette réanimation, qui confère, dans les cas les plus heureux, une nouvelle actualité à l'œuvre, comme si elle s'adressait à son nouveau public et à une époque qu'elle ne pouvait absolument pas anticiper. C'est ce qui fait que l'on continue à s'intéresser à des pièces de théâtre qui n'ont pas été écrites pour nous, ou que l'on peut apprécier l'art d'autres époques et d'autres civilisations que la nôtre. Que l'œuvre du passé parle au présent dépend de ce qui en elle la rend actualisable, donc d'une forme de signification « objectivée », coupée en quelque sorte des visées initiales de l'artiste comme des attentes du public, et cependant présente en elle. Les usages et coutumes qui ne sont plus

1. Pour le renouvellement du débat sur cette question, voir J. Searle, *The construction of social reality*, Londres, Allen Lane-The Penguin Press, 1995, trad. fr. Cl. Tiercelin, Paris, Gallimard, 1996; V. Descombes, *Les institutions du sens*, Paris, Minuit, 1995; la synthèse de H. Freyer, *Theorie des objektiven Geistes. Eine Einführung in die Kulturphilosophie* (1923), trad. angl. S. Grosby, *Theory of Objective Mind. An introduction into the philosophy of culture*, Ohio, UP, 1988, reste utile pour les différentes acceptions du concept d'« esprit objectif » après (et différemment de) Hegel chez Simmel, Dilthey, Litt, Cassirer.

attribuables à personne en particulier, mais qui perdurent à travers la persistance de leur pratique, attestent d'une autre forme, comme anonyme, de signification objective, ce que parfois l'on appelle tradition. La connaissance de cette dimension du sens relève à différents égards de l'interprétation.

La possibilité de penser ensemble les conditions et les critères des sciences historiques, des sciences de la société ou de la culture, a fait l'objet depuis le XIXe siècle d'une discussion intense où sont impliquées des disciplines comme la philosophie, la psychologie et la sociologie qui s'en détachent alors, ou encore l'histoire. Ces sciences ont en commun de porter sur des phénomènes individuels voire des « faits totaux », accessibles indirectement, inscrits dans une relation sociale. La diversité des appellations reflète le caractère problématique de leur unité : on peut les désigner en effet comme les « sciences de l'homme », comme les « sciences sociales », « les sciences interprétatives », les « sciences de l'esprit » d'après le terme allemand de *Geisteswissenschaften*, les « sciences morales », terme un peu passé en désuétude, les « sciences de la culture », les « sciences humaines », voire reprendre l'appellation ancienne des « Humanités ». Ces rubriques ne recoupent jamais exactement la même chose et l'angle selon lequel elles se présentent pose à chaque fois un accent particulier. Comme pour le couple herméneutique/interprétation, il convient de ne pas attacher trop d'importance à la différence des termes pour repérer la parenté des problèmes. Les démarches étant indirectes, l'objet de ces sciences devant être reconstruit, l'interprétation intervient dans l'élaboration des faits, dès le choix des perspectives, des accès méthodiques, du vocabulaire, de l'échelle, mais on la retrouve aussi dans leur évaluation après coup. Dans maintes activités scientifiques, après la collecte des données ou l'exploitation des sources, le moment formel, avec l'élaboration de régularités comparables, l'objectivation des données sous forme de tableaux, statistiques, comparaisons, utile à la description, peut parfois sembler masquer le moment interprétatif, mais en aucun cas il ne peut l'éluder [1].

Plutôt que de passer en revue les différentes positions philosophiques défendues au sujet de l'interprétation, on s'attachera à examiner un certain nombre de problèmes regroupés autour de trois ordres de réflexion : la portée de l'interprétation pour les sciences humaines et sociales ; l'intelligence des textes et la dimension critique de la philologie ; la rationalité du comprendre et la logique de la connaissance herméneutique.

PHILOSOPHIE DES SCIENCES DE L'ESPRIT

La place décisive de l'interprétation pour la discussion épistémologique est d'abord l'héritière de la question concernant la spécificité de ces sciences. Deux brefs textes de Dilthey et de Simmel illustrent deux façons de caractériser le problème épistémologique des sciences interprétatives autour de 1900, en s'appuyant sur deux orientations distinctes. Dilthey, qui a développé le projet de fonder les « sciences de l'esprit » pour les hisser à la hauteur des sciences de la nature, pose la question en termes de théorie de la connaissance : la compréhension est un mode de la connaissance, qui doit donc recevoir ses conditions pour produire un résultat. La médiation entre l'esprit à connaître (ou la « vie psychique ») et l'esprit connaissant est constituée par les « expressions sensibles ». La connaissance interprétative passe par la compréhension de ces expressions : « Dans la pierre, le marbre, les sons musicaux, les gestes, les paroles et les écrits, les actions, les ordres économiques et les constitutions, c'est le

1. Doit-on voir dans l'entrée de nos sociétés dans l'ère post-industrielle l'indice d'un recentrement général sur la fonction interprétative, après l'ère de la fonction productive et celui de la fonction transformatrice ?

même esprit humain nous parle et demande une interprétation » écrit Dilthey en 1900[1]. Tout en reconnaissant le caractère individuel de la compréhension, Dilthey entreprend d'établir la logique des sciences de l'esprit en réfléchissant sur les règles et sur les critères, bref sur la méthodologie. L'identité postulée entre l'esprit qui comprend et celui qui s'est exprimé dans différentes formes sensibles fait chez lui l'objet d'une réflexion au niveau ontologique, impliquant la vie, « l'expérience vitale » ou *Erlebnis* (une structure intentionnelle qui remplace l'opposition théorique entre sujet et objet, rejetée comme étant trop abstraite) et la compréhension, car, selon lui, seule la vie peut comprendre la vie. Mais cette réflexion n'élude pas le problème épistémologique, qui reste fondamental. Dilthey mène ainsi de pair les deux démarches. Il entreprend plus qu'une réflexion sur un domaine d'objets particulier : il suggère que les concepts et les catégories qui permettent d'élever celui-ci à la connaissance doivent être tirés de la nature même de « l'expérience vitale » qui produit des formes sensées. La formation en amont des « catégories de la vie » doit être reprise et réfléchie en aval dans une logique des sciences historiques procédant à l'élaboration du « monde historique » ou « monde de l'esprit ». Le projet de Dilthey est aussi à comprendre comme la réponse apportée à la reconnaissance d'une crise de la philosophie dans un contexte où le développement des disciplines scientifiques et le dépérissement de la métaphysique traditionnelle impliquaient une redistribution des questionnements et des efforts[2].

1. W. Dilthey, *Die Geistige Welt* (1923), G. Misch, Stuttgart-Göttingen, Teubner-V & R, 1957, p. 318-319.

2. De fait, l'héritage de Dilthey inspira aussi bien l'analyse existentiale (Heidegger, *Sein und Zeit* (1927), Tübingen, Max Niemeyer, 1976, dorénavant cité GA) que l'épistémologie des sciences historiques (en France, R. Aron, *Introduction à la philosophie de l'Histoire. Essai sur les limites de l'objectivité historique* (1938), S. Mesure (éd.), Paris, Gallimard, 1986).

Dans le second texte, Georg Simmel, un des fondateurs de la « sociologie » en Allemagne, attentif aux effets de la division du travail et de la différenciation sociale, résume en quelques pages l'objet et le problème propre aux sciences historiques. Au croisement des interactions sociales synchrones dont traite la sociologie et de la réflexion sur les causalités entre les faits humains qui relève de l'histoire, Simmel expose la double relation, symétrique et asymétrique, constitutive des sciences sociales, issues d'un côté de l'interaction des individus et des groupes, de l'autre du rapport des acteurs actuels aux réalisations antérieures qui ont façonné et constitué leur monde, formant cet « état intellectuel objectif » qu'il nomme la tradition (ou l'héritage). Ce dépôt des pensées et des pratiques dissociées de leur contexte initial et disponible aux appropriations, à l'interprétation comme à la réutilisation, désigne de façon extrêmement simple les données du problème. La tâche des sciences interprétatives est d'articuler les éléments fonctionnels (issus de l'interaction, de la médiation, de l'abstraction) et les dérivés substantiels (la transformation des relations en choses ou « réification » dont Simmel est un des penseurs originaux) dans l'organisation des sociétés modernes. Son analyse de la modernité, parallèle à la réflexion sur les fonctions de l'esprit d'un Cassirer, interroge le passage de la logique de la « substance » à celle de la « fonction » et scrute ses conséquences concrètes pour l'organisation des sociétés. L'esprit devenu substance rend bien compte, de quelque nom qu'on le désigne, de la tâche des sciences interprétatives dans la compréhension de la socialisation et de l'individualisation, dont Simmel montre qu'elles vont de pair. Il demeure le lieu d'un débat renouvelé ces dernières années notamment dans le cadre de la philosophie de l'esprit et de la philosophie sociale à travers le thème de l'aliénation et de la réification.

HERMÉNEUTIQUE PHILOSOPHIQUE ET SCIENCES HUMAINES

Une partie du débat herméneutique contemporain s'est développé à la suite de l'ouvrage qui a sans doute plus qu'aucun autre contribué à en rendre le thème familier : *Vérité et méthode* de Hans-Georg Gadamer, paru en 1960 avec le sous-titre suivant: «Les grandes lignes d'une herméneutique philosophique»[1]. Ce livre a suscité en son temps des discussions nombreuses sur lesquelles on ne reviendra pas ici. Compte tenu de son rôle dans la relance du thème herméneutique, on prendra néanmoins la peine de relire la préface écrite pour la seconde édition dans laquelle l'auteur s'efforce de clarifier les intentions de l'ouvrage. Gadamer entend défendre une conception humaniste et plus largement esthétique de la tradition contre l'ambition d'établir une *science* de l'esprit passant par une objectivation, au motif que nous participons toujours de ce que nous comprenons, à savoir «ce qui survient avec nous, par-delà notre vouloir et notre faire», qui peut bien être éprouvé et goûté dans une expérience, mais non transformé au moyen d'une méthode en connaissance objective. En voyant, à la suite de Heidegger, dans le comprendre un mode d'exister, Gadamer s'efforce de limiter les prétentions des sciences de l'esprit à imiter les sciences de la nature. Insistant sur la finitude du sujet dans l'histoire, il met aussi en doute la légitimité de leur ambition cognitive au profit d'une accentuation de leur dimension pratique[2]. L'ambiguïté non résolue de sa démarche est de poser d'une part la question de la possibilité de la compréhension en faisant espérer la prise en compte de l'universalité du

1. H.G. Gadamer, *Wahrheit und Methode. Grundzüge einer philosophischen Hermeneutik* (1960), Tübingen, Mohr (Siebeck), 1986, dorénavant cité GW.

2. H.G. Gadamer, «L'herméneutique comme philosophie pratique», dans H.G. Gadamer, *Langage et vérité*, trad. fr. J.-C. Gens, Paris, Gallimard, 1995, p. 232-253.

domaine des Humanités et d'ancrer d'autre part tout le comprendre dans un mode d'exister qui vient miner par avance toute connaissance et toute objectivité. Les domaines d'expérience privilégiés, dont l'analyse aborde des questions essentielles pour l'herméneutique, convergent dans la révocation de la science assimilée à un positivisme surannné : l'expérience de l'œuvre d'art nous ferait ainsi participer de sa vérité et devrait être pensée sur le modèle d'un jeu dans lequel on entre, de même que la compréhension historique ne s'ouvrirait qu'à partir de notre participation à la condition historique finie, structurée par les préjugés, la succession des effets, la perspectivité de notre compréhension et la nécessaire implication du comprenant dans la vérité de ce qu'il comprend (principe de l'application). La mise en exergue du langage comme le milieu de l'expérience herméneutique articulant la possibilité du sens auquel chacun ne fait que participer explicite la prétention de l'herméneutique philosophique à un accès originaire aux sources du sens; en se situant à niveau plus fondamental, en deçà des catégories cognitives, elle commande leur organisation et relativise leur portée.

À partir de la préface de 1965 à *Vérité et méthode*, qui en synthétise les positions, on peut reconstruire les différentes options théoriques en présence à partir d'un regard critique sur l'herméneutique philosophique: Gunter Scholtz émet des réserves sur la cohérence philosophique du projet en pointant les danger d'un rejet trop radical de l'objectivation et de la connaissance herméneutique, qui risque de laisser un vide s'installer en place d'une méthodologie réfléchie; il examine ainsi la théorie gadamérienne de l'expérience herméneutique à l'aune de ses prétentions à propos du « préjugé », de la « primauté de la question », de la finitude, de la « fusion des horizons » et de l'« application », dont il montre que, quelle que soit leur éventuelle valeur descriptive, ils ne constituent nullement des *conditions* universelles de la compréhension non plus que des *principes* transcendantaux. Lutz Danneberg raisonne à partir du caractère limité du modèle de science auquel s'en prend Gadamer et défend les potentialités d'une herméneutique particulière, l'herméneutique philologique, pour rappeler les exigences critiques de la discipline.

La mise en perspective des thèses de Gadamer permet de rouvrir la question des sciences de l'esprit. L'herméneutique philosophique avait dénoncé l'impasse objectivante où celles-ci se trouveraient au motif de leur méconnaissance de la temporalité foncière de l'existence et de la finitude irrémédiable des sujets. En même temps, elle avait rappelé l'inscription historique concrète de ces sciences dans une tradition, une langue, une histoire singulière. Elle fut à ce titre féconde, tant à travers la contestation dont elle fut l'objet en raison de son refus de la pensée critique, dans l'École de Francfort[1], que dans sa correction en vue de rétablir le dialogue entre la méditation philosophique de la finitude et la constitution positive des disciplines scientifique, comme s'est efforcé de le faire Paul Ricœur, dont les travaux ont rencontré une audience assez large[2]. Nous préférons attirer l'attention sur un texte du philosophe canadien Charles Taylor qui engage une ample réflexion sur les conditions du savoir interprétatif, attentive tant au pôle subjectif qu'à la constitution de l'objet et à la nature indirecte de la connaissance herméneutique. Taylor prend en compte la situation herméneutique, l'expérience historique concrète et la dimension de la langue, c'est-à-dire tous les aspects sur lesquels Gadamer, à la suite du romantisme et de l'idéalisme

1. J. Habermas, *Logique des sciences sociales* (1985), trad. fr. R. Rochlitz, Paris, PUF, 1987; K.-O. Apel, *Transformation der Philosophie*, Frankfurt a.M., Suhrkamp, 1973, trad. fr. *Transformation de la philosophie*, Paris, Le Cerf, 2008.

2. P. Ricœur, *Le conflit des interprétations. Essais d'herméneutique*, Paris, Seuil, 1969; *Du texte à l'action. Essais d'herméneutique II*, Paris, Seuil, 1986; *Écrits et conférences*, 2, *Herméneutique*, D. Frey et N. Stricker (éds.), Paris, Seuil, 2010.

allemand, avait insisté, et reste réservé sur l'épistémologie assimilée à la réduction de la connaissance à la représentation. Il contribue pourtant à établir une approche différenciée et plus équilibrée du problème, visant à réconcilier la « vérité » ontologique et la « méthode », sans toutefois faire toute sa place à une démarche empirique [1]. La critique de l'empirisme logique conduit en effet Taylor à inscrire la connaissance dans l'être et à privilégier l'approche ontologique. En s'appuyant essentiellement sur l'exemple des sciences politiques, il fait apparaître le caractère interprétatif des sciences de l'homme, explicite la question du sujet au cœur de l'interprétation et décrit les conditions de l'objectivité pour les sciences sociales, qui doivent construire leur domaine d'objet sans pour autant que ceux-ci soient dépendants des interprétations. Cette structure, qu'il présente comme un « cercle herméneutique », n'implique aucunement l'arbitraire de l'interprétation, mais une reconnaissance de la spécificité de ces sciences [2].

1. Pour une rencontre de l'herméneutique et des sciences sociales, voir en particulier en France le travail de J.-Cl. Passeron (qui parle d'interprétation et non d'herméneutique), qui conjugue un intérêt pour la réflexion de Max Weber avec un attachement aux cas concrets; voir notamment la revue *Terrains* qu'il anime et *Le raisonnement sociologique. Un espace non popperien de l'argumentation*, Paris, Albin Michel, 2006. En Allemagne, on renverra à R. Kurt, *Hermeneutik. Eine sozialwissenschaftliche Einführung*, Constance, UVK (UTB), 2004; pour l'herméneutique « objective », voir U. Oevermann, *Thesen zur Methodik der werkimmanenten Interpretation vom Standpunkt der objektiven Hermeneutik* (manuscrit daté d'avril 1997, disponible en ligne sur www.agoh.de, consulté en septembre 2008); pour les sciences sociales empiriques, A. Dieckmann, *Empirische Sozialforschung. Grundlagen, Methoden, Anwendungen*, Reinbeck, Rororo, 1995.

2. On complètera la discussion sur la dimension interprétative des sciences sociales par la lecture d'un autre grand classique, mieux connu en France: M. Weber, « Die "Objektivität" sozialwissenschaftlicher und sozialpolitischer Erkenntnis » (1904), *Gesammelte Aufsätze zur Wissenschaftslehre*, J. Winckelmann (ed.), Tübingen, Mohr, 1988, p. 146-214, trad. fr. J. Freund dans *Essais sur la*

LE DÉFI DES TEXTES

Les textes représentent un des objets privilégiés de l'interprétation. En fait, la textualisation appelle l'interprétation dans la mesure où elle rend explicites les difficultés de toute compréhension. Le texte s'est détaché de la chaîne communicationnelle et des usages du langage, il s'est individualisé en une forme offerte au déchiffrement. La lettre lui confère l'individualité, mais non l'univocité. Les sociétés, en mettant en écrit leur mémoire et leur savoir, ont eu besoin de recourir à l'art des interprètes pour maintenir, actualiser et reproduire la signification déposée dans les textes. La continuité traditionnelle s'en trouva ainsi brisée. L'herméneutique des religions du livre fut inventée pour compenser et accompagner cette perte par un retour et un contrôle possible de la signification sur les textes révélés. Dans le même temps, leur actualisation était rendue possible selon une dialectique délicate de la fidélité. Les textes qu'une société élit pour les interpréter détiennent à tort ou à raison une promesse de sens. Ce fut longtemps le cas des textes sacrés, c'est devenu aussi le cas des textes de la littérature. Les modes de réflexion requis pour reconnaître la signification des textes les plus exigeants de l'art présentent des spécificités par rapport à la compréhension des comportements ou du langage ordinaire. Le défi esthétique et spéculatif de certaines formes d'écrits est ainsi une bonne pierre de touche des possibilités et des limites de l'herméneutique. Les réflexions de Peter Szondi, qui s'est en particulier occupé des textes lyriques de Hölderlin, Mallarmé ou Celan, et de Jean Bollack, interprète des penseurs Présocratiques, des tragiques grecs et de Celan, nous permettent d'explorer les contrées qui

théorie de la science, Paris, Plon, 1965; ainsi que par la réflexion d'inspiration wittgensteinienne développée par P. Winch, *L'idée d'une science sociale et sa relation à la philosophie* (1958, 1990), trad. fr. M. Le Du, Paris, Gallimard, 2009.

paraissent résister le plus aux anticipations rationnelles de l'interprétation méthodologique comme aux précompréhensions phénoménologiques. L'individualité de l'écrit et la résistance qu'oppose la lettre à l'interprétation représentent un enjeu central d'une herméneutique critique.

L'alternative entre les positions de l'herméneutique philosophique et la visé de connaissance de l'herméneutique philologique est posée d'emblée par le premier texte. Lutz Danneberg retrace les différentes options qui se sont présentées aux sciences de l'esprit pour se distinguer des sciences de la nature, allant de la comparaison analogique à l'imitation du modèle formel et de la démarcation critique des domaines ou des méthodes à la prétention d'établir une relation de fondation entre l'analyse philosophique et les sciences régionales. Ce que l'on a gagné en niveau d'abstraction risque en effet de se perdre en termes de rapport à l'objet. Or les ressources de l'herméneutique, dont l'histoire est invoquée, renvoient toujours à une ambition cognitive. Contre les dangers d'un déni des règles et des critères au motif que l'ambiguïté serait constitutive des messages et que la volonté d'aboutir à une signification exercerait une violence contre la nature symbolique du langage, le retour aux exigences critiques de la philologie prend une valeur exemplaire.

L'intérêt de l'essai de Peter Szondi tient à la conséquence avec laquelle il défend à la fois la connaissance littéraire, en se référant explicitement à ses devanciers des Lumières, et les exigences d'une problématisation authentiquement philosophique de l'interprétation. Contre une approche accordant trop à l'accumulation du savoir positif, il rappelle les apories des « méthodes » en usage comme celle des « passages parallèles », que l'individualité des objets littéraires rend problématique. En même temps, il plaide pour la rigueur dans le traitement des matériaux linguistiques, cherchant dans l'œuvre les conditions de son interprétation. C'est le projet d'une « herméneutique matérielle » dont la réalisation est restée inaboutie. Les œuvres de langage ont une histoire et sont dans l'histoire, mais elles interprètent celle-ci en introduisant la réflexivité de l'art, qui porte en elle une exigence de validité. L'art donne forme à une conscience critique que l'interprète doit pouvoir retrouver.

Dans la perspective d'une philologie critique, les réflexions de Jean Bollack à propos des difficultés de lecture rencontrées dans le déchiffrement des poèmes de Paul Celan font toucher du doigt un certain nombre de problèmes herméneutiques, et rappellent que l'interprétation est toujours « interprétation de », rivée à un objet. Une théorie générale, coupée de la pratique, court le risque de perdre la dimension individuelle. C'est l'intérêt d'introduire une réflexion développée dans les marges d'une lecture, en l'occurrence celle d'un poète réputé difficile, qui nous confronte avec la recherche du jugement inhérent à l'œuvre. Car l'œuvre est porteuse d'une prise de position par rapport à un état donné de la création, traditions dans lesquelles ou contre lesquelles elle s'inscrit, motifs qui sont repris, refaits et recomposés. Elle débat nécessairement avec ses prédécesseurs et contemporains, sans quoi elle se priverait de la possibilité même de dire, d'innover. Cette dimension conduit Jean Bollack au principe de la « réfection » qui explicite la propriété qu'a l'œuvre poétique de corriger les interprétations indues comme de se démarquer des œuvres antérieures. Comprendre l'œuvre est alors comprendre sa distance d'avec les autres. L'obscurité à laquelle se confronte l'interprète, où s'inscrit cette distance, est aussi la garantie d'une mise en forme singulière abritant une visée de sens précise.

Dans son élaboration philologique et critique, l'interprétation vise ainsi à retrouver au moins l'intention de l'auteur du texte, à savoir de la réflexion dont le texte témoigne. C'est sans doute le cas y compris quand on se donne pour objectif de « comprendre un auteur mieux qu'il ne s'est compris lui-même », en intégrant notamment l'histoire des lectures dont une œuvre a fait l'objet.

Mais cela revient-il à dire qu'il serait en général possible de parvenir à reconstituer l'intention de l'auteur? Quelle serait alors la portée d'une telle reconstitution pour notre connaissance des œuvres? En réaction contre les illusions d'une certaine histoire littéraire (celle dont se gausse Proust dans son *Contre Sainte-Beuve*) qui cherchait à retrouver l'homme dans l'œuvre, il sembla établi pour une certaine modernité, selon des approches théoriques très différentes les unes des autres, qu'il ne s'agissait en aucun cas de se préoccuper de l'auteur ou de son intention, mais uniquement de l'œuvre, du texte, pris absolument[1]. Axel Bühler discute ici certains des problèmes associés au recours à l'intention dans l'interprétation en considérant qu'il s'agit bien d'un « but de connaissance » que l'on gagne à se proposer, mais que l'intention de l'auteur ne fournit cependant ni la « signification de l'œuvre », ni un critère d'objectivité qui serait un garant contre l'arbitraire. Bühler montre à travers une discussion limitée de certaines thèses que la question de l'intentionnalisme ne se résout pas dans la reconstitution de l'*intentio auctoris* comme de l'instance à prendre en compte pour faire droit au texte; qu'elle ne peut être évacuée par le soupçon qu'elle abriterait un psychologisme dépassé, comme la théorie des années 60 l'aurait souhaité en proclamant la « mort de l'auteur » (Barthes, Foucault); mais qu'elle participe de la connaissance des œuvres comme des actions. De même que nous ne nous déclarerions pas satisfaits si on venait nous expliquer une action sans jamais chercher à en trouver les motifs, il paraît difficile de prétendre connaître une œuvre sans poser la question de l'intention qui animait son auteur, étant bien entendu que cette connaissance ne saurait s'y réduire. Bühler indique à la fois le caractère critique de la référence à

1. Pour un examen systématique de la discussion autour de la « mort de l'auteur », voir C. Spoerhase, *Autorschaft und Interpretation. Methodische Grundlagen einer philologischen Hermeneutik*, Berlin, de Gruyter, 2007.

l'intention de l'auteur et son statut contingent relativement à la connaissance de l'œuvre elle-même. On se trouve à coup sûr confronté à de nouvelles difficultés : les catégories de la psychologie quotidienne permettent-elles d'analyser les intentions des acteurs au-delà de certaines situations standards ? sont-elles en mesure de se montrer fécondes pour l'interprétation des textes et des œuvres ?

LA CONNAISSANCE HERMÉNEUTIQUE

Le troisième ensemble est centré sur la question de la rationalité de l'interprétation qui a connu depuis quinze ans des développements originaux, notamment à partir de la redécouverte de l'herméneutique des Lumières et des fortes convergences entre celle-ci et certaines avancées de la philosophie analytique, de la logique ou de la linguistique contemporaine.

La connaissance des textes esthétiques pose des problèmes singuliers qui ne se laissent pas forcément lever par des hypothèses générales. Pourtant, on peut fort bien considérer que le mode de connaissance herméneutique procède par des hypothèses que la confrontation au texte vient selon les cas invalider ou confirmer temporairement. La structure de cette relation ne correspond pas au mode de penser dialogique, puisqu'en aucun cas le texte ne saurait « répondre » comme le ferait un interlocuteur : toute information qui en est puisée l'est uniquement par le fait de l'interprète. Pourtant, le moment empirique de la confrontation au texte est ce qui permet la révision des hypothèses et des nécessaires projections. Ce rapport à la singularité de l'objet définit le propre des sciences interprétatives. La question est de savoir si ce moment singulier peut être réintégré dans une démarche explicative-compréhensive. Plus le cadre de référence est simple, du mot ou de l'expression des expérimentateurs de l'interprétation « radicale », plus il est tentant de proposer des modèles universels; plus il approche des paliers complexes, au-delà de la phrase ou du passage, pour s'aventurer dans les textes, moins ces solutions paraissent plausibles. C'est pourquoi la question du palier de référence soulevée par Axel Bühler[1] est décisive. C'est tout le mérite du premier texte de cette section que de risquer la démonstration sur un texte littéraire.

Dagfin Føllesdal propose un manifeste pour l'unité des méthodes scientifiques. Il entend montrer que l'interprétation d'un texte ne procède pas d'après une autre méthode que les sciences de la nature[2]. En prenant au sérieux l'ambition de connaissance de l'herméneutique, il conteste aussi bien l'idée d'un dualisme ontologique entre les sciences de la nature et les sciences de l'esprit ou de l'histoire que celle d'un dualisme méthodologique entre l'explication et la compréhension. Cette dernière opposition est souvent dépassée, chez Dilthey lui-même, Max Weber et de nombreux auteurs (voir le texte de Hunyadi sur la question à partir de Wittgenstein), mais le propos de Føllesdal est plus radical : l'objet qu'il nomme un « matériau signifiant », soit des textes, actions ou œuvres, a beau renvoyer indirectement à sa signification, en exprimant des croyances et valeurs à rapporter à son auteur ou agent, sa connaissance n'en passe pas moins par l'invention d'une hypothèse dont on tire des conséquences pour les confronter aux données. Il ne s'agit pas de déduire uniquement une interprétation à partir d'un cadre préalable, mais d'essayer une conjecture en la confrontant à la nature singulière du « matériau signifiant », de façon donc nécessairement provisoire et révisable. Comme souvent, l'exemple fourni, l'explication de

1. Ou autrement par F. Rastier, *Arts et sciences du texte*, Paris, PUF, 2001.

2. Une argumentation déployée auparavant de façon nuancée par G. Frey, « Hermeneutische und hypothetisch-deduktive Methode », *Zeitschrift für allgemeine Wissenschaftstheorie* 1, 1970, p. 23-40.

la « signification » d'un personnage dans la pièce de Henrik Ibsen *Peer Gynt*, reste à mains égards très général et n'entre pas dans les difficultés proprement littéraires de la pièce : il ne s'agit guère que de confronter différents candidats plausibles pour rendre compte d'un aspect secondaire. Mais le procédé montre cependant bien l'ambition de la démonstration, qui est de fournir des critères permettant de choisir entre différentes interprétations possibles dans un cas donné[1]. Ceux-ci correspondent à ceux de la tradition herméneutique, attestant de la rationalité de ses efforts : cohérence interne de l'hypothèse, accord avec le maximum de données de l'œuvre et susceptible de n'être pas contredite par aucun aspect de celle-ci non plus que par le contexte, simplicité et économie, fécondité et beauté, autrement dit capacité de l'interprétation à rendre l'œuvre intéressante ou artistiquement plus satisfaisante. Si la question du rapport de l'interprète à l'objet comme de la théorie aux « données » entraîne un certain nombre de difficultés, souvent exprimées en terme de « cercle » ou de réversibilité de l'analyse et de la synthèse, la visée d'ensemble de cette démonstration insiste sur le rôle des hypothèses interprétatives comme une composante essentielle de la rationalité herméneutique. Si la nature du « matériau signifiant », notamment la question de la subjectivité autre qui l'investit, est peu élaborée (pas plus que la question de l'intentionnalité collective ou de l'esprit objectif en général), l'initiative de Føllesdal permet de poser la question de la connaissance interprétative sur des bases communes.

C'est dans une perspective différente que Mark Hunyadi, en s'inspirant de Wittgenstein, distingue les rôles de l'explication et

1. Peter Tepe a tenté une mise à plat systématique des interprétations d'un conte de E.T.A. Hoffmann, *Le Sablier*, pour montrer la possibilité et la nécessité d'une herméneutique cognitive car empirique, voir P. Tepe, J. Rauter, T. Semlow (eds.), *Interpretationskonflikte am Beispiel von E.T.A. Hoffmanns Der Sandmann*, Würzburg, K&N, 2009.

de la compréhension dans l'acte interprétatif suivant leur focalisation. Il distingue les règles hypothético-observationnelles, valables pour tout énoncé causal regardant l'empirie, des règles conventionnelles en usage dans le monde humain, dont la relation est logique ou grammaticale, mais non causale. Autrement dit, la normativité propre aux expressions significatives ne saurait être prise en compte par la simple conjecture. Hunyadi réfère cette distinction à la focalisation pronominale différente selon les cas : observe-t-on un phénomène naturel, c'est « en troisième personne », alors que si l'on s'occupe de saisir une interaction humaine ou un discours, c'est qu'on se place « en première personne », étant susceptible de restituer à l'action ou aux propos leur horizon de signification propre et de les référer aux normes communes qui les rendent possibles – dans le cas le plus simple, de rapporter un discours à la grammaire de sa langue. Ces normes constituent bien le monde de la signification possible en tant que « système sémantique autonomisé » ou « code », ce phénomène que visait précisément Simmel dans sa réflexion sur l'héritage culturel. Expliquer une signification n'est pas rechercher une cause[1]. Dans le monde culturel, le regard extérieur, qui établit des corrélations, voire des causalités, n'abolit pas le regard subjectif qui prend en compte la signification et sa normativité. S'agissant d'une action, l'agent investit autrement une relation causale, il la réinterprète à partir de ses raisons, sous l'angle intentionnel et non plus seulement événementiel. La distinction des perspectives pronominales vient contester le monisme méthodologique sans suggérer pour autant un dualisme ontologique. Mais si les raisons ne sont pas des causes, peut-on assimiler l'explication en première personne à la « compréhension » ? De quel privilège le sujet peut-il

1. Pour une position opposée, voir D. Davidson, « Actions, raisons et causes » (1963), dans *Action et événements*, trad. fr. P. Engel, Paris, PUF, 1993.

jouir sur ses propres expressions, que tout autre sujet n'aurait pas? Comment distinguer ce rapport du vaste domaine de «l'intentionnalité objective» qui implique bien une subjectivité, mais non la présence actuelle de sujets psychologiques? Les cas de l'action et de l'expression débouchent ici sur deux expériences de légalité différente: ce qui vaut de l'interprétation de l'action finalisée n'est pas forcément transposable aux formes symboliques ni aux œuvres d'art en particulier.

Alors que Mark Hunyadi revient sur les apports de Wittgenstein pour repenser l'opposition entre expliquer et comprendre, le texte de Pascal Engel met en regard les positions de Gadamer et de Davidson sur l'interprétation pour insister sur les profondes divergences des options philosophiques qui les sous-tendent, par-delà des proximités apparentes. Au-delà de l'opposition entre une démarche holiste, considérant que la signification est partie d'un tout qui précède son analyse, ce qui correspond à la position de l'herméneutique philosophique, et une démarche soucieuse de marquer des paliers de contextualité et de construire graduellement le sens par composition de ses éléments, Engel interroge le présupposé commun d'accorder au langage une priorité dans l'accès à la vérité. La «thèse de la priorité» du langage (sur la pensée, sur la réalité) est discutée eu égards aux exigences propres du concept de vérité. Pour en sauver la teneur «réaliste», Engel est amené à rejeter la priorité accordée au langage et avec elle l'interprétationnisme dans les deux variantes étudiées [1]. La cohérence ne lui paraît pas un critère suffisant de la vérité. Pour cette dernière, il réclame un ancrage au «réel» par le biais d'une forme

1. Pour une autre tentative comparable, voir H. Albert, «Erkenntnis, Sprache und Wirklichkeit. Der kritische Realismus und das Problem der Erkenntnis», dans B. Kanitschneider (ed.), *Sprache und Erkenntnis*, Innsbruck, Institut der Sprachwissenschaft der Universität, 1976 (repris dans H. Albert, *Kritische Vernunft und menschliche Praxis*, Stuttgart, Reclam, 1977, p. 101-126).

revue de la « correspondance » entre nos jugements et les états de chose. La présentation de la position de Davidson illustre bien les ambitions d'une théorie générale de l'interprétation des actions. Pour rendre compte de la possibilité de l'interprétation, Davidson vise, avec sa théorie de « l'interprétation radicale », qui est un passage à la limite pour sonder les raisons qui nous poussent à admettre chez autrui telle ou telle croyance sur la base de ses actions ou discours, à produire les conditions de vérité des énoncés à l'échelle d'une langue naturelle, et non plus seulement de propositions ou d'expressions isolées. Il s'appuie pour cela sur des principes, dont le « principe de charité », qui énonce les conditions de rationalité selon lesquelles quelque chose d'autrui devient interprétable. Pour cela, l'interprète attribue ses persuasions à l'interprété, suppositions probables appelées à être révisées. Ce faisant, il retrouve une démarche bien connue de l'herméneutique des Lumières sous le nom de « principe d'équité », de Christian Wolff à Georg Friedrich Meier. Dans la perspective de la connaissance, l'interprète recherche à maximaliser la vérité dans l'explication des propos d'autrui. On lui prête (quitte à les lui reprendre s'il y a lieu !) d'emblée la clarté, la non contradiction, la pertinence eu égard aux buts qu'il se propose et… la sincérité (l'ambiguïté volontaire étant diabolique !).

Tout en rappelant cette généalogie, Oliver Scholz, dans son ambitieuse tentative de repenser l'herméneutique générale, *Compréhension et rationalité*, appuie sa démarche sur des principes généraux fondant l'application des règles particulières garantissant la connaissance herméneutique. Dans une inspiration rationaliste qui doit beaucoup à Leibniz, il développe le rôle décisif des présomptions pour l'interprétation, en tant qu'elles anticipent et délimitent l'objet même de la compréhension. La présomption est une supposition valide jusqu'à ce que nous trouvions une bonne raison de l'abandonner. Elle est donc révisable, *donec probetur contrarium*, ou « défaisable » dans la terminologie actuelle. Elle correspond au « préjugé » de l'herméneutique philosophique, mais en substituant au primat du donné de la « précompréhension » ontologique une anticipation du sens fondée sur la possibilité. De même, sur le plan historiographique, là où *Vérité et méthode* donnait une présentation très critique des Lumières, *Compréhension et rationalité* s'inscrit dans leur généalogie. Enfin, où Gadamer accentuait les inspirations théologique et humaniste de l'herméneutique, Scholz en reprend la lignée logique et juridique. De fait, son projet se pose bien comme une alternative à *Vérité et méthode*, en exploitant les ressources des principes et des règles de l'herméneutique générale. La première partie historiographique du livre conteste le primat reconnu à la théologie de la Réforme depuis Dilthey dans la position du problème; la seconde expose une logique de la présomption en lieu et place d'une apologie des préjugés; la troisième oppose à l'ontologie gadamérienne de la *Sprachlichkeit* (ou élément langagier) une sobre analyse du cas de la compréhension linguistique. Le souci premier de Scholz est de réintroduire une clarté analytique dans des questions trop souvent obscurcies par des confusions de niveau, des glissements conceptuels ou des généralisations abusives de propositions ayant une validité purement locale. L'élaboration de principes généraux de l'interprétation tend à devenir la condition de la compréhension correcte d'expressions, d'actions et de personnes. La perspective est reconstructrice et différentielle, et dans tous les cas extrêmement utile quand il s'agit de revenir aux problèmes. Par ce dernier ensemble, c'est tout le riche héritage des discussions sur le sens, la signification des expressions, des actions et des œuvres qui se trouve réhabilité dans sa dignité philosophique, mais aussi dans sa difficulté propre.

Dans ces tentatives de constituer une anticipation logique des significations, le contexte de référence des énoncés ou des actions est emprunté à la pratique courante, où l'on est généralement pris par l'urgence de l'action, notre orientation s'appuyant plus souvent sur des présomptions fondées, mais révisables, que sur des certitudes absolues. Les références à la psychologie ordinaire ou au calcul des intérêts des acteurs suggèrent que les cas pris en vue sont *a priori* assez simples, ce qui d'ailleurs permet de recourir aux présomptions de vérité, de consistance et de rationalité. Une œuvre complexe se laissera moins facilement appréhender par l'assomption de rationalité, qui n'en demeure pas moins, dans son principe, légitime. C'est ici qu'il convient de bien cerner la fonction des principes pour l'interprétation : il s'agit d'orienter la recherche (fonction heuristique), de hiérarchiser les hypothèses de sens (fonction agonistique) et d'opérer des passages entre les différents niveaux de compréhension : analyser une tirade dans une comédie, c'est la comprendre pour elle-même, mais aussi nécessairement dans son contexte, eu égard au personnage qui la profère, dans l'économie de la pièce, voire dans l'œuvre entière de son auteur etc. À chaque fois, la valeur des principes herméneutiques peut ainsi être réaffirmée de même que leur dimension d'orientation et de limitation. On peut même suggérer l'extension de ces principes au cas limite où l'on souhaiterait faire la démonstration d'une contradiction interne à l'œuvre ou au comportement d'une personne : l'interprétation s'oriente alors à la reconstruction de deux logiques en conflit, mais elle tend à prêter à chacune la plus grande cohérence. La subversion même n'y échappe pas.

Les textes qui suivent présentent certains aspects de la discussion herméneutique en privilégiant le renouveau récent du débat. C'est pourquoi le lecteur ne trouvera que deux brefs témoins des « pères fondateurs », Dilthey et Simmel, le second n'étant du reste ordinairement pas inclus dans la généalogie de l'herméneutique, alors même que les questions fondatrices de la sociologie et de l'épistémologie historique y ressortissent directement. Mais qu'on les aborde depuis l'angle théologique et psychologique, ou sociologique et historique, les problèmes et les enjeux sont partagés. On évite également à dessein de reproduire des textes aisément accessibles au public francophone comme ceux de Paul Ricœur, dont les œuvres principales sont désormais disponibles au format de poche, de Jürgen Habermas ou de Hans-Georg Gadamer, à l'exception de sa seconde préface de 1965, disparue de la circulation. On a retenu en revanche deux textes critiques prenant position par rapport aux thèses de l'herméneutique philosophique. Depuis une quinzaine d'années, un regain s'esquisse, à la fois théorique et historiographique. On redécouvre que l'herméneutique n'était pas l'apanage de la seule tradition théologique, mais qu'elle était largement répandue dans la discussion sur la logique de la connaissance à l'âge classique et dans les Lumières, au moins dans les pays germaniques [1]. Dans le même temps, on remarque que certains principes de la philosophie anglo-saxonne, de H.P. Grice à Quine ou Donald Davidson, trouvent un pendant dans les réflexions de l'herméneutique rationnelle. Un dialogue s'amorce, qui va au-delà des tentatives de penser ensemble Heidegger et Wittgenstein, comme l'avait essayé dès les années 70 Karl-Otto Apel avec sa « transformation de la philosophie », puis des penseurs comme Ernst Tugendhat, Albrecht Wellmer, ou, dans une autre perspective, Charles Taylor ou Richard Rorty. Des questions, comme le statut de l'intention de l'auteur, ou des concepts, comme le « principe d'équité » ou l'usage des « présomptions », signalent des possibilités de passage sans syncrétisme entre différentes traditions de pensée. De ces avancées, les textes de Danneberg, Bühler et Scholz présentent des illustrations. En accordant une place à la dimension critique

1. A. Bühler (ed.), *Unzeitgemäße Hermeneutik. Verstehen und Interpretation im Denken der Aufklärung*, Frankfurt a.M., Vittorio Klostermann, 1994.

défendue par l'herméneutique philologique (Szondi, Bollack), et en présentant la confrontation possible des problématiques à partir de l'héritage de Wittgenstein, chez Føllesdal ou chez Davidson (P. Engel), on espère avoir indiqué certains lieux où se joue l'essentiel de la discussion actuelle. D'autres tentatives originales attestant de la vitalité de l'herméneutique, qu'on lui donne ou non ce nom, auraient pu venir compléter cet ensemble, comme, au sein de la tradition de l'herméneutique philosophique, l'effort pour retrouver une « objectité » et pour sauver la dimension théorique de l'herméneutique avec Günter Figal[1], ou bien, au croisement des inspirations analytique et nietzschéenne, la « philosophie de l'interprétation » de Günter Abel avec son étagement des niveaux d'interprétation[2], les grammaires de l'intelligence de Jean-Marc Ferry[3] ou encore, dans le paysage français des sciences sociales, la réhabilitation de l'interprétation par Jean-Claude Passeron[4]. Mais une réunion de textes est faite de contingences, celle-ci aura accomplie sa fonction si elle rappelle en partie la diversité des problèmes et des opportunités théoriques appelées par la réflexion herméneutique.

Les traductions proposées ici ont été revues. En certaines occasions des coupes ont dû être faites, en particulier dans le très long texte de Ch. Taylor. Elles sont toujours signalées par des crochets droits [ ]. Le système de référence de chaque texte est maintenu partout où une référence n'est pas intégrée dans la bibliographie générale qui reçoit ainsi un caractère d'orientation

1. G. Figal, *Gegenständlichkeit*, Frankfurt a.M., Klostermann, 2006.

2. G. Abel, *Interpretationswelten*, Frankfurt a.M., Suhrkamp, 1993; *Sprache, Zeichen, Interpretation*, Frankfurt a.M., Suhrkamp, 1999; trad. fr. L. Sosoe, Paris, Vrin, 2011.

3. J.-M. Ferry, *Les puissances de l'expérience*, t. 1-2, Paris, Le Cerf, 1991; *Les grammaires de l'intelligence*, Paris, Le Cerf, 2004.

4. J.-Cl. Passeron, *Le raisonnement sociologique*, Paris, Albin Michel, 2006.

de lecture. Les notes des traducteurs sont spécifiées et celles de l'éditeur appelées numériquement. Les notes originales des textes sont signalées alphabétiquement et, le cas échéant, les ajouts des traducteurs sont signalés entre crochets droits [ ].

Mes remerciements vont aux auteurs qui ont accepté de voir reparaître leurs textes dans ce nouveau contexte : Axel Bühler, Jean Bollack, Lutz Danneberg, Pascal Engel, Dagfinn Føllesdal, Mark Hunyadi, Charles Taylor, Gunter Scholtz et Oliver Scholz ; à leurs éditeurs qui ont souvent facilité les choses ; à Philippe Lacour et François Thomas qui ont pris en charge la traduction des textes de D. Føllesdal et de O.R. Scholz ; à Florence Hulak qui a relu les pages introductives, enfin aux participants du séminaire sur la méthode des sciences de la culture donné en 2008-2009 au Centre Marc Bloch de Berlin.

Denis THOUARD

LE PROBLÈME HERMÉNEUTIQUE

INTRODUCTION

Longtemps cantonné au droit, à la philologie et à la théologie, l'herméneutique fut investie d'une fonction centrale pour les sciences de l'esprit au cours du XIXe siècle. En fait, la question de la nature interprétative du savoir indirect des réalités humaines se posait d'elle-même et venait au jour de différentes façons en psychologie (que l'on songe par exemple à la naissance de la psychanalyse à partir de « l'interprétation » (*Deutung*) des rêves), en histoire ou en sociologie. C'est donc de la position du problème plus que de sa filiation disciplinaire que l'on s'occupera ici à travers deux brefs textes, différents dans leurs visées, et proche dans leur effort de problématisation.

« Comment une individualité peut-elle élever à une compréhension objective universellement valide une expression vitale individuelle qui lui est donnée sur le mode sensible ? ». Comment la signification des expressions, actes ou œuvres du passé est-elle accessible à une connaissance fiable ? Peut-on espérer, par une analyse rigoureuse des constituants de l'expérience de la signification, poser le fondement de l'ensemble des sciences de l'esprit ? Le trait premier reconnu par Dilthey à cet ensemble est de faire l'objet d'une approche nécessairement indirecte, à partir d'expressions sensibles données. Remonter des expressions sensibles aux visées déposées en elles, c'est une entreprise qui peut paraître risquée, d'une part parce que rien ne dit que la vie psychique se soit exprimée de façon univoque (il évoque le babil enfantin, dont l'interprétation est parfois aléatoire !), d'autre part parce que le passage des signes sensibles à leur signification relève d'une opération intellectuelle complexe. Néanmoins, Dilthey suppose une communauté entre les expressions les plus furtives d'une intentionnalité et les œuvres les plus accomplies de l'intelligence en vertu de leur accessibilité équivalente : ce sont toujours des cristallisations du sens. À ce titre, elles permettent d'envisager une connaissance réglée, impliquant « un degré contrôlable d'objectivité ». C'est cette procédure réglée en vue d'élever la compréhension spontanée à l'objectivité d'une connaissance partagée que Dilthey nomme « interprétation ». Il indique que cet art réglé a été élaboré au cours du temps, notamment pour le domaine des écrits, dans la philologie, et qu'une réflexion à partir du conflit des règles conduisit à la formation d'un art de l'interprétation ou « herméneutique ». Mais si les grands interprètes semblent, en vertu de la familiarité qu'ils ont acquise avec leur objet, recourir à une sorte de divination, le problème épistémologique des sciences de l'esprit est de parvenir à dégager au contraire les conditions ordinaires de la compréhension, à savoir une méthode énonçant des « règles universelles » (proposition 4a), susceptibles d'être mises en œuvres par tout un chacun. L'herméneutique renvoie à cette technique et non à une intuition divinatrice. Cependant, pour honorer sa tâche épistémologique, elle doit passer du statut d'auxiliaire de la philologie à celui de fondement des sciences de l'esprit (proposition 5). Dilthey voit dans la connaissance de l'individuel le défi de celles-ci. On peut se demander si ce n'est pas là trop exiger : lui-même n'a-t-il pas échoué à produire la connaissance totale d'un individu dans la seule grande biographie à laquelle il se soit attelé, qui portait du reste en exergue l'avertissement « Individuum est ineffabile »[1] ? En se donnant un objectif si ambitieux, il supposait une identité de principe entre le connaissant et le connu, assurant la possibilité de l'entreprise. C'est le postulat d'une telle identité psychique ou anthropologique qui fait ordinairement l'objet des critiques les plus appuyées de sa théorie[2]. L'assomption de Dilthey est ici que l'esprit se connaît dans ses manifestations. On peut y voir une affirmation théorique lourde, héritière de la philosophie spéculative de l'idéalisme allemand, tendant à relativiser la différence des objets et la distance temporelle, mais elle signifie sans doute avant tout le souci d'assurer la légitimité de l'entreprise sur le plan théorique. À cet égard, la réflexion sur la logique des sciences de l'esprit est particulièrement importante, où Dilthey insiste sur la spécificité de la connaissance d'une structure psychique à partir du langage, sans contester le moins du monde l'universalité des opérations logiques, tout comme il refuse explicitement de voir une différence de nature entre l'interprétation et l'explication.

Un dernier aspect mérite d'être relevé dans l'esquisse programmatique de Dilthey : la visée de compréhension suppose un intérêt de connaissance particulier, autrement dit la reconnaissance de la « valeur » de ce qui est à comprendre. L'anticipation de la signification est orientée par une sélection qui repose sur une comparaison. Ce qui est comparant ici, donc pris comme norme, peut bien se retrouver comparé ailleurs, donc normé. La méthode ne prend sens qu'à partir d'une orientation première conditionnée par les intérêts des acteurs de la recherche.

1. W. Dilthey a travaillé sa vie durant à une biographie de Friedrich Schleiermacher dont il ne publia que la première partie en 1870.

2. G. Simmel, « De la nature de la compréhension historique » (1918), dans *La forme de l'histoire*, trad. fr. K. Winkelvoss, Paris, Le Promeneur, 2004, p. 46-88 ; K. Flasch, *Prendre congé de Dilthey*, trad. fr. F. Gregorio et C. König-Pralong, Paris, Les Belles Lettres, 2008.

Le projet d'un fondement herméneutique des sciences de l'esprit peut sembler encore fortement tributaire d'une survalorisation de la psychologie (ou peut-être est-ce au contraire cet aspect qui lui confère une nouvelle actualité ?) et d'une attention trop limitée à l'analyse formelle des expressions symboliques[1]. Pour autant, l'ampleur du questionnement, jusque dans sa dimension aporétique, ouvre tout un ensemble de problèmes dont restent redevables ceux-là mêmes qui rompent, souvent pour de bonnes raisons, avec ses présupposés. L'introduction ultérieure d'éléments structurels et morphologiques, la prise en compte des « cristallisations de l'esprit » au titre d'une théorie de l'esprit objectif dans le dernier état de sa philosophie, avec *L'Édification du monde historique*, indique le potentiel d'autocorrection de cette esquisse et en souligne la fécondité.

Le texte de Georg Simmel est, inversement, une réflexion qui prolonge une analyse de l'histoire menée antérieurement. Il y revient sur les conditions de la connaissance historique, abordant l'objet même de l'interprétation, sa nature indirecte et sa constitution sociale. Simmel souligne la différence fondamentale entre la connaissance de soi et celle d'autrui, cette dernière, précisément parce qu'elle est indirecte et distante, permettant plus facilement la constitution d'une image cohérente. Le dualisme des perspectives excède celui de la mémoire et de l'histoire, car en fait toute expression peut relever des deux perspectives : on peut chercher à la comprendre selon la dynamique individuelle qui l'a produite (selon un axe insistant sur la psychologie et l'intention de l'auteur), ou bien en prenant les productions sensées pour elles-mêmes, indépendamment de la dynamique psychique qui

1. Son modèle est surtout la grammaire et l'introduction tardive du concept d'« ensemble interactif » ou *Wirkungszusammenhang* ne lève pas toutes ces limitations. Voir cependant la tentative d'une relecture pragmatiste par F. Fellmann, *Symbolischer Pragmatismus. Hermeneutik nach Dilthey*, Reinbeck, Rororo, 1991.

les a suscitées, selon leur seule signification logique et objective. Cette double perspective, que nous avons décrite pour commencer comme à la fois pratique et poétique, traverse en fait tout le monde des productions culturelles, soit « l'esprit objectif » qui constitue l'héritage des œuvres accumulées au cours du temps humain.

La connaissance historique, au sens large abordé ici, complète originalement la perspective interactionniste de l'approche sociologique. Alors que celle-ci envisage l'action réciproque d'au moins deux sujets actuels et enquête sur la naissance des formes de socialisation, l'histoire n'a affaire qu'à des formes déjà formées, dont la subjectivité s'est absentée. Elle offre donc dans ses œuvres l'objet de ce que l'on peut désigner par une « herméneutique » puisque chaque produit sensé peut être en droit analysé pour lui-même, dans sa logique propre, ou référé à la suite individuelle qu'il forme, dans l'axe de la continuité. Cette double focalisation est fondamentale puisque le monde de l'esprit objectif renvoie à de l'intentionnalité différée, sans la présence des acteurs. On peut ainsi ne considérer que les productions culturelles dans leur logique immanente, largement indépendantes des « intentions » initiales de leurs auteurs, mais aussi tenter de reconstituer celles-ci, comme dans le cas d'une qualification juridique de faits ou dans l'analyse d'une œuvre d'art, d'un écrit philosophique ou littéraire. Simmel analyse l'essence de la tradition comme un facteur de progrès permettant la transmission de la masse des expériences et connaissances d'une génération à l'autre selon un processus d'accumulation en droit illimité. Mais c'est précisément cette illimitation virtuelle de la thésaurisation qui introduit le risque nouveau d'un décalage croissant entre la masse des produits culturels accumulés et les capacités subjectives de chaque génération à en tirer profit. Elle en est redevable, car on ne peut pas tout réinventer, sans être toujours en mesure de se mettre à la hauteur de cet héritage[1]. La croissance exponentielle de la mémoire culturelle renforce le sentiment d'aliénation et de désorientation. La tache des sciences de l'esprit ou de l'herméneutique serait alors de médiatiser et d'actualiser ces connaissances faites choses, mais aussi de fournir les instruments critiques pour reconnaître le caractère inévitablement moderne de ce décalage. En cela, les ressources conjuguées de la sociologie et de la théorie de la connaissance historique de Simmel apportent un correctif utile à la perspective principalement épistémologique de Dilthey.

Si Dilthey pose le problème en termes de théorie de la connaissance, Simmel aborde ici l'aspect objectif du problème de l'héritage culturel. Le premier s'inscrit davantage dans la tradition théologique, l'école historique et la philologie; le second compte parmi les inventeurs de la sociologie, marqué par le positivisme et les sciences de la vie. Dilthey tentera de fonder les nouvelles sciences de l'esprit dans la psychologie, alors que Simmel, d'abord lui aussi sous l'emprise de la psychologie de son temps, se distanciera bientôt de l'emprise de la « première personne » et de l'illusion d'une réactivation du passé. Tous deux recoururent en revanche à un concept de « l'esprit objectif » pour exprimer l'ordre de l'intersubjectivité et du symbolique.

Wilhelm Dilthey (1833-1911) n'a guère employé le terme d'« herméneutique » dans son œuvre. Son projet d'une science de l'esprit prenant la relève de l'ancienne métaphysique s'appuie sur une logique de la connaissance et sur une critique de la raison

1. Cette logique d'accumulation entraînera la formation d'un excédent de la culture objective par rapport aux capacités subjectives de son appropriation, que Simmel, peu après, analysera en termes de « tragédie de la culture », voir G. Simmel, « Le concept et la tragédie de la culture », dans *La tragédie de la culture et autres essais*, Marseille, Rivages, 1988.

historique. C'est le « comprendre » (*Verstehen*) comme mode de connaissance individuel qu'il s'efforce de porter à ses conditions de validité universelle. L'accent est d'emblée psychologique, mais se déplace, après les dures critiques venues de la psychologie expérimentale de son temps (Hermann Ebbinghaus en 1896), de plus en plus vers une conception de la signification des expressions qui pouvait trouver dans la tradition méthodologique de l'herméneutique une inspiration, mais aussi des accords avec la phénoménologie de Husserl. Le projet diltheyen va cependant bien au-delà, engageant toute une philosophie de la vie comprenant la vie, centrée sur l'analyse de la structure de l'*Erlebnis* (expérience vitale), relation antérieure à la distinction entre un « sujet » et un « objet », de l'ordre de l'appréhension, du vouloir et du sentiment. Le souci de formuler une philosophie concrète comme la méfiance envers les abstractions et les systèmes le font insister sur la dimension de l'expérience vitale, alors que la volonté de proposer un remembrement des disciplines historiques d'inspiration philosophique le conduit vers une logique de la connaissance. Le projet se déploie ainsi en direction de « l'esprit objectif » au moyen d'une analyse des contextes structurels dans les derniers textes regroupés autour du projet de *L'Édification du monde historique dans les sciences de l'esprit* (1911).

Le texte présenté ici correspond à un brouillon de l'article synthétique sur « La naissance de l'herméneutique » (1900) où Dilthey résumait sa lecture de l'histoire de l'herméneutique et exposait les enjeux épistémologiques de sa méthodologie. Le brouillon auquel nous avons donné un titre programmatique esquisse ainsi un ensemble de propositions théoriques destinées à fonder le projet de « sciences de l'esprit » dans une interprétation des expressions de la vie. Ces pages tirées du *Nachlass* ont été publiées par Georg Misch en tant que « suppléments » au texte de 1900 dans le volume V des *Gesammelte Schriften* [1].

Georg Simmel (1859-1918) est, avec Émile Durkheim (1858-1917) et Max Weber (1864-1920), un des fondateurs de la sociologie. Sa réflexion porte sur les conditions de la différenciation sociale à l'époque moderne, notamment sur les effets de la division du travail et de l'introduction de l'argent [2]. Son œuvre conjugue un intérêt scientifique pour les systèmes sociaux et l'interprétation des phénomènes révélateurs de la vie moderne (la ville, le conflit, la prostitution, les contradictions de la culture), accordant une grande attention à l'esthétique (Rodin, Rembrandt).

Simmel a donné trois versions sensiblement différentes de son ouvrage sur *Les problèmes de la philosophie de l'histoire. Une étude de théorie de la connaissance*. Le terme de « philosophie de l'histoire » renvoie ici uniquement à un questionnement relevant de la théorie de la connaissance, comme c'était encore l'usage au début du XXe siècle, jusque dans le titre de la thèse de Raymond Aron, *Introduction à la philosophie de l'histoire* (1938), dont le sous-titre signale les véritables visées : « essai sur les

1. *Die Geistige Welt* (1923), G. Misch (ed.), Stuttgart-Göttingen, Teubner-V & R, 1957, p. 332-336. Marcel Rémy en avait fourni une traduction dans *Le Monde de l'esprit* I-II, Paris, Aubier, 1947, p. 333-338, dorénavant épuisé. La nouvelle traduction de l'essai sur « La naissance de l'herméneutique » par D. Cohn et E. Lafon, dans Dilthey, *Œuvres 7. Écrits d'Esthétique*, Paris, Le Cerf, 1995, p. 289-307, ne reprend pas ces additions. Sur l'importance de ce texte, voir H. Ineichen, « "Die Entstehung der Hermeneutik" im Zusammenhang mit dem Spätwerk von Wilhelm Dilthey », *Revue internationale de philosophie* 226, 2003, p. 455-465 ; Frithjof Rodi, « Drei Bemerkungen zu Diltheys Aufsatz "Die Entstehung der Hermeneutik" », *ibid.*, p. 425-437 ; D. Thouard, « Dilthey et la naissance de l'herméneutique en 1900 », dans F. Worms (éd.), *Le moment 1900 en philosophie*, Lille, Presses Universitaires du Septentrion, 2004, p. 169-184.

2. *Philosophie des Geldes* (1900), trad. fr. *Philosophie de l'argent*, Paris, PUF, 1987.

limites de l'objectivité historique »[1]. La version de 1892 aborde la question en termes psychologiques et plus positivistes alors que les versions de 1905 et 1907 retraduisent la problématique en termes d'*a priori* (en 1904, Simmel donnait des leçons sur Kant à l'Université de Berlin, publiées la même année). Les pages qui suivent élargissent le questionnement du livre, que Simmel reprendra également dans ses derniers travaux, en particulier « De la nature de la compréhension historique » (1918).

Ce petit texte esquisse à propos de la connaissance historique la question de l'objet des sciences sociales et ouvre une perspective différente du texte précédent, Simmel s'attachant davantage à l'objectivité des significations qu'à leur réeffectuation comme Dilthey. Il a d'abord paru sous le titre « Quelques considérations sur la philosophie de l'histoire »[2].

1. Voir également *La philosophie critique de l'histoire. Essai sur une théorie allemande de l'histoire* (1938), rééd. Paris, Vrin, 1969 et Paris, Seuil, 1991, qui contient une analyse de la théorie de Simmel.

2. *Scientia. Rivista di scienza* 12, 1909, Londres-Bologne-Paris-Leipzig, p. 212-218. La traduction porte les initiales G. H. (Professeur à Milan).

WILHELM DILTHEY

L'HERMÉNEUTIQUE ET LES SCIENCES DE L'ESPRIT*

La compréhension relève du concept général du connaître, la connaissance étant prise au sens large du processus par lequel on s'efforce d'atteindre un savoir valable universellement.

Proposition 1. *Nous appelons compréhension le processus dans lequel, à partir d'expressions sensibles données de la vie psychique, celle-ci est connue*[1].

* W. Dilthey, *Zusätze aus den Handschriften*, dans *Gesammelte Schriften*, Stuttgart-Göttingen, Teubner-V & R, 1957, vol. V, p. 332-336. Traduction par Denis Thouard.

1. La suite dans la version publiée: «C'est là l'usage de la langue; une terminologie psychologique fixe, dont nous avons un si grand besoin, ne peut se constituer qu'au moment où chacun de ces termes, déjà consolidé, délimité clairement et efficacement, est maintenu pareillement par tous les écrivains. Comprendre la nature – *interpretatio naturae* – est une expression figurée. Cependant l'appréhension de nos propres états, nous la désignons improprement par compréhension. Je dis certes: je ne comprends pas comment j'ai pu agir ainsi, voire: je ne me comprends plus moi-même. Mais ce disant, je veux simplement signifier qu'une manifestation de mon être dans l'univers sensible m'apparaît comme celle d'un étranger et qu'en tant que telle, je suis dans l'incapacité de l'interpréter; dans l'autre cas, que je suis tombé dans un état qui me stupéfie par son étrangeté. C'est ainsi que nous appelons compréhension le processus dans lequel nous reconnaissons, à partir de signes donnés de manière sensible, un fait psychique dont ils sont l'expression.

Proposition 2. *Si différentes que puissent être les expressions de la vie psychique saisissables par les sens, leur compréhension doit nécessairement avoir des caractères communs donnés en raison des conditions indiquées de ce mode de connaissance*[1].

Proposition 3. *L'art de comprendre les expressions de la vie fixées par écrit est ce que nous appelons exégèse, interprétation*[2].

Cette compréhension va de l'appréhension du balbutiement de l'enfant jusqu'à celle de *Hamlet* ou de la *Critique de la raison pure*. Le même esprit humain nous parle dans la pierre, le marbre, les sons musicaux, les gestes, les paroles et les écrits, les actions, l'ordre économique et les constitutions, et demande une interprétation » (trad. fr. D. Cohn et É. Lafon, « La Naissance de l'herméneutique », dans *Écrits d'esthétique*, Paris, Le Cerf, 1995, p. 291-307, légèrement revue).

1. *Ibid.* : « De ces traits fondamentaux, le processus est le même. Si je veux, par exemple, comprendre Léonard de Vinci, il faut que l'interprétation se fasse au travers de la convergence des actions, des peintures, des images et des écrits, et cela dans un processus homogène et uniforme. La compréhension a différents degrés. Ceux-ci sont, en un premier temps, conditionnés par l'intérêt. Si celui-ci est limité, la compréhension le sera aussi. Quelle n'est pas notre impatience en écoutant certaines explications ; nous ne relevons qu'un seul point ayant pour nous une importance pratique, sans être intéressés par la vie intérieure de l'orateur. En revanche, nous nous appliquons, dans d'autres cas, à pénétrer celle d'un autre orateur par chacune des expressions de son visage et chacune de ses paroles. Mais l'attention la plus extrême ne peut se transformer en un processus conforme aux règles de l'art, dans lequel est atteint un degré contrôlable d'objectivité, que si la manifestation de la vie y est cristallisée et s'il nous est toujours loisible d'y revenir ».

2. À partir d'ici, où Dilthey en fait des équivalents, nous rendons *Auslegung* par « interprétation ». Le commentaire de cette proposition est également repris dans la version publiée : « Dans ce sens, il existe aussi un art de l'interprétation, ses objets sont des sculptures ou des tableaux, et Friedrich August Wolf avait déjà réclamé une herméneutique et une critique archéologique. [...] L'importance énorme de la littérature pour notre compréhension de la vie de l'esprit et de l'histoire tient à ce que dans la langue seule l'intériorité de l'homme arrive à une expression complète, exhaustive et objectivement compréhensible. C'est pourquoi l'art de comprendre a son centre dans l'interprétation des traces d'existence humaine contenues dans l'écrit. L'interprétation de ces vestiges et le traitement critique qui s'y rattache obligatoirement furent donc le point de départ de la philologie. Celle-ci est de par sa substance l'art personnel et la virtuosité mis au service du traitement

L'interprétation est une affaire de savoir-faire personnel et son maniement le plus accompli est conditionné par la génialité de l'interprète; et elle repose en effet sur l'affinité, amplifiée par une longue fréquentation de l'auteur, son étude constante. Comme Winckelmann au moyen de Platon (Justi), le Platon de Schleiermacher[1] etc. L'élément *divinatoire* dans l'interprétation repose là-dessus.

Cette interprétation est, en raison de la difficulté évoquée et de son importance, l'objet d'un travail immense de l'humanité. Toute la philologie et l'histoire travaillent d'abord à cela etc. Il est

des restes écrits, et c'est seulement en rapport avec cet art et ses résultats que toute autre interprétation de monuments ou d'actions historiquement transmises pourra prospérer. Nous pouvons faire erreur sur les motivations des hommes en action dans l'histoire, et ceux-ci peuvent eux-mêmes placer leur action sous un éclairage trompeur. Mais l'œuvre d'un grand poète, d'un grand inventeur, d'un fondateur de religion, d'un authentique philosophe ne sera jamais que l'expression vraie de sa vie psychique; et dans cette société humaine, pleine de mensonges, une œuvre de ce genre est toujours vraie et, à la différence de toute autre expression fixée, est susceptible en soi d'une interprétation complète et objective, elle jette même son éclairage sur les autres monuments artistiques d'une époque et sur les actions historiques des contemporains. Cet art de l'interprétation a connu un développement tout aussi progressif, régulier et lent, que celui par exemple de l'interrogation de la nature par l'expérience. Il est issu de la géniale virtuosité personnelle du philologue et se maintient grâce à elle. Conformément à sa nature, il se transmet à d'autres surtout par le contact personnel avec le grand virtuose de l'interprétation ou par l'œuvre de celui-ci. Mais en même temps tout art procède selon des règles. Celles-ci enseignent comment surmonter les difficultés. Elles transmettent les résultats de l'art personnel. C'est ainsi que très tôt se constitua, à partir de l'art de l'interprétation, l'exposé de ses règles. Et à partir du conflit de ces règles, de la lutte entre des directions différentes à propos de l'interprétation d'œuvres d'importance vitale et du besoin qui en est issu de fonder les règles, est née la science herméneutique. Celle-ci est l'art d'interpréter les monuments écrits » (trad. Cohn/Lafon revue).

1. C. Justi, *Winckelmann. Sein Leben, seine Werke und seine Zeitgenossen*, Leipzig, 1866; Schleiermacher, *Platons Werke*, Berlin, 1804-1828 (voir en français Schleiermacher, *Introduction aux dialogues de Platon*, trad. fr. M.-D. Richard, Paris, Le Cerf, 2004).

difficile de se représenter l'immense accumulation d'érudition qui y a été employé. Et en effet, la *faculté de cette compréhension croît dans le genre humain* aussi graduellement, suivant sa propre loi, lentement et difficilement que celle qui nous permet de connaître et de dominer la nature.

Mais puisque cette génialité est si rare et que l'interprétation est aussi pratiquée et apprise par les moins doués, il est nécessaire :

Proposition 4a. Que *l'art des interprètes géniaux soit tenu dans des règles telles qu'elles sont contenues dans leur méthode ou qu'ils les ont eux-mêmes formulées*. Car tout art humain se raffine et s'élève par la pratique, quand il parvient à transmettre le résultat de la vie de l'artiste aux descendants sous une forme ou sous une autre. Les moyens de pratiquer la compréhension avec art ne se trouvent que là où le langage garantit un fondement sûr et où l'on dispose de grandes créations durables et de valeur qui suscitent un conflit de différentes interprétations : *là, il faut chercher à résoudre la contradiction entre différents artistes de l'interprétation géniaux au moyen de règles universelles*. Ce qui est le plus stimulant pour sa pratique exégétique est certainement le contact avec l'interprète génial ou avec son œuvre. Mais la brièveté de la vie exige de trouver une voie plus rapide par l'établissement de méthodes trouvées et par les règles qui y sont appliquées. *Cette technique de la compréhension des expressions de la vie fixées par écrits est ce que nous appelons herméneutique* (proposition 4b).

On peut ainsi déterminer la nature de l'herméneutique et justifier son activité dans une certaine mesure. Si elle ne paraît pas jouir pourtant aujourd'hui du degré d'intérêt qu'ont pu souhaiter pour elle les représentants de cette méthode, cela tient à mon avis à ce qu'elle n'a pas intégré à sa pratique les problèmes provenant de l'état actuel des sciences et qui sont propres à lui conférer un grand intérêt. Cette science [l'herméneutique] a eu une destinée étrange. Elle ne jouit encore d'une certaine estime que parmi le grand mouvement historique qui voit dans la compréhension de l'être-là historique singulier une des tâches urgentes de la science, avant de redisparaître dans l'obscurité. C'est ce qui s'est d'abord produit quand l'interprétation des saintes Écritures du christianisme était pour le protestantisme une question vitale. Puis, dans le contexte du développement de la conscience historique en notre siècle, elle fut réactualisée par Schleiermacher et Boeckh durant un temps, et j'ai encore connu l'époque où l'*Encyclopédie* de Boeckh, qui était entièrement portée par de tels problèmes, passait pour l'introduction nécessaire au sanctuaire de la philologie[1]. Et si Friedrich August Wolf s'est exprimé avec dédain sur la valeur de l'herméneutique pour la philologie[2], et si de fait cette science n'a guère trouvé depuis de continuateurs et de représentants, c'est que sa forme ancienne a vécu. Mais, dans une forme nouvelle et plus englobante, le problème qui l'agitait se pose à nouveau à nous aujourd'hui.

Proposition 5. *La compréhension au sens large indiqué ici est le procédé fondamental des sciences de l'esprit*... Comme toute connaissance suivant des lois n'est possible dans les sciences de la nature que par ce qui dans l'expérience et les règles qu'elle comprend est mesurable et comptable, dans les sciences de l'esprit, toute proposition abstraite ne se justifie que par son rapport à la vie psychique telle qu'elle est donnée dans l'expérience vécue et la compréhension.

1. August Boeckh (1785-1867) a professé son cours à Berlin pendant près de 60 ans et largement contribué à l'autocompréhension du rôle de la philologie parmi les sciences historiques au XIXe siècle. Son *Encyclopédie et méthodologie des sciences philologiques* a été publiée partiellement après sa mort par E. Bratuschek (Leipzig, 1877).

2. Friedrich August Wolf (1759-1824) a redéfini le programme de la philologie en « science de l'Antiquité » (esquissé en 1807 dans le *Museum der Altertumswissenschaft*, Berlin) et exercé à travers ses nombreux élèves une influence décisive sur la formation de la discipline.

Si la compréhension est fondamentale pour les sciences de l'esprit, alors (proposition 6) *l'analyse de la compréhension en termes de théorie de la connaissance, de logique et de méthodologie est une des tâches principales de la fondation des sciences de l'esprit.* L'importance de cette tâche n'apparaît cependant clairement que lorsque l'on a pris conscience des difficultés impliquées par la nature de la compréhension relativement à l'exercice d'une science universellement valable.

[*Première aporie*] Chacun est pour ainsi dire enfermé dans sa conscience individuelle, qui est individuelle et communique à toute saisie sa subjectivité [Humboldt s'est occupé de cela]. Le sophiste Gorgias a déjà exprimé ce problème en ces termes : s'il y avait un savoir, le savant ne pourrait le communiquer à personne d'autre. Mais lui, il en reste là, il conclut sa pensée avec ce problème. Il s'agit de le résoudre. La possibilité de saisir quelque chose d'étranger est d'abord un des plus profonds problèmes de la *théorie de la connaissance*. Comment une individualité peut-elle élever à une compréhension objective universellement valide une expression vitale individuelle qui lui est donnée sur le mode sensible ? La condition à laquelle cette possibilité est liée réside en ce qu'en aucune extériorisation étrangère individuelle il ne peut y avoir quelque chose qui ne soit pas contenu dans l'individualité vivante qui la saisit. Les mêmes fonctions et les mêmes éléments sont présents en toutes les individualités, et les dispositions des différents hommes ne se distinguent que selon le degré de leur force. Le même monde extérieur se reflète dans leurs représentations. Dans le fait d'être en vie, il doit donc y avoir une capacité. La liaison etc., renforcement, diminution – la transposition est transformation.

Seconde aporie. À partir du *particulier le tout*, à partir du tout à son tour le particulier. Et le tout d'une œuvre exige que l'on poursuive jusqu'à l'individualité <de l'auteur>, à la littérature avec laquelle il est en rapport. Le procédé comparatif me permet en effet de comprendre chaque œuvre singulière, et même chaque phrase, plus profondément que je ne la comprenais auparavant. De même la compréhension à partir du tout, tout comme du tout à partir du particulier.

Troisième aporie. Chaque état psychique singulier n'est déjà compris de nous qu'à partir des excitations extérieures qui le suscitent. Je comprends la haine à partir d'une attaque contre une vie. Sans ce rapport, je ne pourrais absolument pas me représenter des passions. Le milieu est donc indispensable à la compréhension. Poussé à l'extrême, la compréhension ne se distingue pas de l'explication, dans la mesure où cela est possible en ce domaine. Et l'explication présuppose à son tour l'accomplissement de la compréhension.

Dans toutes ces questions, il apparaît que le problème de la *théorie de la connaissance* est partout identique : tirer des expériences un savoir universellement valide. *Mais il surgit sous les conditions particulières de la nature des expériences dans les sciences de l'esprit*. À savoir : dans la vie psychique, la structure comme ensemble est le vivant, le connu, à partir duquel le particulier <est expliqué>.

Donc l'analyse de la compréhension se tient au seuil des sciences de l'esprit comme un problème majeur de la théorie de la connaissance. *En partant de ce problème relevant de la théorie de la connaissance et en plaçant son but dernier dans sa solution, l'herméneutique entre dans un rapport interne aux grandes questions qui agitent aujourd'hui la science de la constitution et de la légitimation des sciences de l'esprit*. Ses problèmes et ses propositions deviennent une partie du présent vivant.

La solution de la question de la théorie de la connaissance conduit au *problème logique* de l'herméneutique.

Celui-ci aussi est partout le même bien sûr. Ce sont évidemment (contrairement à ce que Wundt me fait dire) les mêmes opérations logiques élémentaires qui sont mobilisées dans les sciences de la nature et de l'esprit[1]. L'induction, l'analyse, la construction, la comparaison. Mais il s'agit de voir quelle forme particulière elles reçoivent à l'intérieur du domaine d'expérience des sciences de l'esprit. L'induction, dont les données sont des processus sensibles, s'accomplit ici comme ailleurs sur le fondement d'un savoir contextuel. Dans les sciences physico-chimiques, c'est la connaissance mathématique des rapports quantitatifs, dans les sciences biologiques, l'adaptation à la finalité vitale, dans les sciences de l'esprit, la structure de la vie psychique. Ce fondement n'est donc pas une abstraction logique, mais un ensemble réel donné dans la vie; or celui-ci est individuel, et donc subjectif. Par là, la tâche et la forme de cette induction est déterminée. Les opérations logiques reçoivent une forme plus déterminée du fait de la nature de l'expression linguistique. C'est ainsi que la théorie de cette induction se spécifie dans le domaine linguistique plus étroit par la théorie du langage: la grammaire. Nature particulière de la détermination depuis le contexte connu (par la grammaire), depuis les significations des mots et les éléments formels syntaxiques relativement indéterminés (variables). Complément de cette induction à la compréhension du singulier comme un tout (ensemble) par la méthode comparative qui détermine le singulier et rend sa conception plus objective en la rapportant aux autres singuliers.

Formation du concept de *forme interne*. Mais <l'accès> à la réalité est nécessaire = la vie intime qui se tient derrière la forme interne de l'œuvre singulière et le contexte de ces œuvres.

1. Wilhelm Wundt (1832-1920) voyait dans la psychologie le fondement des sciences de l'esprit explicatives et compréhensives. Il se démarquait par là tant du monisme logique prêté à Mill que du dualisme des fondements logiques prêté à Dilthey (voir sa *Logique des sciences de l'esprit*, *Logik III. Logik der Geisteswissenschaften*, Stuttgart, Ferdinand Enke, 1921[4], p. 80, qui se réfère à l'*Introduction aux sciences de l'esprit* (1883) de Dilthey, contre laquelle il a déjà pris position au moment au Dilthey rédige cette note).

Celle-ci diffère dans les différentes branches de la production. Chez le poète, le pouvoir créateur; chez le philosophe, le rapport entre la conception de la vie et la conception du monde; chez les grands hommes d'actions leur façon de se rapporter pratiquement par des buts à la réalité; chez les religieux etc. (Paul, Luther).

D'où le rapport de la philologie à la plus haute forme de compréhension historique. L'interprétation et la présentation historique ne sont que deux aspects de l'approfondissement enthousiaste. Une tâche infinie.

Ainsi l'enquête menée quant à la convergence des processus communs à toutes les connaissances et à leur spécification sous les conditions du procédé transmet ses résultats à la *méthodologie*. Son objet est l'élaboration historique de la méthode et sa spécification dans les domaines particuliers de l'herméneutique. Un exemple. L'interprétation des poètes est une tâche particulière. À partir de la règle : mieux comprendre que l'auteur ne s'est compris, on résout aussi le problème de l'idée en poésie. Elle est présente (non comme pensée abstraite, mais) au sens d'un contexte inconscient agissant dans l'organisation de l'œuvre – et c'est à partir de sa forme interne qu'on comprend celle-là; l'interprète l'identifie et c'est peut-être le plus grand triomphe de l'herméneutique. *C'est ainsi qu'il faut compléter la codification actuelle qui est la seule méthode en usage pour la présentation de la validité universelle par la présentation des méthodes créatrices d'interprètes géniaux dans différents domaines. Car c'est là que se trouve la force stimulante. Il faut accomplir ceci pour toutes les méthodes des sciences de l'esprit.* L'ensemble est alors : *méthode de la génialité créatrice*. Les *règles abstraites* qu'elle a déjà trouvées, *qui sont subjectivement conditionnées*. La déduction d'une codification universelle depuis un fondement pris à la théorie de la connaissance.

Les méthodes herméneutiques ont en fait un rapport à la critique littéraire, philologique et historique, et cet ensemble conduit à l'explication des phénomènes singuliers. Entre l'interprétation et l'*explication*, il n'y a qu'une différence de degré, pas une frontière fixe. Car la compréhension est une tâche infinie. Mais dans les disciplines, la frontière réside en ce que la psychologie et la science des systèmes ne sont appliquées qu'en tant que systèmes abstraits.

Selon le principe de la solidarité de la saisie et de la valorisation, la critique littéraire est *nécessairement liée au processus herméneutique, elle lui est immanente*. Il ne peut y avoir de compréhension sans un sentiment de la valeur – mais la valeur ne devient fixée comme objective et universellement valide qu'à travers la comparaison. Ceci requiert d'établir ce qui est normatif dans le genre, par exemple dans le drame. La critique philologique part de là. L'accord est établi pour l'ensemble et les parties qui y contredisent sont exclues. Lachmann, l'*Horace* de Ribbeck etc.[1]. Ou bien l'on tire une norme d'autres œuvres et l'on exclut les œuvres qui ne s'y conforment pas; la critique shakespearienne. La critique platonicienne.

Ainsi, la critique <littéraire> est la présupposition de la critique philologique : car son élan naît précisément du choc de l'incompréhensible et sans valeur, et la critique <littéraire>, en tant que partie esthétique de la philologie, y trouve son auxiliaire. La critique historique n'est qu'une branche de la critique comme la critique esthétique en ses débuts. Puis, comme ici, partout un développement, là en histoire littéraire, en esthétique etc., ici en historiographie etc.

1. Karl Lachmann (1793-1850), philologue (éditions de Homère, Lucrèce, Catulle), médiéviste (édition des Nibelungen), son rôle fut décisif dans la critique textuelle et l'édition; Otto Ribbeck (1827-1898), philologue, spécialiste notamment de poésie latine (Horace, Virgile).

GEORG SIMMEL

QUELQUES CONSIDÉRATIONS SUR LA PHILOSOPHIE DE L'HISTOIRE*

L'étude suivante pourra servir de supplément à mon ouvrage : « Les problèmes de la philosophie de l'histoire » (*Die Probleme der Geschichtsphilosophie*, Leipzig, 1907, 3e édition). Elle continuera en certains points l'idée de ce livre, c'est-à-dire elle continuera à élever à la conscience scientifique les conditions *a priori* sur lesquelles se fonde constamment la science de l'histoire, et sans lesquelles cette science serait même impossible.

1.

Le problème fondamental de la théorie de la connaissance de l'histoire, c'est d'expliquer comment les faits réels produisent la

* G. Simmel, « Quelques considérations sur la philosophie de l'histoire », trad. fr. G. H., *Scientia. Rivista di scienza* 12, 1909, p. 212-218, rééd. dans *Gesamtausgabe*, Bd 19, Frankfurt a.M., Suhrkamp, 2002, p. 129-138. L'original allemand, « Beiträge zur Philosophie der Geschichte », a été republié dans G. Simmel, *Das individuelle Gesetz. Philosophische Exkurse*, M. Landmann (ed.), Frankfurt a.M., Suhrkamp, 1987, p. 33-40, rééd. dans *Gesamtausgabe*, Bd 12 (2001), p. 62-69. La présente traduction a été revue et corrigée sur ce texte original.

formation scientifique que nous appelons *histoire*. En interprétant le caractère empirique et exact de cette formation [*Gebilde*] d'une manière dogmatique et machinale, on a le plus souvent oublié, combien de transformations, d'omissions et d'additions il faut apporter à la vie immédiate, pour que cette image puisse se former. Ce qui caractérise cet ordre d'idées, c'est que nous considérons les catégories qui nous fournissent notre propre image en ce qu'elles ont de différent de celles que nous attribuons aux images proprement historiques. Et, d'abord, la connaissance de notre vie, comparée à la vie d'autrui, montre un contraste frappant. Chacun de nous se connaît infiniment mieux, sait infiniment plus de choses de soi qu'il ne connaît son prochain, même le plus intime ; et pourtant le prochain ne nous semble jamais si fragmentaire, si incomplet, si incohérent et peu homogène que nous nous paraissons souvent à nous-mêmes. On serait tenté de hasarder la supposition paradoxale que nous nous connaissons trop pour nous appliquer à nous-mêmes toutes ces explications, ces interprétations, ces liaisons, ces additions, qui, seules, sont propres à rendre unie l'image de la vie d'une personne ; tandis que nous ne savons de notre prochain que le peu qui suffit à nous en faire une image cohérente. Apparemment en une certaine opposition à ce phénomène, mais au fond comme sa conséquence, se présente une autre différence de la vue historique, selon que nous nous regardons nous-mêmes, ou que nous regardons les autres. La continuité dans laquelle nous passons notre existence, les longues préparations, les effets lointains, les degrés insensibles qui forment les contenus de notre vie, les moments conscients et sentis qui, sans interruption, remplissent notre temps, tout cela nous fait paraître notre vie passée comme un fleuve au cours constant, comme une peinture sans véritable relief. Au contraire, l'image d'un personnage, telle qu'elle existe dans la conscience historique, fait saillir et met en vive lumière tous les moments remarquables ou remarqués de sa vie, de sorte qu'ils se détachent, pour ainsi dire, de tous les autres, accidentels ou de moindre importance, de tout ce qui forme le prologue ou l'épilogue de ses actions ; tandis que la forme de notre vie, au lieu de points caractéristiques, culminants et isolés, nous présente une surface, sinon plane du moins aux pentes douces. La continuité de nos impressions et des événements qui se passent dans notre vie – continuité qui n'est interrompue que pendant le sommeil – les rapports psychologiques et objectifs qu'ont toutes les actualités avec d'autres actualités, qui, suivant le cours du temps, les préparent ou les détruisent, nous font paraître notre propre vie, dans son ensemble, comme un corps sans relief, comme une grisaille où se fondent toutes les couleurs ; ce qui est absolument incompatible avec une construction historique. Celle-ci devra négliger le développement parallèle du fond de notre vie et du caractère du temps, tel qu'il existe dans notre conscience ; car le personnage historique vit, comme tel, dans un temps discontinu et façonné d'une manière artificielle, où se trouvent isolés les points importants et culminants de son existence.

2.

On ne saurait trancher d'une manière objective la question de savoir, si le développement de toute culture intellectuelle se fait avec continuité ou par saccades. Nous n'apercevons nulle part un mouvement réel, mais seulement quelques points, qui semblent former une ligne, parce que l'esprit qui les contemple se transporte de l'un à l'autre avec sa conscience continue. Cependant il est bien sûr que la science [*Forschung*] ne pourra jamais considérer la distance entre deux faits de la même ligne comme étant la plus petite possible, qu'elle devra tendre à les rapprocher toujours davantage, qu'on pourra découvrir dans toute action intellectuelle un nombre toujours croissant de conditions préexistantes et d'éléments pénétrés dans la mentalité de son auteur, de manière que l'originalité de son action se rattache par des fils toujours plus serrés aux faits déjà existants. Mais si minime que soit cette originalité – encore l'échelle qui nous la fait sembler minime est-elle fort arbitraire – elle fait certainement un *bond*; elle suit, sans continuité, les conditions données antérieures, quand même elle n'en serait qu'une synthèse. Qu'on veuille en relever la continuité ou la discontinuité, cela dépend de notre libre choix et n'est qu'une question d'opportunité; on a le même droit de considérer l'histoire et ses événements sous le point de vue de leur affinité, ou sous celui de leur diversité. Qui attache surtout beaucoup de prix à tout ce qui constitue la culture intellectuelle, regardera le progrès plutôt comme un fait continu; ce sera le contraire pour celui qui envisage surtout les personnages représentant ce progrès, parce que toute individualité humaine nous donne une image plus nette, aux contours plus précis, et dont les détails se dégagent moins facilement.

D'autre part l'individualité [*Persönlichkeit*] peut bien être regardée comme une continuité à laquelle les choses n'atteindront jamais. Car c'est à elle où aboutissent tous les antécédents d'une invention, d'une théorie, d'une action, pour donner lieu à un fait nouveau, qui, une fois accompli, nous paraît un événement isolé, indépendant de toutes les choses préexistantes. Il est vrai que les individualités, comparées entre elles, sont moins continues que les choses, celles-ci pouvant être rangées dans un ordre logique, ce qui est impossible pour les âmes, où agissent mille éléments, dont beaucoup ne s'accordent guère avec la logique, mais qui tous concourent à former l'ensemble d'un caractère qui ne sera comparable à nul autre. Pourtant, individuellement, chaque personnage est continu et forme le trait d'union entre les antécédents historiques et les nouveautés qu'ils lui ont suggérées. Mais, même dans ce cas, la question s'il y a, ou non, continuité, n'admettra pas de réponse définitive et objective; car selon qu'on envisage dans l'individualité l'évolution intellectuelle qui produit les faits, ou qu'on ne regarde que ceux-ci et leur signification logique et objective, on rangera l'évolution dans une catégorie différente.

3.

Ce que nous appelons *tradition* [*Überlieferung*] paraît être l'antithèse de la réciprocité proprement sociale. En effet, tandis que les individus coexistants sont sujets à la réciprocité, de manière que les actions et les qualités de chacun sont influencées par son prochain et vice versa – ainsi que deux masses lourdes attirant l'une l'autre et déterminant, chacune, le mouvement de l'autre – la tradition sociale nous montre précisément le phénomène contraire. Ce qui la caractérise, c'est que celui qui en subit l'action ne la renvoie point à celui qui l'exerce. La tradition marche dans un sens, tandis que la réciprocité va et vient. Mais l'ensemble de la vie sociale réelle est un entrelacement de ces deux tendances qui y dominent. L'action réciproque exercée par chacun sur chacun, et qui unit tous les individus coexistants, est continuellement croisée par ce qu'on appelle *tradition*, c'est-à-dire par l'action qui fait, sans retour, passer à autrui quelque chose de notre âme. Et c'est ainsi que la société, dans son essence, devient une formation historique, puisqu'elle n'est pas seulement objet de l'histoire, mais le passé y a encore une réalité active, et devient, en forme de tradition sociale, le motif du présent. D'un côté on a une action unilatérale, de l'autre une action réciproque, et de toutes les deux se compose effectivement la vie sociale. Ce n'est pas seulement la forme de l'écoulement du temps qui empêche la tradition d'être réciproque, mais surtout ce fait que la réciprocité ne consiste pas uniquement dans l'influence purement personnelle de l'un sur l'autre, ce qui est loin d'en épuiser l'essence. Car l'essence de la tradition est un *état intellectuel objectif* qui se transmet à travers des successions d'individus. Ce que chacun donne à un autre, ce n'est pas, pour ainsi dire, soi-même, comme dans toute action réciproque, mais c'est une intellectualité qui s'est déjà, d'une certaine manière, détachée de la personne [*Persönlichkeit*]. Voilà pourquoi l'on n'attend pas d'action réciproque de la part de celui qui la reçoit. Car la tradition [*Tradition*] consiste dans ce phénomène intéressant, et d'où dépend, au fond, toute la culture intellectuelle et toute la mentalité du genre humain, qu'un contenu de la pensée, de l'action, du travail, même du sentiment, s'est détaché de celui qui le possède et pourra être transmis à autrui, comme s'il s'agissait d'un corps physique. Cette séparation du produit intellectuel et de son créateur – quand même il ne serait que purement mental, quand même il ne consisterait qu'en instruction, en idées religieuses ou dans la possibilité d'épanchements ou d'expressions de sentiments – est la véritable condition du progrès de toute civilisation. Car, avant tout, elle fournit la possibilité de faire le cumul des progrès humains ; elle a pour effet, selon une heureuse expression, que l'homme n'est pas seulement le descendant, mais aussi l'héritier de l'homme. La tradition [*Überlieferung*] représente, pour ainsi dire, ce qu'il y a de substance intellectuelle dans la société, tandis que la réciprocité n'en indique tout d'abord qu'une fonction. Cependant l'entrelacement de l'une et de l'autre se fait d'une manière si compliquée que les actions réciproques fonctionnelles entre les hommes produisent des résultats substantiels qui, eux aussi, se transmettent. Cette unité de direction dans l'unification, cette élimination du sujet qui auparavant agissait sur autrui, et qui maintenant cesse d'en subir l'action – voilà ce qui caractérise l'hérédité. L'hérédité est la forme physiologique ou économique de ce qu'on appelle tradition [*Tradition*] dans la vie intellectuelle. L'hérédité et la tradition réunissent les générations successives en un seul groupe, en forment un seul genre humain, ainsi que la réciprocité sociale forme, entre les individus coexistants, le lien qui constitue la société. L'hérédité et la tradition produisent l'unification dans le sens de la longueur; la réciprocité la produit dans celui de la largeur. Et les principales formes historiques de la vie sociale pourraient bien être décrites selon les différents groupes où s'entrelacent l'hérédité et la tradition avec la réciprocité.

Une forme particulière de cette synthèse est fournie p. ex. par *l'éducation*[1]. Au premier abord, il semble que l'éducation d'une génération jeune par la génération précédente ne soit au fond qu'une tradition. Elle signifie la transmission à la génération successive de résultats, établis comme instructions, règles de vie, principes, ou consistant en expériences personnelles, résolutions, convictions individuelles. Jusqu'ici l'éducation est essentiellement une tradition. Mais on ne saurait nier que l'éducation n'exerce un effet rétroactif aussi sur les éducateurs. La manière dont la jeune génération accueille la matière ou la forme de l'éducation qu'on lui transmet, modifie la conduite de la génération précédente; et peut-être le progrès de l'histoire de l'éducation pourra-t-il tout entier être mesuré par l'intensité de l'effet rétroactif exercé sur l'éducateur par celui qui en reçoit l'éducation. Plus l'éducation sera schématique, conservative, limitée, et plus y prévaudra exclusivement l'élément du progrès dans une seule direction, la tradition; c'est-à-dire dans le successeur se reconnaîtra surtout l'empreinte du prédécesseur. Au fur et à mesure qu'avance le raffinement des mœurs, l'individualisation et la civilisation, l'éducateur subit lui-même l'influence de l'éducation qu'il répand. Il ne s'oppose pas à l'effet de l'action réciproque entre lui et son élève; il s'adapte selon l'occurrence aux devoirs que lui impose la personnalité typique et individuelle de son élève; – ce qui autrefois aurait été regardé comme contraire au

1. Simmel a donné à Strasbourg un cours de pédagogie, édité après sa mort, cf. *Schulpädagogik*, GA 20, p. 311-472.

principe de *l'autorité*, considérée, pour ainsi dire, comme la substance de l'éducation, mais qui maintenant devrait se limiter à n'en être que la technique. En d'autres termes, le progrès résulte de ce fait que l'éducateur n'est pas seulement un être qui transmet une matière déterminée intellectuelle ou morale, mais qu'il est un caractère humain individuel et plastique. L'effet rétroactif exercé sur l'éducateur par son élève détermine la façon dont a lieu le progrès de l'éducation, de manière à produire un mouvement continuel de va-et-vient; – ce qui, selon les idées du passé, aurait encore été regardé comme discréditant le principe de l'autorité. L'évolution de l'éducation s'accomplit surtout par effet de cette réciprocité croissante, c'est-à-dire par ce que la dimension de la largeur vient s'ajouter à celle de la longueur où l'éducation était restreinte autrefois.

4.

Du point de vue du naturalisme, d'un côté, il n'y a rien de nouveau au monde, mais une continuité éternelle des matières et des énergies; tout ce qui suit s'explique par son équivalence avec ce qui précède; tout ce qui se conçoit s'exprime en équations. D'un autre côté, il n'existe que du nouveau; aucune forme n'est tout à fait égale à l'autre; la science tend à établir des différences avec une précision toujours croissante; la marche du monde n'est qu'une continuité de transformations. Cette polarité, cette coexistence presque incompatible des deux conceptions de la nature aboutit, pour la considération historique, à l'unité, ou peu s'en faut. La formation historique est absolument la seule qui, en tant qu'historique, doive être dérivée du passé, c'est-à-dire dans laquelle n'a eu lieu qu'une transformation d'éléments équivalents du passé. La science de l'histoire réunit la continuité et la nouveauté de l'existence en une synthèse plus parfaite que la science de la nature. Cependant il existe pour les éléments historiques une espèce d'équivalence tout à fait différente de celle que présentent les éléments naturels, c'est-à-dire la transmission d'éléments intellectuels d'un individu à l'autre. C'est ici seulement que l'opération aboutit à une identité réelle entre le phénomène précédent et le phénomène suivant, tandis que, même dans la transformation de l'énergie physique, on n'a qu'une égalité mathématique de quantités d'énergie, appartenant à des phénomènes qui sont, au fond, tout dissemblables. Mais l'individu qui accomplit cette action se sert uniquement de la puissance dynamique qui lui est inhérente et ne sort point de son individualité. L'identité de la matière intellectuelle, d'un côté, et la spontanéité des fonctions qui toutes les fois la produisent, de l'autre, sont ici deux choses nettement distinctes, mais qui néanmoins, dans l'action même, se fondent en une unité, et par là se différencient absolument de l'action physique.

HERMÉNEUTIQUE ET SCIENCES HUMAINES

INTRODUCTION

L'enjeu réside dans le type de scientificité auquel peuvent prétendre les « sciences humaines ». Peuvent-elles et doivent-elles s'aligner sur les modes d'objectivations qui ont valu aux sciences de la nature les succès que l'on sait ? Doivent-elles au contraire se replier vers le caractère « inobjectivable » et individuel de leur spécialité, quitte à s'abandonner à un intuitionnisme inscrutable ? S'agit-il de l'opposition toujours récurrente quoique galvaudée entre l'explication et la compréhension ? La recherche des traits distinctifs de la scientificité propre à ce groupe de sciences si mal définissable est pourtant décisive. Elle est l'enjeu d'un conflit entre deux unilatéralismes qui, tendanciellement, sont prêts à resurgir : entre un durcissement scientiste d'un côté, arguant qu'il ne saurait y avoir qu'un seul type de science, et son pendant irrationaliste et impressionniste de l'autre, croyant sauver les « humanités » en les fondant sur leur dimension esthétique. La permanence de la discussion, qui concerne jusqu'aux désignations générales des différents savoirs en cause, témoigne sans doute de la délicatesse de ce qui est ici en question : une fois les positions exclusives dans leur unilatéralisme laissées de côté, la répartition des accents et des priorités ne laisse pas de reproduire à diverses échelles une dispute de fond.

Charles Taylor a tenté une réconciliation de l'herméneutique philosophique et des sciences humaines et sociales en s'inspirant du fonds commun de la philosophie de l'idéalisme allemand. Il souligne l'importance du contexte, de l'ancrage culturel et linguistique, qui relativise la visée d'objectivité. S'opposant à des formes d'objectivisme, il cherche à ménager néanmoins une place à la dimension herméneutique de la connaissance. D'une part, Taylor assume que l'homme est un animal qui s'interprète lui-même, voyant donc dans la capacité interprétative un trait fondamental de l'existence; d'autre part, il entreprend une discussion précise avec les sciences sociales empiriques, loin de les ignorer. Il rend possible par-là une confrontation entre la posture philosophique et la posture empirique. Par sa discussion plus directe des limites de l'objectivisme, il permet d'aborder dans ses lignes de force, mais aussi dans ses points aveugles, l'apport de l'herméneutique philosophique, qui a connu ces dernières années, avec l'œuvre de Gadamer, une vaste consécration. Dans quelle mesure cette approche est-elle susceptible de relever les défis de la connaissance herméneutique? Le projet de H.-G. Gadamer suppose, d'un côté, la radicale mise en cause du sujet connaissant et de la visée d'une connaissance interprétative, au motif que l'historicité qui emporte une telle tentative rend caduque la prétention à l'objectivité dans le domaine de la culture. D'un autre côté, tout en déniant à la science et à la technique toute pertinence dans le domaine du sens, qu'il ramène à ce qui peut être dit en langage (*Sprachlichkeit*), la démarche de Gadamer prétend exposer les conditions de la compréhension. Comment mener de pair l'interrogation sur les conditions de possibilité de la compréhension et l'analyse de celle-ci comme d'un mode d'exister qui serait la structure fondamentale de l'être-là? L'herméneutique philosophique se veut humaniste, prête à accueillir les traditions et même à s'appuyer de nouveau sur un concept renouvelé d'autorité. En partant d'analyses de la structure de l'expérience historique ou esthétique, elle souligne bien certaines limites des discours épistémologiques, invitant tacitement à leur assouplissement ou à une intégration des exigences existentielles et cognitives. L'influence des positions d'une herméneutique à la fois radicale et « urbanisée », confrontée aux autres discours, a contribué à une transformation du projet, sensible chez les auteurs qui en ont repris certains aspects (Paul Ricœur en France, Gianni Vattimo en Italie, Charles Taylor au Canada). Les différentes controverses auxquelles fut mêlée l'herméneutique philosophique, comme avec la « Théorie critique » de l'École de Francfort ou la « Déconstruction » relèvent essentiellement de l'historiographie. En s'appuyant sur le rappel des thèses principales de Gadamer dans la seconde Préface à son ouvrage principal, on s'intéressera ici en revanche à son projet philosophique. Les objections soulevées par Gunter Scholtz permettent de revenir sur les points problématiques de l'entreprise. Celui-ci conteste l'alternative posée entre le relativisme des interprétations se succédant le long de « l'histoire de l'action [ou de l'efficience] » (*Wirkungsgeschichte*), qui implique une prise en compte de l'histoire comme agissant aussi sur la compréhension, et l'imputation de scientisme faite aux sciences humaines. Selon le principe de « l'histoire de l'action », comprendre relève de l'être de ce qui est compris, et non des modalités subjectives de la compréhension (voir *infra*, le texte de Gadamer, p. XVII). Une œuvre continue ainsi de dévoiler au cours de la tradition qu'elle instaure des virtualités de son sens que dégagent les interprétations qui en sont faites au cours de l'histoire. Du même coup, le sens d'une œuvre tend pour Gadamer à recouvrir l'histoire de ses interprétations, empêchant d'établir une distinction entre une interprétation correcte ou non. Si comprendre est toujours comprendre *autrement*, la recherche de la « bonne » voire de la « meilleure » compréhension risque bien de se trouver délégitimée. Mais est-on pour autant contraint d'adopter une position « objectiviste » si l'on conteste la relativisation de tout point de vue du fait de l'historicité du sujet connaissant? Ou bien ne doit-on pas distinguer différentes formes d'objectivité, relatives aux différentes démarches d'objectivation? Le phénomène visé par Gadamer à travers l'expérience esthétique de l'œuvre d'art n'implique nullement que sa signification s'identifie avec les interprétations qui en sont données. Il est en effet parfaitement légitime d'insister sur le moment de la distance instaurée par le jugement et de rechercher des critères pour départager différentes interprétations. Le gain phénoménologique escompté par l'herméneutique philosophique dans le domaine esthétique est redevable d'une autre description, réintégrant la dimension critique au sein de l'herméneutique. Le débat conduit à l'alternative entre une démarche interprétative souffrant d'un déficit empirique chronique et une démarche empirique se développant à l'écart de l'herméneutique. La double révision de ces positions dans le texte de Taylor permet un approfondissement des difficultés soulevées par la confrontation entre les sciences humaines et la radicalisation philosophique de l'herméneutique, alors même que sa tentative de médiation ne parvient pas vraiment à sauver les deux termes de l'alternative. Ou bien, rappelle Taylor, on tentera d'ériger une forme de compréhension conceptuelle totalisante, portant en elle les critères de sa justesse (on peut songer ici à une forme assouplie d'hégélianisme, qui peut fort bien déboucher sur sa propre relativisation), ou bien on cherchera au contraire à ancrer l'interprétation sur un fondement empirique en exhibant des « faits » premiers indépendants de celle-ci. Le constat qu'il tirait en 1970 a depuis été contesté, mais il n'est pas dit qu'il ait perdu toute pertinence pour le fonctionnement courant des sciences sociales: « Les chercheurs du courant dominant en sciences sociales ont adopté si profondément la conception empiriste de la connaissance et de la science qu'il était inévitable qu'ils acceptent le modèle vérificationniste de la science politique et les principes catégoriels qui en résultent» (*infra*, p. 106). Pour autant, si le statut de telles «données brutes» ne laisse pas d'être problématique, n'y aurait-il pas un maximalisme inapproprié à réclamer partout et toujours un retour réflexif sur le caractère «déjà interprété» voire «construit» de ce que nous tendons à prendre pour du «donné»?

Le texte de Charles Taylor prend en compte la dimension interprétative des sciences de l'homme sans réduire celles-ci à des effets d'interprétation. Charles Taylor (né en 1931), Canadien anglophone, est l'auteur d'une œuvre importante où il cherche dans les ressources de la tradition philosophique, particulièrement de l'idéalisme allemand, des incitations pour les problèmes philosophiques et sociaux actuels. Charles Taylor est spécialiste de philosophie politique et lui-même engagé à plusieurs reprises dans la vie politique canadienne. Sa philosophie ne se sépare pas du souci de comprendre son temps. Dans son interprétation de la société canadienne, il a insisté sur les limites d'une approche purement formelle des droits, ce qui lui a valu l'étiquette peu significative en elle-même de «communautariste», qu'il refuse.

La première édition de *Vérité et méthode* de Hans-Georg Gadamer (1900-2002) a paru en 1960. La préface à la seconde édition a été rédigée en 1965. Elle figurait dans la première édition française partielle du livre, dans la traduction d'Étienne Sacre revue par Paul Ricœur, parue en 1976 aux éditions du Seuil, p. 7-19. Elle a curieusement disparu de la nouvelle traduction «complète» dirigée par Pierre Fruchon assisté de Jean Grondin et de Gilbert Merlio[1].

1. Sur les problèmes de la traduction de ce livre, voir P. Michon, *Poétique d'une anti-anthropologie. L'herméneutique de Gadamer*, Paris, Vrin, 2000.

Le texte de Gunter Scholtz (né en 1941), philosophe, longtemps professeur à Bochum, a paru dans une traduction de Jean-Claude Gens[1]. G. Scholtz, spécialiste de la pensée de Schleiermacher, est un des meilleurs connaisseurs allemands de l'historicisme[2]; il a collaboré au « Dictionnaire historique des concepts » de Joachim Ritter et édité l'*Archiv für Begriffsgeschichte*.

1. J.-Cl. Gens et G. Deniau, *L'héritage de Hans-Georg Gadamer*, Paris, ISI, 2003, p. 181-194.

2. On signalera son recueil *Zwischen Wissenschaftsanspruch und Orientierungsbedürfniss. Zur Grundlage und Wandel der Geisteswissenschaften*, Frankfurt a.M., Suhrkamp, 1991 et l'étude importante sur « l'herméneutique philosophique », « Was ist und seit wann gibt es "hermeneutische Philosophie"? » *Dilthey-Jahrbuch* 8, 1993, p. 93-119.

CHARLES TAYLOR

L'INTERPRÉTATION ET LES SCIENCES DE L'HOMME*

I

1.

L'interprétation est-elle, en un certain sens, essentielle à l'explication dans les sciences de l'homme ? L'idée que c'est le cas, qu'il y a inévitablement une dimension herméneutique dans les sciences de l'homme remonte à Dilthey. Mais la question a retrouvé récemment une actualité, par exemple dans l'œuvre de Gadamer[a], dans l'interprétation de Freud par Ricœur[b], et dans les écrits de Habermas[c].

* Ch. Taylor, « L'interprétation et les sciences de l'homme » (1971), dans Ch. Taylor, *Philosophical papers II. Philosophy and the Human Sciences*, Cambridge, Cambridge UP, 1985, p. 15-57. Traduction Ph. De Lara, dans *La liberté des modernes*, Paris, PUF, 1997, p. 137-194. Le texte a été abrégé en raison de sa longueur. Les coupures sont signalées par des crochets droits [...].

a. Par exemple, H.G. Gadamer, *Vérité et méthode* (1960), Paris, Seuil, 1996.

b. P. Ricœur, *De l'interprétation*, Paris, Seuil, 1965.

c. Par exemple, J. Habermas, *Connaissance et intérêt* (1968), Paris, Gallimard, 1976.

L'interprétation, au sens de l'herméneutique, est la tentative de rendre clair l'objet étudié, de lui donner un sens. Cet objet doit donc être un texte, ou analogue à un texte, qui est, d'un certain point de vue, confus, incomplet, obscur, apparemment contradictoire – bref, d'une manière ou d'une autre, pas clair. L'interprétation vise à mettre au jour une cohérence ou un sens cachés.

Cela veut dire que toute science qu'on peut appeler « herméneutique », même en un sens large, doit avoir affaire à une de ces formes embrouillées de signification. Essayons de clarifier un peu ce que cela implique.

Il nous faut, en premier lieu, un objet ou un domaine d'objets, dont nous puissions parler en termes de cohérence ou d'incohérence, de sens ou de non-sens.

Deuxièmement, nous devons être capables de faire une distinction, fût-elle seulement relative, entre ce sens, ou cette cohérence, et son incarnation dans un type particulier de support ou de porteur de signification. Sans cela, il serait radicalement impossible de clarifier ce qui est fragmentaire ou confus. L'idée même n'aurait aucun sens. Pour justifier nos interprétations, nous devons pouvoir énoncer des propositions du genre : le sens confusément présent dans ce texte, ou dans cet analogue d'un texte, est clairement exprimé ici. Autrement dit, la signification est telle qu'elle admet plus d'une expression, et c'est pourquoi il doit être possible de distinguer entre signification et expression.

J'ai précisé que cette distinction ne pouvait être que relative, parce qu'il y a des cas où on ne peut pas tracer une ligne claire, sans ambiguïté, non arbitraire, entre ce qui est exprimé et son expression. Il est vraisemblable de soutenir (et, je crois, convaincant, bien que je n'aie pas la place ici de le démontrer) qu'il est de la condition normale et fondamentale de l'expression significative que la synonymie exacte, ou équivalence des significations, soit une situation rare et spécifique à certains langages spécialisés ou à certains usages codifiés. Mais ce fait, s'il est exact (et je pense qu'il l'est), n'élimine pas la distinction entre signification et expression. Même s'il est vrai qu'en un sens important une signification réexprimée dans un nouveau médium ne peut être considérée comme identique à sa première formulation, ceci n'implique en rien que nous ne puissions pas donner un sens au projet d'exprimer une signification d'une autre manière. Cela soulève bien sûr une question intéressante et difficile sur ce que peut vouloir dire « exprimer une signification de manière plus claire » : qu'est-ce qui est clarifié, si l'équivalence n'est pas possible ? Je compte revenir sur cette question en étudiant l'interprétation dans les sciences de l'homme.

Donc, l'objet d'une science interprétative doit pouvoir être décrit en termes de sens et de non-sens, de cohérence et d'incohérence, il doit admettre une distinction entre la signification et son expression.

Il doit également satisfaire une troisième condition. Nous pouvons parler de sens ou de cohérence et de leurs différentes incarnations à propos de phénomènes tels que les structures de formations géologiques ou les cristaux de neige, c'est-à-dire des cas où la notion d'expression n'a pas d'emploi véritable. Ce qui manque dans ces cas est la notion du sujet à qui ces significations sont destinées. Sans un tel sujet, il n'y a qu'un choix arbitraire entre les critères de l'identité et de la différence, entre les différentes formes de cohérence qui peuvent être identifiées dans une structure donnée, entre les différents domaines conceptuels où l'on peut situer cette structure.

En revanche, avec un texte ou l'analogue d'un texte, nous essayons de rendre explicite le sens exprimé, ce qui veut dire exprimé par et pour un ou des sujets. La notion d'expression nous renvoie à celle de sujet. Comme nous le verrons, l'identification du sujet n'est en rien nécessairement évidente, ce peut être un problème des plus difficiles, touchant un domaine où les préjugés épistémologiques dominants peuvent nous rendre aveugles à la nature de notre objet d'étude. C'est ce qui s'est produit, comme je vais le montrer plus loin. De plus, l'identification d'un sujet ne nous assure pas d'une distinction claire et absolue entre signification et expression, comme nous l'avons vu plus haut. Mais toute distinction de ce genre, même relative, sera totalement arbitraire, inassignable, si elle ne se réfère pas à un sujet.

L'objet d'une science interprétative doit donc avoir une signification distinguable de son expression, par et pour un sujet.

2.

Avant d'examiner de quelle manière, si c'est le cas, ces conditions sont réalisées dans les sciences de l'homme, je pense qu'il serait utile d'exposer plus clairement ce qui est impliqué dans cette question, pourquoi il importe que nous pensions que les sciences de l'homme sont herméneutiques ou non, bref ce qui est en jeu dans cette affaire.

Il s'agit fondamentalement d'un problème épistémologique. Mais il est inséparable d'un problème ontologique et, par conséquent, il ne peut pas ne pas toucher à nos concepts de la science et de la méthode d'enquête appropriée. On pourrait dire que c'est un problème ontologique qui a été débattu depuis le XVIIe siècle, sous la forme de considérations épistémologiques qui sont apparues sans issue à certains.

L'affaire peut être formulée ainsi : quels sont les critères de jugement d'une science herméneutique ? Une interprétation réussie rend clair un sens présent au départ sous une forme confuse, fragmentaire, obscure. Mais comment sait-on que cette interprétation est correcte ? Sans doute parce qu'elle rend compte du sens du texte original : ce qui était étrange, déroutant, énigmatique, contradictoire ne l'est plus, on l'a expliqué. L'interprétation fait en permanence appel à notre compréhension du « langage » de l'expression, qui nous permet de voir que cette expression est curieuse, qu'elle est en contradiction avec telle autre, etc., et que ces difficultés sont dissipées quand le sens est exprimé d'une autre manière.

Mais cet appel à notre compréhension semble inadéquat sur un point crucial. Que se passe-t-il si quelqu'un ne « voit » pas que notre interprétation convient, n'accepte pas notre lecture ? Nous essayons de lui montrer comment elle rend compte du sens de ce qui était au départ non-sens ou sens partiel. Mais pour pouvoir nous suivre, il doit lire le langage original de la même façon que nous, reconnaître que ces expressions sont curieuses pour une certaine raison et, donc, être en train de chercher une solution à notre problème. S'il ne le fait pas, comment pouvons-nous réagir ? Il semble qu'on ne puisse répondre autrement qu'en insistant. Nous devons lui montrer, par l'exemple d'autres expressions, pourquoi cette expression doit être lue comme nous l'avons proposé. Mais pour que cette démarche réussisse, il faut qu'il nous suive dans notre lecture de ces autres expressions, et ainsi de suite, potentiellement à l'infini. Nous ne pouvons pas échapper ultimement à un appel à une compréhension commune des expressions ou du « langage » examinés. Ceci est une façon de tenter d'exprimer ce qu'on a appelé le « cercle herméneutique ». Ce que nous cherchons à établir est une certaine lecture d'un texte ou d'expressions, et les justifications que nous donnons de cette lecture ne peuvent être que d'autres lectures. On peut également exprimer le cercle en termes de relations tout-partie : nous essayons d'établir une lecture de l'ensemble du texte, et nous nous appuyons pour cela sur des lectures d'expressions fragmentaires. Cependant, comme nous avons affaire à la signification, à l'opération de rendre compte d'un sens, et que les expressions ont un sens ou non en relation avec d'autres expressions, les lectures d'expressions fragmentaires dépendent de celles d'autres expressions, et, en dernière instance, de la lecture de l'ensemble.

Si on considère le cadre d'un débat contradictoire, comme nous avons commencé à le faire plus haut, nous ne pouvons convaincre un interlocuteur que s'il partage dans une certaine mesure notre compréhension du langage concerné. Si ce n'est pas le cas, il n'y a aucun moyen de progresser par une argumentation rationnelle. Nous pouvons tenter d'éveiller en lui ces intuitions, ou nous pouvons abandonner, l'argumentation ne nous fera pas progresser. Mais la situation du débat contradictoire peut bien sûr être transposée à mon propre jugement : si je suis aussi mal équipé pour convaincre un interlocuteur tenace, comment puis-je me convaincre moi-même ? Comment puis-je être sûr ? Mes intuitions sont peut-être fausses ou déformées, je suis peut-être enfermé dans un cercle d'illusion.

À cela, une réaction saine, peut-être la seule, serait de dire qu'une telle incertitude est une composante inéliminable de notre condition épistémologique, que le simple fait de la définir comme « incertitude » revient à adopter un critère absurdement exigeant de la « certitude », qui prive ce concept de tout usage sensé pour nous. Mais cela n'a pas été la seule réponse, ni même la plus courante dans notre tradition philosophique. Et c'est une autre réponse qui a eu une influence très profonde sur les sciences de l'homme. On a exigé un degré de certitude qui ne peut être atteint qu'en sortant du cercle.

Cette rupture du cercle a été envisagée selon deux modes. On pourrait appeler le premier « rationaliste », et considérer qu'il a atteint son point culminant avec Hegel. Il n'implique pas une négation de l'intuition, ni de notre compréhension du sens, il aspire au contraire à une compréhension d'une telle clarté qu'elle emporterait la certitude de l'indéniable. Chez Hegel, par exemple, la compréhension complète du tout par la « pensée » comporte la saisie de sa nécessité interne, de telle sorte que nous comprenons qu'il ne peut être autrement. Aucun degré plus élevé de certitude n'est concevable. Pour décrire cette aspiration, le mot « rupture » est mal venu. Il s'agit au contraire de mener la compréhension à une clarté intérieure d'un caractère absolu.

L'autre mode, qu'on peut appeler « empiriste », est une véritable tentative de sortir du cercle de nos propres interprétations, de dépasser la subjectivité. Elle consiste à reconstruire la connaissance de telle sorte qu'il n'est pas nécessaire d'invoquer ultimement des lectures ou des jugements impossibles à vérifier. C'est pourquoi l'élément de base constituant de la connaissance selon cette conception est l'impression, ou donnée sensorielle (*sense datum*), à savoir une unité d'information qui n'est pas l'effectuation d'un jugement, qui ne contient par définition aucun élément de lecture ou d'interprétation, une donnée brute. L'ambition suprême serait de construire notre connaissance à partir de ces éléments constituants, avec des jugements qui pourraient s'ancrer dans une certitude indépendante de l'intuition subjective. Cette ambition explique la force de la notion d'association des idées ou, si la même procédure est envisagée comme méthode, de l'induction. Si l'acquisition originelle des unités d'information n'est pas le fruit de jugements ou d'interprétations, alors observer que deux de ces unités surviennent ensemble n'est pas non plus le fruit d'une interprétation, d'une lecture ou d'une intuition qui ne peut être vérifiée. Car, si l'occurrence d'un élément isolé est une donnée brute, il en est de même de la cooccurrence des deux éléments. Le chemin de la connaissance vraie reposerait alors essentiellement sur le recensement correct de ces cooccurrences.

Cette conception est à la base de l'idéal de la vérification, qui est central pour une tradition importante en philosophie de la science, et dont les principaux protagonistes contemporains sont les empiristes logiques. La vérification doit être fondée en dernière instance sur l'acquisition de données brutes. Par « données brutes », j'entends désormais des données dont la validité ne peut être mise en question en proposant une autre lecture ou une autre interprétation, des données dont la crédibilité ne peut être ni fondée ni mise en cause par un raisonnement supplémentaire[d]. Si une telle divergence d'interprétations peut surgir à propos de certaines données, il doit être possible d'organiser la discussion de façon à distinguer d'une part les données brutes, de bases, d'autre part les inférences effectuées sur la base de ces données.

Bien entendu, les inférences elles-mêmes doivent, pour être validées, être à l'abri d'une mise en cause par une interprétation rivale. Sur ce point, à l'arsenal de l'empirisme traditionnel, qui s'appuyait beaucoup sur la méthode de l'induction, les empiristes logiques ajoutèrent tout le domaine de l'inférence logique et mathématique, essentiel pour la position rationaliste (chez Leibniz du moins, mais non chez Hegel), et qui offrait une autre sorte de certitude irréfutable.

Bien entendu, l'inférence mathématique et la vérification empirique se combinaient de telle sorte que deux théories ou plus pouvaient être vérifiées pour le même ensemble de faits. Mais l'empirisme logique était disposé à s'accommoder de cette conséquence, en considérant qu'elle était étrangère à la logique de la vérification, comme il était prêt, pour les mêmes raisons, à s'accommoder du fait qu'une théorie scientifique comprend des

d. La notion de données brutes n'est pas sans rapport avec celle de « fait brut » examinée par Elizabeth Anscombe et par John Searle, mais elle ne lui est pas identique (E. Anscombe, « On brute facts », *Analysis*, 18 (1957-1958), p. 69-72 [repris dans *Collected Philosophical Papers of E.M. Anscombe*, vol. 2, Oxford, Blackwell, 1981] et J. Searle, *Speech Acts*, Cambridge, Cambridge UP, 1969, p. 50-53 [trad. fr. *Les actes de langage*, Paris, Hermann, 1972]. Pour Anscombe et Searle, les faits bruts sont opposés à ce qu'on peut appeler les « faits institutionnels, pour utiliser le vocabulaire de Searle, c'est-à-dire des faits qui présupposent l'existence de certaines institutions. Voter en est un exemple. Mais, comme nous le verrons plus loin à la section II, certains faits institutionnels, comme le fait que X a voté pour le Parti libéral, peuvent être vérifiés comme des données brutes sens utilisé ici, et se ranger ainsi dans la catégorie du comportement politique. En revanche, les institutions elles-mêmes ne peuvent être aussi facilement décrites en termes de données brutes : voir la discussion ci-après, à la section II.

significations qui ne peuvent correspondre strictement à des données brutes [1].

Comme théorie de la perception, cette épistémologie fit surgir toutes sortes de problèmes, le moindre n'étant pas la menace permanente du scepticisme et du solipsisme, corollaire inévitable d'une conception dans laquelle les données de base de la connaissance, en tant que données brutes, sont soustraites à l'investigation. Cependant, comme théorie de la perception, elle appartient largement au passé, en dépit d'un retour surprenant dans le monde anglo-saxon dans les années trente et quarante. Mais nul doute qu'elle continue à progresser, entre autres, comme théorie du fonctionnement effectif de l'esprit humain et de la connaissance humaine.

En un sens, la période contemporaine a connu une formulation meilleure, plus rigoureuse, de cette épistémologie, sous la forme des théories de l'intelligence influencées par l'informatique. Ces théories essaient de construire un modèle de l'intelligence consistant en des opérations sur des données reconnaissables par des machines, opérations qui seraient elles-mêmes à la portée de programmes susceptibles d'être exécutés par des machines. Le critère de la machine nous prémunit contre l'appel à l'intuition ou aux interprétations, car celles-ci ne peuvent être comprises dans le cadre de procédures complètement formalisées appliquées à des données brutes – les inputs [e].

e. Voir la discussion dans M. Minsky, *Computation*, Englewood Cliffs (NJ), [Prentice-Hall,] 1967, p. 104-107, où Minsky soutient explicitement qu'une procédure qui ne fait effectivement plus appel à l'intuition ou à l'interprétation est telle qu'elle peut être mise en œuvre par une machine.

1. [N.d.T.] Ch. Taylor fait ici allusion à la « libéralisation » du positivisme logique, par rapport au vérificationnisme strict, à partir de l'article de Carnap, *Testability and Meaning* (1936). Sur cette question, voir C.G. Hempel, « Les critères empiristes de la signification cognitive : problèmes et changements », dans

Les progrès des sciences de la nature ont apporté une forte crédibilité à cette épistémologie, car ils peuvent être reconstruits de façon convaincante sur ce modèle. C'est ce qu'ont fait, par exemple, les empiristes logiques. Et il y a eu, bien entendu, une tentation irrésistible de reconstruire les sciences de l'homme sur le même modèle ou, plutôt, de les lancer sur des pistes compatibles avec ce paradigme, puisque, on le dit tout le temps, elles sont encore au stade de l'« enfance ». La psychologie, où l'ancienne mode du béhaviorisme est en train d'être remplacée par la vogue des modèles basés sur l'ordinateur, est loin d'être le seul cas.

Cette déformation épistémologique – on pourrait dire cette obsession – prend des formes différentes selon les sciences. J'aimerais examiner, le moment venu, un cas particulier, l'étude de la politique. Retenons pour l'instant, sur un plan général, que l'orientation empiriste est nécessairement hostile à une attitude de recherche basée sur l'interprétation et qui est confrontée au cercle herméneutique, tel qu'il a été décrit plus haut. Celle-ci ne peut pas satisfaire aux exigences de vérification intersubjective et non arbitraire, qui sont considérées comme essentielles à la science. Cette orientation épistémologique va de pair avec la croyance ontologique que la réalité doit être susceptible de compréhension et d'explication par la science ainsi comprise. Il en résulte un ensemble de notions définissant ce que les sciences de l'homme doivent être.

Inversement, beaucoup, y compris moi, soutiendraient volontiers que cette conception des sciences de l'homme est stérile, que nous ne pouvons parvenir à comprendre certaines dimensions importantes de la vie humaine dans les limites fixées par cette orientation épistémologique. Ce débat est bien sûr familier, au moins dans certains de ses aspects. Ma thèse est que le problème

P. Jacob (éd.), *De Vienne à Cambridge*, Paris, Gallimard, 1976, p. 61-86, et la préface, p. 21-24.

peut être utilement posé à partir de la notion d'interprétation, comme j'ai commencé à l'esquisser plus haut.

Je crois que cette manière de poser le problème est féconde, car elle nous permet à la fois de mettre au jour les croyances épistémologiques puissantes qui sous-tendent la conception orthodoxe des sciences humaines dans nos universités, et d'expliciter quelle est l'attitude épistémologique implicite dans la thèse opposée. Cette démarche est beaucoup plus à contre-courant et choquante pour la tradition de la pensée scientifique que celles que les adversaires du scientisme étroit adoptent généralement. S'il s'agissait de convaincre les indécis en rassemblant le front antiscientiste le plus large, il ne faudrait certainement pas exposer jusqu'au bout ce qu'implique une science herméneutique, mais gagner en clarté mérite sans doute qu'on réduise le nombre de ses alliés, du moins en philosophie.

3.

Avant de passer au cas de la science politique, il peut être utile de poser une autre question : pourquoi faut-il même se demander si les sciences de l'homme sont herméneutiques ? D'où nous vient, de prime abord, l'idée que les hommes et leurs actions forment un objet ou un ensemble d'objets qui répondent aux conditions esquissées plus haut ?

La réponse est qu'au niveau phénoménologique ou à celui du langage ordinaire (les deux convergent en l'occurrence), une certaine notion de signification a une place essentielle dans la caractérisation du comportement humain. C'est le sens où nous parlons d'une situation, d'une action, d'une demande, d'un projet, comme ayant telle signification pour une personne.

Or, on croit souvent que le mot « signification » est utilisé dans ce cas avec un sens qui est une sorte d'extension illégitime de la notion de signification linguistique. Qu'on puisse le considérer ou non comme une extension est une autre affaire : on n'a certainement pas affaire ici à la « signification » au sens linguistique. Mais il serait très difficile de soutenir qu'il s'agit d'un usage illégitime.

Lorsque nous parlons de la « signification » d'une situation donnée, nous utilisons le concept selon les axes suivants. 1) La signification est pour un sujet : ce n'est pas la signification de la situation *in vacuo*, mais sa signification pour un sujet, un sujet singulier, un groupe de sujets, ou éventuellement pour le sujet humain comme tel (bien qu'il soit possible de reprocher à certains êtres humains de ne pas l'admettre ou de ne pas s'en rendre compte). 2) La signification est de quelque chose, ce qui veut dire que nous pouvons distinguer entre un élément donné – situation, action, ou quoi que ce soit d'autre – et sa signification. Mais cela ne veut pas dire qu'ils soient physiquement séparables. Il s'agit en fait de deux descriptions de l'élément, dont l'une le caractérise en termes de signification pour le sujet. Mais les relations entre les deux descriptions ne sont pas symétriques. Car, d'une part, il ne peut y avoir de description en termes de signification, si des descriptions de l'autre type ne s'appliquent pas également au même objet. Autrement dit, il ne peut y avoir de signification sans un substrat. Mais, d'autre part, la même signification peut être portée par un autre substrat – par exemple, une situation donnée peut être réalisée dans des conditions physiques différentes et conserver la même signification. La possibilité de substituer un substrat à un autre joue un rôle nécessaire : en somme, toute signification est de quelque chose. 3) Les choses n'ont de signification que dans un champ, c'est-à-dire en relation avec les significations d'autres choses. Cela veut dire qu'il n'existe pas d'élément significatif isolé, sans relation, ce qui veut dire que des changements dans les autres significations du champ peuvent impliquer des changements pour l'élément considéré. On ne peut identifier les significations qu'en relation avec d'autres et, en ce sens, elles ressemblent aux mots. La signification d'un mot dépend, par exemple, des mots auxquels il s'oppose, de ceux qui définissent sa place dans le langage (par exemple, ceux qui définissent les dimensions « déterminables » comme la couleur, la forme), de ceux qui définissent l'activité ou le « jeu de langage » dans lequel il figure (décrire, invoquer, établir une entente), etc. Les relations entre significations sont en ce sens comme les relations entre les concepts dans un champ sémantique.

De même que nos concepts de couleurs reçoivent leur signification du champ de contrastes qu'ils structurent ensemble, de telle sorte que l'introduction de nouveaux concepts modifiera les limites des autres concepts, de même, les significations diverses que peut revêtir pour nous la conduite d'un subordonné, comme déférent, respectueux, obséquieux, légèrement railleur, insolent, provocant, carrément grossier, sont établies par un champ de contrastes. Des discriminations plus fines de notre part, ou une culture plus subtile, en créant de nouvelles possibilités, modifient les autres termes de la série. Et, de même que la signification de nos concepts de couleurs, « rouge », « bleu », « vert » est fixée par la définition d'un champ de contrastes dans le terme déterminable « couleur », de même ces différentes conduites ne peuvent avoir lieu que dans une société qui connaît, entre autres relations, des relations hiérarchiques de commandement et de pouvoir. Et l'ensemble de pratiques sociales qui soutiennent ces structures hiérarchiques et se réalisent dans leur cadre est l'homologue du jeu de langage qui fonde la désignation des objets colorés.

Donc, la signification en ce sens – appelons-la signification expérientielle – est pour un sujet, de quelque chose, dans un champ. Elle se distingue en cela de la signification linguistique, qui a une structure à quatre et non à trois dimensions. La signification linguistique est pour des sujets et dans un champ, mais elle est la signification de signifiants et est relative à un monde de référents. Une fois repérées les similitudes et les différences, il ne devrait plus y avoir de doute que le mot « signification » n'est pas mal approprié, qu'il n'est pas le produit d'une extension illégitime au contexte de l'expérience et du comportement.

C'est donc une notion parfaitement légitime de signification que nous utilisons lorsque nous parlons de la signification d'une situation pour un agent. Et le fait que ce concept joue un rôle fait partie intégrante de notre conscience ordinaire et par conséquent de notre discours ordinaire sur nos actions. Nos actions sont communément identifiées par les buts recherchés et expliquées par des désirs, des sentiments, des émotions. Mais le langage dans lequel nous décrivons nos buts, sentiments, émotions est également une définition de la signification que les choses ont pour nous. Le vocabulaire décrivant la signification – les mots comme « terrifiant, attirant » – est relié à celui décrivant les sentiments – « peur », « désir » – et à celui décrivant les buts – « sécurité », « possession ».

De plus, notre compréhension de ces termes se meut inévitablement dans un cercle herméneutique. Un terme d'émotion comme « honte », par exemple, nous renvoie essentiellement à un certain type de situation, « honteuse » ou « humiliante », et à un certain type de réaction : se cacher, se voiler la face, ou laver l'offense. Autrement dit, il est essentiel, pour qu'un sentiment soit identifié comme honte, qu'il soit relié à cette situation et qu'il donne lieu à ce type de disposition. Mais cette situation ne peut à son tour être identifiée qu'en relation avec les sentiments qu'elle provoque. Et, de façon analogue, la disposition est relative à un but qui ne peut être compris sans référence au sentiment éprouvé : l'action de se cacher vise ici à dissimuler une honte, ce n'est pas la même chose que se cacher d'un assaillant armé, et nous ne pouvons comprendre ce que veut dire ici « se cacher » que si nous comprenons le genre de sentiment et de situation dont il s'agit. Nous devons être dans le cercle.

Un terme d'émotion comme « honte » ne peut être expliqué qu'en référence à d'autres concepts, qui à leur tour ne peuvent être compris qu'en référence à la honte. Pour comprendre ces concepts, nous devons être au fait d'une certaine expérience, nous devons comprendre un certain langage, pas seulement un langage de mots mais aussi un langage d'action mutuelle et de communication, dans lequel nous nous blâmons, exhortons, admirons, estimons les uns et les autres. Enfin, nous sommes au fait de cette expérience et de ce langage parce que nous grandissons dans un espace de significations communes. Mais nous pouvons souvent faire l'expérience de ce que cela fait d'être à l'extérieur, lorsque nous rencontrons le langage des sentiments, des actions et des significations expérientielles d'une autre civilisation. Il n'y a alors pas de traduction, pas de moyen d'expliquer avec d'autres concepts, plus accessibles. Nous ne pouvons saisir quelque chose qu'en entrant d'une façon ou d'une autre dans leur mode de vie, ne serait-ce qu'en imagination. Ainsi, si nous considérons le comportement humain comme des actions reposant sur un arrière-plan de désir, de sentiment, d'émotion, il s'agit d'une réalité qui doit être caractérisée en termes de significations. Cela veut-il dire qu'elle peut être l'objet d'une science herméneutique comme indiqué plus haut ?

On se souvient qu'il y a trois traits typiques de l'objet d'une science interprétative : il doit avoir un sens ou une cohérence, ce sens doit être distinguable de son expression, et il doit être pour un sujet.

Or, pour autant que nous parlons du comportement comme action, donc en termes de signification, la catégorie de sens ou de cohérence doit s'y appliquer. Ce n'est pas dire que tout comportement doit « être sensé », si nous entendons par là être rationnel, éviter la contradiction, les buts confus, etc. Une grande part de notre action n'atteint évidemment pas ce résultat. Mais, en un autre sens, même l'action irrationnelle, contradictoire est « sensée », lorsque nous comprenons pourquoi elle a été entreprise. Nous donnons un sens à l'action lorsqu'il y a une cohérence entre les actions de l'agent et la signification qu'il donne à sa situation. Son action nous semble déroutante jusqu'à ce que nous trouvions cette cohérence. Il n'est sans doute pas inutile de répéter que cette cohérence n'implique en rien que son action soit rationnelle : la signification d'une situation pour un agent peut être pleine de confusion et de contradiction, mais la description adéquate de cette contradiction lui donne un sens.

Nous avons donc nécessairement un cercle herméneutique. Notre conviction qu'une description fait sens est dépendante de notre lecture : de l'action et de la situation. Mais ces lectures ne peuvent être expliquées ou justifiées, sauf en référence à d'autres lectures du même genre, et par leur relation au tout. Si un interlocuteur ne comprend pas ce genre de lecture, ou n'en reconnaît pas la validité, il n'y a pas d'espace où pousser plus loin l'argumentation. En dernière instance, une bonne explication donne un sens à un comportement. Mais pour apprécier une bonne explication il faut être d'accord sur ce en quoi consiste réussir à donner un sens. Ce qui réussit à donner un sens est une fonction de nos lectures, et celles-ci reposent à leur tour sur le type de sens que nous comprenons.

Qu'en est-il de la seconde caractéristique, à savoir qu'on doit pouvoir distinguer le sens de son incarnation ? C'est une nécessité pour une science de l'interprétation, parce que l'interprétation prétend rendre plus claire une signification confuse. Il doit donc y avoir un sens où la « même » signification est exprimée de manière différente.

Ce qui soulève immédiatement une difficulté. Parlant plus haut de signification expérientielle, j'ai indiqué que nous pouvions distinguer entre un élément donné et sa signification, entre signification et substrat. Cela impliquait la thèse qu'une signification donnée *pouvait* être réalisée dans un autre substrat. Mais cela signifie-t-il que nous pouvons *toujours* incarner la même signification dans une autre situation? Peut-être y a-t-il certaines situations, comme être face à la mort, dont la signification ne peut être incarnée d'une autre manière.

Heureusement, cette question difficile ne concerne pas notre propos. Car il s'agit d'un cas où l'analogie entre texte et comportement, implicite dans l'idée d'une science herméneutique de l'homme, n'a cours qu'avec d'importantes modifications. Dans l'interprétation, le texte est remplacé par un autre texte, plus clair. L'analogue d'un texte qu'est le comportement n'est pas remplacé par un autre analogue de texte de même nature. Quand cela a lieu, nous avons le théâtre révolutionnaire, ou les actes terroristes conçus dans un but de propagande, dans lesquels les rapports invisibles d'une société sont supposés être dévoilés à travers un affrontement dramatique. Mais cela n'est pas de la compréhension scientifique, même si ce genre d'action peut être basé sur une compréhension scientifique, ou prétendre l'être.

Dans le cas de la science, l'analogue du texte est remplacé par un texte, un discours. Ce qui pourrait conduire à se demander comment il est même possible de parler ici d'interprétation, de l'expression plus claire de la même signification, alors que nous avons deux termes de comparaison complètement différents, un texte et un échantillon de comportement. Et si tout cela n'était qu'un mauvais jeu de mots?

Cette question nous amène à examiner un autre aspect de la signification expérientielle que nous avons négligé jusqu'à présent. Les significations expérientielles sont définies dans des champs de contrastes, alors que les mots le sont dans des champs sémantiques.

Mais nous n'avons pas précisé plus haut que ces deux types de définition ne sont pas indépendants l'un de l'autre. La gamme des désirs, des sentiments, des émotions de l'homme et par conséquent leurs significations dépendent du niveau et du type de la culture, qui, à son tour, est inséparable des distinctions et des catégories inscrites dans le langage parlé par les membres de cette culture. Le champ des significations dans lequel une situation peut trouver sa place dépend du champ sémantique des termes qui caractérisent ces significations et les sentiments, les désirs, les postures qui leur sont associés.

Mais la relation dont il s'agit n'est pas simple. Deux types simples de relation pourraient être proposés ici, mais aucun ne convient. On pourrait penser que le vocabulaire des sentiments ne fait que décrire des sentiments préexistants, en tant qu'il signale des distinctions qui seraient là même sans ce vocabulaire. Mais cette analyse ne convient pas, car nous avons tous éprouvé, pour nous ou chez les autres, combien, en acquérant, par exemple, un vocabulaire des émotions plus raffiné, nous rendons notre vie affective plus raffinée, et pas seulement nos descriptions de celles-ci. La lecture d'un roman émouvant peut me représenter une émotion dont je n'étais pas conscient auparavant. Mais nous ne pouvons pas tracer de limite nette entre une capacité d'identification accrue et la modification de la capacité à éprouver des émotions qu'elle entraîne.

L'autre modèle simple mais inadéquat consiste à sauter du constat précédent à la conclusion que la pensée effectue la liaison entre les émotions vécues et leurs définitions. Mais il est clair que cela ne conviendra pas non plus, car nous ne pouvons pas plus nous imposer à nous-mêmes une nouvelle définition qu'on ne peut nous l'imposer. Et des définitions que nous aurons adoptées volontiers peuvent être jugées inauthentiques, de mauvaise foi ou mal tournées par autrui. Ces jugements peuvent être faux, mais ils ne sont pas en principe illégitimes. Au contraire, nous faisons des efforts pour être lucides avec nous-mêmes et nos sentiments, et admirons l'homme qui y parvient.

Donc, ni la conception d'une simple correspondance, ni l'idée que la pensée peut parvenir à l'établir ne sont correctes, mais toutes deux semblent valables à première vue. Il existe quelque chose comme la lucidité sur soi-même qui nous oriente vers une conception de la correspondance, mais parvenir à cette lucidité signifie un changement moral, autrement dit, cela change l'objet connu. De même, se tromper sur soi-même n'est pas seulement un défaut de correspondance, c'est aussi une forme d'inauthenticité, de mauvaise foi, d'illusion, de répression de ses sentiments, ou quelque chose de ce genre. Cela touche à la qualité de ce qui est ressenti, autant qu'à ce qui en est connu, comme pour la connaissance de soi.

S'il en est ainsi, nous devons concevoir l'homme comme un animal qui s'interprète lui-même. Il l'est nécessairement, il ne peut exister de structure des significations pour l'homme, indépendamment de son interprétation de ces significations, car l'une est entrelacée dans l'autre. Mais, dans ce cas, le texte de notre interprétation n'est pas si hétérogène par rapport à ce qui est interprété, puisque ce qui est interprété est soi-même une interprétation, une auto-interprétation incorporée à un flux d'action. C'est une interprétation de la signification expérientielle qui contribue à la constitution de cette signification. Exprimons-le autrement : ce dont nous recherchons la cohérence est en partie constitué par l'auto-interprétation. Notre but est de remplacer cette auto-interprétation confuse, incomplète, en partie erronée, par une autre correcte. Ce faisant, nous n'examinons pas seulement l'auto-interprétation mais aussi le flux de comportement dont elle fait partie, de même que, pour interpréter un document historique, nous devons le situer dans le cours d'événements auquel il se rapporte. Mais l'analogie n'est bien sûr pas parfaite car, ici, nous interprétons ensemble l'interprétation et le flux du comportement dont elle fait partie, et non pas simplement l'un ou l'autre.

Il n'y a donc pas d'hétérogénéité complète entre l'interprétation et ce qu'elle interprète. Il y a au contraire un glissement dans la notion d'interprétation. Être un agent vivant, c'est déjà éprouver sa situation dans les termes de certaines significations, et on peut considérer cela comme une sorte de proto-« interprétation ». Celle-ci est à son tour interprétée et structurée par le langage dans lequel l'agent vit ces significations. Cet ensemble est ensuite interprété, à un troisième niveau, par les explications de ses actions que nous présentons.

De la sorte, la seconde condition d'une science herméneutique est satisfaite. Mais cette analyse repose sous un nouveau jour la question mentionnée au début : l'interprétation peut-elle jamais exprimer la même signification que l'objet interprété ? Selon cette analyse, il est clair qu'en un sens, les deux ne coïncideront jamais. Car, si l'explication est effectivement plus claire que l'interprétation vécue, il en résulte qu'elle altérerait le comportement d'une certaine façon, si elle était intériorisée par l'agent comme son auto-interprétation. De la sorte, une science herméneutique qui atteint son but, c'est-à-dire parvient à une clarté plus grande que la compréhension immédiate de l'agent ou de l'observateur, nous offre nécessairement une interprétation par essence décalée par rapport à l'*explicandum*.

Le comportement humain conçu comme l'action d'agents qui ont des désirs, des émotions, des buts et des aspirations offre nécessairement une prise à des descriptions en termes de significations – ce que j'ai appelé des significations expérientielles. Il met en avant une norme d'explication consistant à « donner un sens » au comportement, à exhiber une signification cohérente. « Donner un sens » c'est ici proposer une interprétation. Et nous avons vu que ce qui est interprété répond aux conditions d'une science de l'interprétation : 1) nous pouvons parler de son sens ou de sa cohérence ; 2) ce sens peut être exprimé sous une autre forme, de telle sorte que nous pouvons dire de l'interprétation qu'elle donne une expression plus claire à ce qui n'est qu'implicite dans l'*explicandum*. La troisième condition, que ce sens soit pour un sujet, est évidemment satisfaite, bien que la nature de ce sujet soit loin d'être une question résolue, comme nous le verrons bientôt.

Tout ceci devrait suffire, à première vue, à plaider en faveur de l'idée que les hommes et leurs actions relèvent d'une explication de type herméneutique. Il y a donc quelque raison de poser le problème et de mettre en question l'orientation épistémologique qui exclut l'interprétation des sciences de l'homme. Il reste beaucoup à dire sur ce qu'impliquent des sciences de l'homme herméneutiques. Mais avant d'y venir, il n'est sans doute pas inutile de clarifier le problème à l'aide de deux exemples tirés d'un champ spécifique, la politique.

II

1.

En science politique, l'objectif d'une science permettant la vérification a conduit à privilégier des caractéristiques qui sont censées être identifiables abstraction faite de notre compréhension ou non de significations expérientielles. Celles-ci – appelons-les identifications de données brutes – sont censées nous permettre d'échapper au cercle herméneutique et de fonder solidement notre science sur une procédure de vérification répondant aux exigences de la tradition empiriste.

Mais, en science politique, la recherche de ces données brutes n'est pas allée aussi loin qu'en psychologie. En psychologie, l'objet de la science a été conçu par beaucoup en tenues de comportement en tant que « mouvement sans couleurs », ou de propriétés identifiables par des machines. En science politique, la tendance a été de s'arrêter à des entités moins fondamentales, mais dont l'identification – du moins le pensait-on – ne pouvait être mise en cause par une autre interprétation ou une autre lecture des données concernées. C'est à cela que renvoie le mot « comportement » dans la rhétorique des politologues, bien qu'il n'ait pas le même sens élémentaire que son homologue psychologique.

Le comportement politique comprend ce qu'on appelle ordinairement des actions, mais en tant qu'elles sont supposées identifiables à des données brutes. Comment peut-il en être ainsi ? Les actions sont décrites en général par la réalisation d'un but ou d'un résultat. Mais les buts de certaines actions peuvent être spécifiés dans des tenues qu'on peut prendre pour des données brutes : certaines actions, par exemple, ont un résultat physique, comme mettre la voiture au garage ou escalader la montagne. D'autres ont un résultat étroitement lié, par des règles institutionnelles, à certains mouvements physiques identifiables sans risque d'erreur. Ainsi, quand je lève la main au moment approprié au cours d'une réunion, j'approuve la motion. Les seules questions que nous pouvons soulever, concernant les actions correspondant à ces mouvements ou à ces résultats, consistent à se demander si l'agent était conscient de ce qu'il a fait, s'il a agi réellement et non effectué un simple mouvement réflexe, s'il connaissait la signification institutionnelle de son acte, etc. Ce genre de perplexités s'avère en général très artificiel dans les contextes qui intéressent les politologues et, lorsqu'elles se produisent, elles peuvent être levées de façon relativement simple, par exemple en demandant au sujet : était-ce votre intention de voter la motion ?

Il semblerait donc qu'il s'agit d'actions qu'on peut identifier sans crainte de querelle d'interprétation. Et c'est ce qui fonde la catégorie de « comportement politique ». Certains actes indubitablement politiques peuvent être ainsi spécifiés en termes physiques : tuer, envoyer des chars dans la rue, arrêter les gens, les mettre dans des cellules, et une très vaste gamme d'autres actes peuvent être spécifiés en termes d'actes physiques, dans le cadre de règles institutionnelles, comme voter. Ces actes peuvent être l'objet d'une science de la politique qui peut espérer satisfaire aux exigences rigoureuses de la vérification. Le second groupe, en particulier, a fourni matière à la recherche dans les dernières décennies, singulièrement pour le cas des études électorales.

Mais, bien entendu, une science politique limitée à de tels actes serait beaucoup trop restreinte. Car, à un autre niveau, ces actions ont également une signification pour les agents, qui ne se réduit pas à la description de données brutes, et qui est souvent essentielle pour comprendre pourquoi elles ont été accomplies. Ainsi, en votant la motion, je sauve aussi l'honneur de mon parti, ou je défends la liberté d'expression, ou la moralité publique, ou je sauve la civilisation de l'effondrement. C'est dans ces termes que les agents parlent de la motivation de nombre de leurs actions politiques, et il est difficile de concevoir une science politique qui n'en tienne pas compte.

La science politique comportementale en tient compte en traitant les significations impliquées dans l'action comme des faits relatifs à l'agent, ses croyances, ses réactions affectives, ses « valeurs », pour citer le terme fréquemment employé. En effet, le fait que les gens acceptent ou non de souscrire à une certaine suite de mots (disons exprimant une croyance) peut être considéré comme vérifiable, au sens où les données brutes le sont. Il en est de même pour le fait d'exprimer une réaction positive ou négative à certains événements, ou à certains symboles, ou le fait d'adhérer ou non à la proposition que tel acte est bon ou mauvais. Nous pouvons ainsi saisir les significations comme une autre forme de données brutes, grâce aux techniques de l'enquête d'opinion et de l'analyse de contenu.

Une objection vient immédiatement à l'esprit. Si nous essayons de traiter les significations qui informent l'action politique, une certaine subtilité interprétative sera certainement indispensable. Imaginons que nous cherchons à comprendre les buts et les valeurs d'un groupe donné, ou sa vision de la cité. Nous pourrions essayer de mener cette étude par un questionnaire demandant s'ils approuvent un certain nombre de propositions, censées exprimer différents buts, jugements de valeurs et croyances. Mais comment avons-nous élaboré le questionnaire ? Comment avons-nous sélectionné ces propositions ? Nous nous sommes appuyés sur notre compréhension des buts, des valeurs, de la vision en question. Mais cette compréhension peut être critiquée et, par suite, la pertinence de nos résultats être mise en question. Il est possible que la conclusion de notre étude – la compilation des taux d'accord et de désaccord avec ces propositions – ne soit pas pertinente, soit sans portée pour comprendre les agents ou la communauté concernés. Ce genre d'attaque est souvent porté par les critiques de la science politique dominante, ou, sur le même thème, des sciences sociales en général.

À cela, les partisans du courant dominant répondent par un argument habituel de l'empirisme logique : la distinction entre le processus de découverte et la logique de la justification. C'est, bien entendu, notre compréhension de ces significations qui nous permet de dresser le questionnaire qui va tester l'attitude des gens à leur égard. Et, bien entendu, les querelles d'interprétation sur ces significations sont potentiellement sans fin. Il n'y a pas de données brutes à ce niveau, toute affirmation peut être contestée par une interprétation rivale. Mais cela n'a rien à voir avec la science vérifiable. Ce qui est solidement vérifié, c'est le jeu de corrélations entre, disons, l'assentiment à certaines propositions et certains comportements. Nous découvrons, par exemple, que les gens politiquement actifs (définis par la participation à certaines institutions) sont plus enclins à être d'accord avec un certain ensemble de propositions censées exprimer les valeurs de base du système[f]. Ce résultat est solidement vérifié, quoi qu'on pense du raisonnement ou des simples intuitions qui sont

f. Voir H. McClosky, « Consensus and Ideology in American Politics », *American Political Science Review*, S, 58 (1964), p. 361-382.

intervenus dans la conception de la recherche qui a conduit à ce résultat. La science politique comme corps de connaissance est faite de corrélations de ce genre, elle ne confère pas une valeur de vérité au raisonnement ou à l'intuition à la base de la découverte de ces corrélations. Un bon flair interprétatif peut être utile pour trouver les bonnes corrélations à tester, mais on ne demande pas à la science d'arbitrer les conflits entre interprétations.

De la sorte, outre les actes explicites, définissables physiquement ou institutionnellement, la catégorie de comportement politique peut inclure l'assentiment ou le dissentiment à des formules verbales, ou l'occurrence ou non de formules verbales dans le discours, ou les expressions d'approbation ou de rejet à certains événements ou à certaines mesures, telles qu'on peut les observer dans des comportements institutionnellement définis (par exemple aller à une manifestation).

Or, on peut faire un certain nombre d'objections à cette notion de comportement politique, et il y a mille façons de se demander si elle est réellement indépendante de toute interprétation. Mais j'aimerais la critiquer sous un autre angle. L'un des traits fondamentaux de ce genre de science sociale est de reconstruire la réalité en accord avec certains principes catégoriels. Ceux-ci admettent une réalité sociale intersubjective faite de données brutes, d'actes et de structures identifiables, de certaines institutions, procédures et actions. Cette science admet des croyances, réactions affectives et jugements de valeurs en tant que propriétés psychologiques des individus. Et elle admet des corrélations entre ces deux ordres de réalité : par exemple, le fait que certaines croyances vont de pair avec certains actes, certaines valeurs avec certaines institutions, etc.

Pour le dire autrement, les données brutes identifiables sont la réalité objective (intersubjective). La réalité sociale *n'est* pas autre chose. Quant à la réalité sociale décrite en termes de significations pour les acteurs, telle que des conflits d'interprétations peuvent surgir qui ne peuvent être tranchés par des données brutes (par exemple, les gens se battent-ils pour obtenir une audience, ou pour réparer une humiliation, ou dans une fureur aveugle, ou parce qu'ils retrouvent le sens de leur dignité à travers l'insurrection ?), c'est une réalité subjective donnée, ce qui veut dire qu'il existe des croyances, des réactions affectives, des jugements de valeurs chez les individus, à propos de ou en relation avec la réalité sociale. Ces croyances ou ces réactions peuvent avoir un effet sur cette réalité : que des gens aient ces croyances est un fait de la réalité sociale objective. Mais la réalité sociale qui est l'objet de ces attitudes, croyances ou réactions ne peut être constituée que de données brutes. Par conséquent, les descriptions de la réalité en termes de significations susceptibles d'une enquête interprétative, ne sont admises dans ce discours scientifique que si elles sont, en quelque sorte, entre guillemets, et attribuées aux individus comme leurs opinions, croyances, attitudes. Le fait d'avoir telle opinion, croyance, etc., est considéré comme une donnée brute, puisqu'il est redéfini comme la réponse donnée par un individu à un questionnaire. [...]

Du point de vue de l'épistémologie empiriste, ces principes catégoriels ne laissent rien de côté. Ils s'occupent à la fois de la réalité et des significations qu'elle a pour les acteurs. Mais, en fait, ils ne peuvent pas rendre compte des significations intersubjectives. Autrement dit, ils n'admettent pas la validité des descriptions de la réalité sociale en termes de significations, et non, par conséquent, de données brutes. Autrement dit, ils n'admettent pas de descriptions en termes de significations qui ne soient pas entre guillemets et attribuées à l'individu (ou aux individus) à titre d'opinion, attitude, etc. C'est cette exclusion que je voudrais mettre en cause au nom d'un autre ensemble de principes catégoriels, inspirés d'une épistémologie complètement différente. [...]

III

Résumons les pages précédentes : une science sociale qui veut remplir les exigences de la tradition empiriste essaiera tout naturellement de reconstruire la réalité sociale à partir des seules données brutes. Ces données sont les actes des gens (le comportement), en tant qu'ils sont censés être identifiés indépendamment de toute interprétation, soit par des descriptions physiques, soit par des descriptions clairement définies par des institutions et des pratiques. Deuxièmement, ces données incluent la réalité subjective des croyances, attitudes, valeurs des individus, en tant qu'elle est attestée par leurs réponses à certaines expressions verbales ou, dans certains cas, par leur comportement non verbal manifeste.

Cette conception exclut de considérer que la réalité sociale est caractérisée par des significations intersubjectives et communes. Elle exclut, par exemple, d'essayer de comprendre notre civilisation, où la négociation joue un si grand rôle, tant dans les faits que dans les justifications théoriques, en explorant les définitions de soi des agents, le type de relation à l'autre et à la société qu'elles incarnent. Ces définitions, qui concernent la signification pour les agents de leurs actions et de celles des autres et les relations sociales dans lesquelles ils se trouvent, n'enregistrent en aucune façon des données brutes, au sens où ce mot est employé dans notre argument. Ce qui veut dire qu'elles ne sont en rien à l'abri des critiques de ceux qui contesteraient nos interprétations de ces significations.

Ainsi, j'ai tenté plus haut d'esquisser la vision implicite dans la pratique de la négociation en me référant à certaines notions d'autonomie et de rationalité. Mais cette lecture sera sans nul doute contestée par ceux qui ont des conceptions fondamentalement différentes de l'homme, des motivations humaines, de la condition humaine, ou même par ceux qui jugent que d'autres aspects de notre situation ont une plus grande importance. Si on souhaite éviter ces conflits et avoir une science fondée sur la vérification, au sens où le comprennent les empiristes logiques, on devra éviter complètement ce niveau d'investigation, en espérant pouvoir se débrouiller avec la mise en corrélation de comportements identifiables comme données brutes.

Un argument analogue vaut pour la distinction entre significations communes et significations subjectives partagées. On peut espérer parvenir à identifier les significations subjectives des individus en les prenant au sens de l'assentiment ou non des gens à des formules verbales et, dans ce cas, leur comportement, identifiable comme donnée brute, sera un critère adéquat de ces significations. Mais dès lors qu'on admet la distinction entre le cas où des significations subjectives de ce genre sont largement partagées et d'authentiques significations communes, on ne peut plus se contenter de l'identification de données brutes. Nous sommes dans un domaine où nos définitions peuvent être contestées par ceux qui font d'autres lectures.

Les chercheurs du courant dominant en sciences sociales ont adopté si profondément la conception empiriste de la connaissance et de la science qu'il était inévitable qu'ils acceptent le modèle vérificationniste de la science politique et les principes catégoriels qui en résultent. Et cela veut dire qu'une étude de notre civilisation portant sur ses significations intersubjectives et communes est exclue, ou plutôt que tout ce domaine d'étude est rendu invisible.

Du point de vue dominant, les différentes pratiques et institutions de sociétés différentes ne sont pas rapportées à des groupes différents de significations intersubjectives ou communes. On doit plutôt pouvoir les différencier en rapport avec des groupes de « comportements » et/ou de significations subjectives. Selon cette conception, la comparaison entre sociétés appelle l'élaboration d'un vocabulaire universel du comportement, qui nous permette de présenter les différentes pratiques et formes sociales dans la même grille conceptuelle. [...]

IV

On peut donc soutenir, premièrement, que les sciences sociales dominantes sont cantonnées dans certaines limites par leurs principes catégoriels, ancrés dans la tradition épistémologique de l'empirisme; deuxièmement, que ces restrictions sont un handicap sévère, qui nous empêche de saisir des problèmes importants de notre époque, qui devraient être l'objet d'une science politique. Nous devons dépasser les limites d'une science basée sur la vérification, au profit d'une science des significations, intersubjectives et communes incorporées à la réalité sociale.

Mais cette science sera herméneutique au sens développé dans cet article. Elle ne sera pas fondée sur des données brutes. Ses données les plus primitives seront des lectures de significations, et son objet aura les trois propriétés citées plus haut: les significations sont pour un sujet, dans un ou plusieurs champs; ce sont de plus des significations partiellement constituées par des définitions de soi, qui en ce sens sont déjà des interprétations, et qui peuvent à ce titre être réexprimées ou rendues explicites par une science du politique. Dans notre cas, le sujet peut être une société ou une communauté, mais les significations intersubjectives incarnent, comme on l'a vu, une certaine définition de soi, une vision de l'agent et de la société, qui est celle de la société ou de la communauté.

C'est ici que surgissent les difficultés extrêmes présagées par les partisans du modèle vérificationniste. Une science qui n'a pas de données brutes, qui repose sur des lectures, ne peut que tourner dans un cercle herméneutique. Une lecture donnée des significations intersubjectives d'une société ou de certaines institutions ou pratiques peut sembler bien fondée, parce qu'elle rend compte du sens de ces pratiques ou du développement de cette société. Mais la conviction qu'elle rend effectivement compte du sens de cette histoire est fondée à son tour sur d'autres lectures connexes. Ainsi, mon propos précédent sur la crise d'identité engendrée par notre société n'a de sens et de cohérence que si on accepte ma lecture des significations intersubjectives de notre société et si on accepte ma lecture de la révolte de nombreux jeunes contre la société (à savoir une lecture en termes de crise d'identité). Ces deux lectures ont un sens conjointement, en sorte que, d'une certaine manière, l'explication dans son ensemble repose sur ces lectures qui, à leur tour, sont renforcées par l'explication dans son ensemble.

Mais si ces lectures semblent non plausibles, ou pis, si elles ne sont pas comprises par notre interlocuteur, il n'y a aucune procédure de vérification à laquelle nous puissions nous reporter. Nous ne pouvons que continuer à proposer des interprétations, nous sommes dans un cercle interprétatif.

Or, l'idéal de la science vérificationniste est de trouver le moyen d'en appeler au-delà des différences d'interprétation. L'intuition sera toujours utile à la découverte, mais ne devrait jouer aucun rôle dans l'établissement de la vérité de ce qu'elle a permis de trouver. On peut dire que nos sciences naturelles satisfont cet idéal. Mais une science herméneutique ne peut que reposer sur l'intuition. Elle demande d'avoir la sensibilité et la compréhension nécessaires pour pouvoir effectuer les lectures par lesquelles nous expliquons la réalité concernée, et en saisir le sens. En physique, on peut dire que si quelqu'un n'accepte pas une théorie vraie, c'est soit qu'on ne lui a pas présenté suffisamment de preuves, c'est-à-dire des données brutes (mais peut-être n'en a-t-il pas encore suffisamment à notre portée), soit qu'il ne peut pas comprendre et appliquer un langage formalisé. Mais dans les sciences de l'homme herméneutiques, il se peut que le refus d'une théorie vraie ou éclairante ne repose sur aucune de ces deux possibilités. Il est même très peu probable qu'il puisse reposer sur l'une d'elles. Il reposera plutôt sur une incapacité à saisir le champ de significations concernées, à effectuer et à comprendre des lectures de ce champ.

En d'autres termes, dans une science herméneutique, un certain degré d'intuition est indispensable, et cette intuition ne peut être communiquée en rassemblant des données brutes, ni en apprenant certaines modes de raisonnement formels, ni non plus en combinant ces deux méthodes. Elle n'est pas formalisable. Mais c'est une conséquence inacceptable du point de vue de la conception de la science qui fait autorité dans notre tradition, et que partagent même beaucoup de ceux qui sont très critiques de l'approche dominante en psychologie ou en sociologie, ou en science politique. Cela implique, en effet, qu'il ne s'agit pas des recherches que quiconque peut entreprendre, quel que soit son niveau d'intuition, que des propositions de la forme : « Si vous ne comprenez pas, c'est que vos intuitions sont déficientes, aveugles ou inadéquates » seront justifiées, que certaines divergences ne seront pas arbitrables par des preuves supplémentaires, et que chaque partie ne pourra que faire appel à une intuition plus profonde de la part de l'autre. La supériorité d'une position sur l'autre consistera en ceci que, du point de vue de la position la meilleure, il est possible de comprendre également la position adverse, alors que l'inverse ne l'est pas. Il va sans dire que cet argument n'a de poids que pour ceux qui sont dans la position supérieure. [...]

Le succès de la prédiction dans les sciences de la nature est étroitement lié au fait que tous les états, passés, présents et futurs du système peuvent être décrits avec la même gamme de concepts, par exemple comme des valeurs différentes des mêmes variables. C'est ainsi que tous les états futurs du système solaire peuvent être décrits, comme ses états passés, dans le langage de la mécanique newtonienne. C'est loin d'être une condition suffisante pour faire des prédictions exactes, mais c'en est une condition nécessaire, au sens où ce n'est que si le passé et le futur peuvent être décrits dans le même cadre conceptuel qu'on peut comprendre les états postérieurs comme une fonction des états antérieurs et, par conséquent, prédire.

Dans les sciences de l'homme, cette unité conceptuelle est faussée, du fait de l'innovation conceptuelle qui, à son tour, altère la réalité humaine. Les termes mêmes dans lesquels le futur devra être caractérisé pour être compris correctement ne nous sont pas disponibles présentement. Il y a eu ainsi des événements radicalement imprévisibles, comme la culture de la jeunesse actuelle, la révolte puritaine au XVIe et au XVIIIe siècles, le développement de la société soviétique, etc.

Il est beaucoup plus facile de comprendre les faits après coup que de les prédire. Les sciences humaines fournissent essentiellement une compréhension *ex post*. Il arrive aussi fréquemment qu'on ait le sentiment d'un changement imminent, d'une réorganisation profonde, mais qu'on soit incapable d'exprimer clairement en quoi ils consistent : on manque du vocabulaire adapté. Mais il y a ici une asymétrie nette, qu'on ne retrouve pas (en principe) dans les sciences de la nature, où les événements futurs sont censés être prédits par la théorie aussi facilement qu'on explique les événements passés, et exactement de la même façon. Ce qui ne sera jamais le cas en sciences humaines. [...] Les sciences humaines regardent en arrière. Elles sont inévitablement historiques.

Il y a donc de bonnes raisons d'opter en faveur de sciences de l'homme herméneutiques, des arguments d'ordre épistémologique, et des arguments concernant leur plus grande fécondité. Mais nous ne pouvons nous dissimuler à quel point cette opinion rompt complètement avec certaines idées communément répandues à propos de notre tradition scientifique. Ces sciences ne peuvent s'évaluer à l'aune des exigences de la vérification : on ne peut pas les juger à leur capacité prédictive. Nous devons accepter qu'elles reposent sur des intuitions que tout le monde ne partage pas et, ce qui est pire, que ces intuitions soient très étroitement liées à nos options fondamentales. Ces sciences ne peuvent pas être *wertfrei*, elles sont des sciences morales, en un sens plus radical que ne l'entendait le XVIIIe siècle. Enfin, il faut pour les pratiquer avec succès un degré élevé de connaissance de soi, il faut être affranchi de l'illusion, au sens de l'erreur enracinée et exprimée dans un mode de vie. Notre incapacité à comprendre s'enracine en effet dans nos propres définitions de nous-mêmes, donc dans ce que nous sommes. Rien n'est dit là qui soit nouveau : Aristote développe un argument similaire au livre 1 de l'*Éthique*. Mais c'est encore radicalement choquant et inassimilable pour le courant dominant de la science moderne.

HANS-GEORG GADAMER

PRÉFACE À LA SECONDE ÉDITION DE *VÉRITÉ ET MÉTHODE**

La seconde édition du présent volume paraît sans changements substantiels. L'ouvrage a trouvé ses lecteurs et aussi ses critiques. L'attention qu'il a attirée aurait dû, il est vrai, faire un devoir à l'auteur de prendre avantage de tant de critiques dignes de considération pour améliorer l'ensemble. Toutefois, une pensée qui a pris de longues années à mûrir a désormais une consistance propre. On a beau s'employer à voir par les yeux du critique – la perspective qui est la vôtre, et qu'on a élaborée sous tant de points de vue, finit toujours par prévaloir.

Les trois années qui se sont écoulées depuis la parution de la première édition n'ont pas suffi à remettre en question l'ensemble de l'œuvre et à rendre profitables tant les instructions

* H.-G. Gadamer, *Wahrheit und Methode. Grundzüge einer philosophischen Hermeneutik*, Tübingen, Mohr, 1965^2; rééd. dans *Gesammelte Werke*, vol. 1, Tübingen, Mohr, 1986. Traduction par Étienne Sacre, *Vérité et méthode*, Paris, Seuil, 1976, p. 7-18.

de la critique[a] que la poursuite des propres travaux de l'auteur[b].

Qu'il me soit permis d'esquisser à nouveau brièvement l'intention et la portée de l'ouvrage : il est clair que ce qui a suscité tant de malentendus, c'est la reprise du terme d'herméneutique,

a. Je me réfère avant tout – outre maintes discussions épistolaires et orales – aux positions prises dans les ouvrages suivants: a) K.O. Apel, *Hegelstudien*, vol. II, Bonn, [Bouvier,] 1963, p. 314-322; b) O. Becker, « Die Fragwürdigkeit der Transzendierung der ästhetischen Dimension der Kunst » (à propos de la 1re partie de *Vérité et Méthode*), *Phil. Rundschau* 10, 1962, p. 225-238; E. Betti, *Die Hermeneutik als allgemeine Methodik der Geisteswissenschaften*, Tübingen, Mohr, 1962; W. Hellebrand, « Der Zeitbogen », *Arch. f. Rechts-u. Sozialphil.*, 49, 1963, p. 57-76; H. Kuhn, « Wahrheit und geschichtliches Verstehen », *Histor. Ztschr.*, n° 193/2, 1961, p. 376-389; c) J. Möller, *Tübinger Theol. Quartalschr.*, 5, 1961, p. 467-471; W. Pannenberg, « Hermeneutik und Universalgeschichte », *Ztschr. f. Theol. u. Kirche* 60, 1963, p. 90-121, en particulier 94 *sq.*; d) O. Pöggeler, *Philos. Literaturanzeiger* 16, p. 6-16; de Waelhens, « Sur une herméneutique de l'herméneutique », *Rev. Philos. de Louvain* 60, 1962, p. 573-591; Fr. Wieacker, « Notizen zur rechtshistorischen Hermeneutik », *Nachr. d. Ak. d. Wiss., Göttingen, phil.-hist. Klasse*, 1963, p. 1-22.

b. *Cf.* a) « Postface » à M. Heidegger, *Der Ursprung des Kunstwerks*, Stuttgart, [Reclam,] 1960. b) « Hegel und die antike Dialektik », *Hegel-Studien I*, Bonn, [Bouvier,] 1961, p. 173-199; « Zur Problematik des Selbstverständnisses », *Festschrift* en l'honneur de G. Krüger, *Einsichten*, Francfort, [Klostermann,] 1962, p. 71-85; « Dichten und Deuten », *Jahrb. d. Dtsch. Akad. f. Sprache u. Dichtung*, 1960, p. 13-21. c) « Hermeneutik und Historismus », *Phil. Rundschau 9*, 1961; « Die phänomenologische Bewegung », *Phil. Rundschau* 11, 1963, p. 1 *sq.*; « Die Natur der Sache und die Sprache der Dinge », *Problem der Ordnung, Actes du VIe congrès allemand de philosophie* (Munich, 1960), Meisenheim, [Hain,] 1962; « Über die Möglichkeit einer philosophischen Ethik, Sein und Ethos », *Walberberger Stud.* I, 1963, p. 11-24; « Mensch und Sprache », *Festschrift* en l'honneur de D. Tschizewski, Munich, [Srczesny,] 1964. j) « Martin Heidegger und die Marburger Theologie », [*Zeitund Geschichte*] *Festschrift* en l'honneur de R. Bultmann, Tübingen, [Mohr,] 1964. k) « Ästhetik und Hermeneutik », *Actes du V[e] congrès international d'esthétique* (Amsterdam, 1964).

grevée par une antique tradition[c]. Une «technologie» de la compréhension, telle que l'herméneutique plus ancienne a voulu l'être, est étrangère à mon projet; je ne me suis pas proposé un système de règles techniques, susceptibles de décrire, encore moins de guider, le comportement méthodologique des sciences humaines [*Geisteswissenschaften*]. Il n'était pas non plus dans mon intention d'explorer les fondements théoriques du travail des sciences humaines dans le but de convertir les connaissances ainsi acquises en pratique; s'il résulte quelque conséquence pratique des présentes recherches, elles ne sauraient en aucun cas conduire à quelque « engagement » non scientifique, mais plutôt à reconnaître, par probité «scientifique», l'engagement qui est à l'œuvre en tout travail de compréhension. Mon ambition authentique a été, et demeure, de nature philosophique: ce qui est en question, ce n'est pas ce que nous faisons, ni ce que nous devons faire, mais ce qui survient avec nous, par-delà notre vouloir et notre faire.

En ce sens, ce n'est pas des méthodes des sciences humaines qu'il est traité. Je pars plutôt de la présupposition que les sciences humaines d'ordre historique, telles qu'elles se sont constituées sous l'influence du romantisme allemand, puis développées dans l'esprit de la science moderne, ont la charge d'un héritage humaniste qui les distingue de toutes les autres modalités de la recherche moderne et les place dans le voisinage d'expériences extra-scientifiques d'un tout autre type, en particulier celle de l'art. Cette situation relève sans aucun doute aussi par un certain côté de la sociologie de la connaissance. En Allemagne, qui a toujours été un pays pré-révolutionnaire, c'est la tradition de l'humanisme esthétique qui a gardé son influence vivante jusqu'au cœur du

c. *Cf.* E. Betti, *Die Hermeneutik als allgemeine Methodik der Geisteswissenschaften, op. cit.*; F. Wieacker, «Notizen zur rechtshistorischen Hermeneutik», art. cit.

courant de pensée marqué par la science moderne. Dans d'autres pays, c'est peut-être davantage la conscience politique qui a pénétré ce qui se réclame chez ceux-ci des « Humanities », des « Lettres », bref, ce qu'on a pu désigner dans le passé du terme d'*Humaniora*.

Cela n'empêche pas le moins du monde les méthodes de la science moderne de la nature de s'appliquer également au monde social. Plus peut-être même que par le gigantesque progrès des sciences modernes de la nature, notre époque est marquée par la rationalisation croissante de la société et par la technique scientifique qui préside à sa direction. L'esprit méthodologique de la science s'infiltre partout. Je suis donc bien loin de contester que les sciences dites humaines puissent faire l'économie d'un travail méthodologique. Il n'était pas non plus dans mon intention de ranimer l'ancien conflit de méthode entre sciences de la nature et sciences humaines. D'une opposition de méthodes, à peine est-il question. En ce sens, la question formulée jadis par Windelband et Rickert des « limites de la conceptualisation dans les sciences de la nature » me paraît mal posée [1]. La différence qui nous occupe n'est pas entre les méthodes mais entre les buts visés dans la connaissance. En posant cette question, on se propose de mettre à nu et de porter à la conscience ce que le conflit de méthodes tendait à recouvrir et à méconnaître ; quelque chose qui ne limite pas et ne réduit pas tant l'ambition de la science moderne, mais

1. Tous deux représentants de l'école néokantienne de Heidelberg. Wilhelm Windelband (1848-1915) entreprit de distinguer le mode des sciences historiques comme étant idiographique par différence d'avec celui, nomothétique, des sciences de la nature, voir son discours : *Geschichte und Naturwissenschaft* (1894), dans W. Windelband, *Präluden* II, Tübingen, Mohr, 1921[7] ; Heinrich Rickert (1863-1936), a développé cette opposition sur le plan de la théorie de la connaissance, notamment dans *Die Grenzen der naturwissenschaftlichen Begriffsbildung*, Fribourg, 1896, rééd. Tübingen, Mohr, 1913[2], et *Sciences de la nature et science de la culture* (1915), trad. fr. A. Nicolas, Paris, Gallimard, 1997.

qui plutôt constitue sa présupposition et qui, pour sa part, la rend possible. La loi de développement qui lui est immanente ne perd rien par là de son tranchant. Vaine serait l'entreprise de s'adresser au vouloir-savoir et au pouvoir-faire des hommes, et de leur tenir le langage de la conscience morale, dans l'espoir qu'ils apprendraient à traiter avec plus de ménagement l'ordre naturel et l'ordre social de notre monde. Le rôle du moraliste travesti en savant a quelque chose d'absurde. Non moins absurde serait la prétention du philosophe qui déduirait de quelques principes la façon dont la science devrait se conduire pour recevoir la légitimation philosophique.

C'est donc, me semble-t-il, par une entière méprise que l'on ferait intervenir ici la fameuse distinction kantienne entre *quaestio juris* et *quaestio facti*. Kant n'avait assurément pas l'intention de prescrire à la science moderne de la nature comment elle devait se comporter pour affronter avec succès le tribunal de la raison. C'est une question philosophique qu'il a posée, à savoir quelles sont les conditions de notre connaissance en vertu desquelles la science moderne est possible, et jusqu'où notre connaissance peut s'étendre. En ce sens, l'investigation qu'on poursuit ici pose elle aussi une question philosophique. Mais cette question, elle ne la pose nullement aux seules sciences dites humaines (parmi lesquelles elle accorderait ensuite la prééminence à des disciplines classiques déterminées) ; elle ne la pose même pas à la seule science et aux modalités qu'y prend l'expérience. Elle la pose à l'ensemble de l'expérience que l'homme fait du monde et de la pratique qu'il applique à la vie. Pour s'exprimer en termes kantiens, la question posée est celle-ci : comment la compréhension est-elle possible ? C'est une question qui précède toute attitude de la subjectivité où la compréhension est en jeu, y compris l'attitude méthodologique des sciences basées sur la compréhension, leurs normes et leurs règles.

L'analytique heideggerienne de la temporalité du *Dasein* humain a montré de manière convaincante, selon moi, que comprendre n'est pas un mode de comportement du sujet *parmi* d'autres, mais le mode d'être du *Dasein* lui-même. C'est dans ce sens que le concept d'herméneutique est mis ici en œuvre. Il désigne la motion fondamentale de l'existence, qui la constitue dans sa finitude et dans son historicité, et qui embrasse par là même l'ensemble de son expérience du monde. Il ne faut voir là aucun arbitraire, aucune extrapolation artificielle d'un aspect unilatéral : c'est la nature même des choses qui fait que le mouvement de la compréhension soit englobant et universel. Je ne peux donner raison à ceux qui pensent que l'aspect herméneutique trouve sa limite dans des modes d'être non marqués par l'historicité, par exemple d'ordre mathématique ou d'ordre esthétique[d]. Il est assurément exact que la qualité esthétique d'une œuvre d'art repose sur des lois de structure et sur un niveau de configuration qui transcendent, en dernière instance, toutes les limitations tenant à l'origine historique et aux circonstances de culture. Je ne discute pas la question de savoir à quel point, face à l'œuvre d'art, le « sens qualitatif » ouvre une possibilité autonome de connaissance[e] – ou si ce sens qualitatif, comme toute autre forme de goût, ne se bornant pas à un développement formel, n'offre pas une configuration et une empreinte concrètes, au même titre justement que le goût. Le goût, en tout cas, est déterminé dans sa configuration par quelque chose qui, à son tour, lui prescrit ce pour quoi il reçoit telle figure. En ce sens, peut-être enveloppe-t-il des préférences – et des aversions – toujours déterminées quant à leur contenu. En tout cas, il reste vrai que quiconque fait l'expérience

d. *Cf.* O. Becker, « Die Fragwürdigkeit der Transzendierung der ästhetischen Dimension der Kunst », art. cit.

e. Kurt Riezler a jadis tenté une déduction transcendantale du « Sens qualitatif » dans son *Traktat vom Schönen*, Francfort, [Klostermann,] 1935.

de l'œuvre d'art incorpore cette expérience pleinement à lui-même, je veux dire à la totalité de la compréhension de soi au sein de laquelle cette expérience prend un sens pour lui. Je dirais même que l'acte de comprendre qui enveloppe de cette façon l'expérience de l'œuvre d'art, déjoue tout « historicisme » au plan de l'expérience esthétique. Il est vrai qu'il paraît tentant de distinguer entre le monde originaire, avec tous ses enchaînements, qu'une œuvre institue, et la perpétuation de cette œuvre dans les circonstances concrètes nouvelles du monde ultérieur[f]. Mais où passe la ligne de démarcation qui séparerait proprement monde originaire et monde ultérieur ? Comment se fait le passage du stade originaire, où la signification était vivante, au stade de l'expérience réfléchie, où la signification n'est plus que culturelle ? Le concept de « non-différenciation esthétique », que j'ai forgé à ce propos, rend compte très exactement, me semble-t-il, de ce qu'il n'y a pas ici de frontière tranchée et que le mouvement de la compréhension ne se laisse pas réduire à quelque jouissance réflexive, comme le voudrait la thèse de la « différenciation esthétique ». Il faudrait bien qu'on admette que, par exemple, l'image d'une divinité antique, qui n'a pas été exposée dans le temple à titre d'œuvre d'art vouée à une jouissance réflexive de type esthétique, et qui aujourd'hui se trouve exposée dans un musée moderne, contient en soi, sous la forme où cette image nous apparaît aujourd'hui, le monde de l'expérience religieuse d'où celle-ci provient. La conséquence à tirer est importante : ce monde qui est le sien fait même encore partie du monde qui est le nôtre. C'est l'univers herméneutique qui embrasse l'un et l'autre[g].

f. *Cf.* sur ce point, le travail plus récent de H. Kuhn, *Wesen* [*und Wirken*] *des Kunstwerkes*, [Munich, Käsel,] 1961.

g. La réhabilitation de l'allégorie, entreprise dans ce contexte (p. 66 *sq.*), a été amorcée, il y a déjà plusieurs décennies, par l'ouvrage significatif de W. Benjamin, *Der Ursprung des deutschen Trauerspiels* (1927).

L'universalité de l'aspect herméneutique, à d'autres égards encore, ne se laisse pas limiter ou réduire de manière arbitraire. Ce n'est pas par un simple artifice de composition que j'ai commencé par l'expérience de l'art, pour assurer au phénomène de la compréhension sa légitime amplitude. L'analyse que je consacre à l'esthétique du génie joue un rôle préparatoire déterminant, dans la mesure où il en résulte que l'expérience de l'œuvre d'art excède toujours fondamentalement tout horizon subjectif d'interprétation, qu'il s'agisse de celui de l'artiste ou de celui de l'amateur. La *mens auctoris* ne peut être érigée en critère de valeur pour établir la signification de l'œuvre d'art. Mais il y a aussi quelque chose d'abstrait à parler d'une œuvre en soi, coupée de la réalité sans cesse renouvelée que constitue le fait d'être éprouvée. Je crois avoir montré pourquoi cette façon de parler se borne à décrire une intention, mais ne résout rien sur le plan théorique. Mes investigations ne visent en tout cas nullement à offrir une théorie générale de l'interprétation, ni une doctrine différentielle de ses méthodes, comme l'a excellemment fait Emilio Betti, mais à mettre en lumière l'élément commun à tous les modes de compréhension, et à montrer que comprendre n'est jamais un comportement subjectif à l'égard d'un « objet » supposé donné, mais appartient à « l'histoire de l'efficience » [*Wirkungsgeschichte*], autrement dit à l'être de ce qui vient à être compris.

C'est pourquoi je n'arrive pas à être convaincu, quand on m'objecte que la reproduction d'une pièce musicale n'est pas une interprétation dans le sens où l'est l'acte de comprendre mis en jeu par la lecture d'un poème ou par la contemplation d'un tableau. Il demeure que toute reproduction est d'abord interprétation et, à ce titre, cherche à être correcte. En ce sens elle aussi est un « comprendre »[h].

L'universalité du point de vue herméneutique ne me paraît pas non plus souffrir de limitation lorsqu'on considère la multiplicité des intérêts motivant l'historiographie qui convergent dans la science historique. Il existe bien entendu de multiples façons d'écrire l'histoire et de conduire la recherche historique. On ne prétend pas qu'à la base de chaque intérêt à l'œuvre en historiographie, on puisse discerner l'exercice conscient d'une réflexion attentive à « l'histoire de l'efficience ».

L'histoire des Esquimaux de l'Amérique du Nord ne dépend absolument pas du point de savoir si et quand ce peuple a influé sur « l'histoire universelle de l'Europe ». Et pourtant, on ne peut sérieusement nier que la réflexion attentive à « l'histoire de l'efficience » se révélera féconde même à l'égard de ce problème historique. Celui qui relira dans cinquante ou cent ans ce qu'écrivent aujourd'hui les historiens sur ce peuple ne trouvera pas seulement que cette histoire a vieilli du fait qu'entre-temps il aura acquis des connaissances nouvelles ou interprété de façon plus correcte les sources : il pourra aussi convenir qu'en 1960 on lisait autrement les sources parce qu'on était mû par d'autres questions, par d'autres préjugés et par d'autres intérêts. On condamnerait l'historiographie et la recherche historique à une indifférence ultime, si on voulait la soustraire purement et simplement à la compétence de la réflexion attentive à « l'histoire de l'efficience ». C'est précisément l'universalité du problème herméneutique qui veut que soient décelés tous les types d'intérêts à l'œuvre en histoire, parce qu'elle concerne ce qui, selon les cas,

h. Je renvoie ici aux études de Hans Sedlmayr, dont la perspective est, il est vrai, différente, et qui sont aujourd'hui rassemblées en volume sous le titre *Kunst und Wahrheit*, Hambourg, [Rowohlt,] 1958 ; *cf.* surtout p. 87 *sq.*

est à la base du « problème de l'histoire »[i]. Et qu'est-ce que la recherche historique, sans le « problème de l'histoire » ? Dans la terminologie que j'ai adoptée et que justifient des investigations de caractère étymologique, on dira : « l'application » est un aspect constitutif de la compréhension[1]. Si à cet égard je place sur le même plan l'historien du droit et le praticien du droit, je ne nie pas pour autant que le premier ait une tâche exclusivement « contemplative », le second une tâche exclusivement pratique. Mais l'application est à l'œuvre de part et d'autre. Comment la compréhension du sens *juridique* d'une loi pourrait-elle différer de l'une à l'autre ? Le juge a, sans doute, la tâche pratique de prononcer la sentence ; de multiples considérations de politique juridique peuvent alors intervenir, qu'ignore l'historien du droit, considérant la même loi. Mais l'*intelligence* juridique qu'ils ont de cette loi est-elle pour autant différente ? La décision du juge qui « intervient pratiquement dans la vie », entend bien constituer une application correcte, et non pas arbitraire de la loi ; elle doit donc reposer sur une interprétation « correcte » : cela implique la médiation entre l'histoire et le présent dans la compréhension même.

L'historien du droit devra en outre, cela va de soi, donner une appréciation « historique » de la loi qu'il aura dans ce sens correctement comprise ; cela signifie toujours qu'il doit en évaluer l'importance historique ; appréciation nécessairement « fausse », pour autant que la guident les propres pré-conceptions de l'historien, ses pré-jugés vivaces. Autant dire qu'on a, une fois encore, affaire à une médiation entre passé et présent, donc à une « application ». Le cours de l'histoire, auquel appartient l'histoire de la

i. *Cf.* H. Kuhn, *Vom Wesen des Kunstwerkes*, *op. cit.*

1. L'application (*applicatio*, *Anwendung*) est un concept de provenance piétiste, selon lequel l'interprète s'implique lui-même personnellement dans le processus interprétatif, de même que le lecteur pieux de la Bible considère que celle-ci s'adresse à lui en particulier.

recherche, se charge de l'attester. Non, manifestement, que l'historien ait fait quelque chose qu'il n'avait « pas le droit » de faire et n'aurait pas dû faire, et qu'on aurait dû ou pu l'empêcher de faire, en imposant quelque canon herméneutique. Je ne parle pas des erreurs qui peuvent avoir lieu en histoire du droit ; mais des connaissances authentiques. L'historien du droit a, pour sa pratique, comme aussi le juge, ses « méthodes » pour éviter les erreurs ; sur ce point, je suis pleinement d'accord avec les considérations avancées par les historiens du droit[j]. L'intérêt herméneutique du philosophe intervient exactement au moment où on a réussi à éviter l'erreur. C'est à ce moment précis qu'historiens et dogmaticiens attestent une vérité qui excède ce qu'eux-mêmes connaissent, dans la mesure où leur propre présent fugace se laisse discerner dans leur activité et dans les œuvres qui en résultent.

L'opposition entre méthode historique et méthode dogmatique n'a pas de valeur définitive du point de vue d'une herméneutique philosophique. D'où la question légitime de savoir dans quelle mesure le point de vue herméneutique lui-même a une valeur historique ou dogmatique[k]. Si l'on retient la thèse qui fait du principe de « l'histoire de l'efficience » un facteur constitutif universel de la compréhension, cette thèse n'implique pas qu'elle soit elle-même subordonnée à des conditions historiques ; elle prétend être vraie purement et simplement, même s'il est vrai qu'il n'y a de conscience herméneutique que dans des conditions historiques déterminées. La tradition dont l'essence implique la restitution irréfléchie du passé transmis, doit être devenue problématique pour que se forme une conscience explicite de la tâche

j. E. Betti, *Die Hermeneutik als allgemeine Methodik der Geisteswissenschaften*, *op. cit.* ; F. Wieacker, « Notizen zur rechtshistorischen Hermeneutik », art. cit. ; W. Hellebrand, « Der Zeitbogen », art. cit.

k. *Cf.* K.O. Apel, *Hegelstudien*, *op. cit.*

herméneutique de s'approprier la tradition. On peut déjà discerner une conscience de ce type chez saint Augustin à l'égard de l'Ancien Testament. À l'époque de la Réforme, l'herméneutique protestante procède de l'ambition de comprendre l'Écriture Sainte par elle-même (*sola scriptura*), contre le principe de tradition professé par l'Église romaine. Avec l'émergence de la conscience historique, qui implique que le présent se distancie fondamentalement de tout passé transmis, la compréhension est devenue un problème entièrement distinct, exigeant le guide d'une méthodologie. Ma thèse, dans cet ouvrage, est que « l'histoire de l'efficience » est un élément constitutif qu'on trouve à l'œuvre dans toute compréhension portant sur la transmission du passé, et qui le reste, même là où la méthodologie des sciences historiques modernes a pénétré et a transformé toute réalité historique, tout contenu historique transmis, en un « objet » qu'il s'agit de « constater », à la façon d'un donné expérimental – comme si la transmission du passé était tout autant étrangère et, du point de vue humain, tout autant incompréhensible que l'objet de la physique.

Par là se justifie une certaine ambiguïté dans le concept de « conscience de l'histoire de l'efficience » tel que je l'emploie. Cette ambiguïté consiste en ceci qu'il désigne d'un côté la conscience effectuée au cours de l'histoire et déterminée par l'histoire, et, d'un autre côté, la prise de conscience de cet être effectué et déterminé. Toutes mes démonstrations tendent à prouver que la domination par l'« histoire de l'efficience » concerne même encore la conscience moderne historique et scientifique – et cela, par-delà tout savoir possible que nous pouvons former de la domination ainsi subie. La « conscience que nous prenons de l'histoire de l'efficience » est finie en un sens si radical que notre être, tel qu'il s'exerce dans l'ensemble de notre destinée, excède par essence le savoir qu'il forme de lui-même. Or, c'est là une idée fondamentale qu'on ne saurait réduire à une situation historique déterminée, mais une idée qui, en considération de la recherche historique moderne et de l'idéal méthodologique d'objectivité de la science, rencontre une résistance spécifique, qui procède de la conception même que la science se fait d'elle-même.

Il est clair qu'au-delà de cet argument la question peut encore se poser à la réflexion historique, de savoir pourquoi c'est précisément aujourd'hui, à ce moment de l'histoire, qu'il est devenu possible d'apercevoir fondamentalement ce facteur de l'« histoire de l'efficience », constitutif de toute compréhension. Mes investigations offrent une réponse indirecte à ce problème. Car il a fallu l'échec de l'historicisme naïf du « siècle de l'histoire » pour qu'on découvre que l'opposition entre point de vue dogmatique donc anhistorique, et point de vue historique, entre tradition et science historique, entre antiquité et modernité, n'a rien de définitif. La fameuse *querelle des Anciens et des Modernes* cesse de représenter une alternative véritable.

Ce qui s'affirme ici comme l'universalité de l'aspect herméneutique et même, en particulier, ce qui est dit de la dimension langagière [*Sprachlichkeit*] considérée comme forme d'actualisation de la compréhension, enveloppe pour cette raison la conscience « pré-herméneutique » au même titre que toutes les modalités de conscience herméneutique. Même l'appropriation naïve de la tradition est un « re-dire », en dépit du fait qu'on ne peut évidemment pas la décrire en termes de « fusion d'horizons ».

Venons-en maintenant à la question fondamentale : jusqu'où s'étend l'aspect de la compréhension et de sa dimension langagière ? Permet-il de tirer la conséquence philosophique générale qui s'exprimerait dans la proposition : « L'être susceptible d'être compris est langage » ? Cette proposition ne conduit-elle pas, en raison de l'universalité du langage lui-même, à une insoutenable conséquence métaphysique, à savoir que « tout » se ramène au langage et à un procès de langage ? Certes, il est tentant d'évoquer ici l'indicible. Mais cet argument ne fait pas nécessairement une brèche dans l'universalité de l'aspect langagier. Le caractère sans fin du dialogue, dans lequel s'actualise la compréhension, relativise chaque fois la revendication de l'indicible lui-même. Mais la compréhension est-elle comme telle l'accès unique, et seul adéquat, à la réalité de l'histoire? Le danger qui, à cet égard, menace de toute évidence, c'est qu'on affaiblisse la réalité spécifique du devenir historique, en particulier son absurdité et sa contingence, et qu'on la falsifie en la présentant sous les traits d'une expérience porteuse de sens.

Or, précisément, mes propres investigations ont tendu à montrer comment, en dépit de l'opposition de l'école historique au spiritualisme de Hegel, l'introduction du point de vue herméneutique a conduit la conception de l'histoire d'un Droysen et d'un Dilthey à cette idée fausse que l'histoire serait un livre ouvert, habité par un sens de la première lettre à la dernière. Dilthey peut protester contre une philosophie de l'histoire où la nécessité du concept constituerait le noyau de tout devenir; son herméneutique historique ne manque pas de faire culminer l'histoire dans l'histoire de l'esprit. Telle était ma critique. Mais, dira-t-on, le même danger ne se répète-t-il pas avec la présente entreprise ? Je ne crois pourtant pas qu'une pareille conséquence soit entraînée par la conceptualisation traditionnelle, en particulier le cercle herméneutique du tout et de la partie, d'où procède ma tentative de fondation de l'herméneutique. Le concept de totalité demande lui-même à être compris en un sens relatif. La totalité de sens qu'il importe de comprendre dans l'histoire ou dans la transmission du passé, n'équivaut jamais au sens du tout de l'histoire. Le danger de docétisme[1] me semble être écarté, dès

1. Risque de négation gnostique de l'histoire.

lors que l'on ne traite pas la transmission historique du passé comme l'objet d'un savoir historique ou celui d'une conceptualisation de type philosophique, mais comme un élément constitutif de l'efficace de l'être que nous sommes. La finitude de notre compréhension est le mode sous lequel la réalité, ce qui nous résiste, l'absurde et l'incompréhensible, se font reconnaître. On ne peut prendre cette finitude au sérieux, sans prendre finalement au sérieux la réalité de l'histoire.

Ce sont les mêmes raisons qui donnent à l'expérience du toi un rôle si décisif dans la compréhension de soi-même. Le chapitre sur l'expérience occupe à cet égard dans mes investigations une position clé. L'expérience du toi y constitue la base sur laquelle le concept d'expérience de « l'histoire de l'efficience » est également élucidé. Car l'expérience du toi révèle, elle aussi, le paradoxe selon lequel quelque chose qui me fait face se fait valoir dans son droit propre et exige d'être reconnu purement et simplement et, dans cette mesure même, demande à être « compris ». Mais je crois avoir montré avec précision que cette compréhension ne s'adresse pas au toi comme tel, mais à ce qu'il dit de vrai. Par là j'entends la sorte de vérité qui ne se rend visible qu'en passant par le toi, et dans la mesure seulement où on se laisse dire quelque chose par lui. Il n'en va pas autrement avec la transmission historique du passé. Elle ne mériterait pas l'intérêt que nous lui accordons si elle n'avait pas à nous apprendre quelque chose que nous ne pouvons pas tirer de notre propre fonds. La proposition : « L'être susceptible d'être compris est langage », demande à être lue dans cet esprit. Elle ne veut pas affirmer la domination pure et simple sur l'être de la part de celui qui comprend ; tout au contraire, elle affirme qu'il n'est pas d'expérience de l'être là où quelque chose peut être instauré par nous, et, dans cette mesure, est maîtrisé conceptuellement, mais là où ce qui advient peut purement et simplement être compris.

Ici se pose un problème de méthodologie philosophique, qui a été soulevé dans toute une série de critiques adressées à mon ouvrage.

Je propose de l'appeler le problème de l'immanence phénoménologique. Il est tout à fait vrai que, du point de vue de la méthode, mon livre se fonde sur une base phénoménologique. Cela peut sembler paradoxal, puisque par ailleurs le développement du problème herméneutique universel repose sur la critique heideggerienne de la problématique transcendantale et sur sa pensée du retournement [*Kehre*]. J'estime pourtant que même ce tournant de la pensée heideggerienne, qui seul révèle à lui-même le problème herméneutique, peut être soumis au principe de la légitimation phénoménologique. C'est pourquoi j'ai conservé le concept d'« herméneutique », employé par le jeune Heidegger; mais je ne le prends pas au sens de doctrine méthodologique. Par « herméneutique », j'entends la théorie de cette expérience effective qu'est la pensée. À cet égard, il me faut souligner que mes analyses du jeu ou du langage sont à prendre en un sens purement phénoménologique[1]. Le jeu ne se résout pas entièrement dans la conscience du joueur; dans cette mesure, il est bien plus qu'un comportement subjectif. Mais c'est précisément cela qui peut se décrire comme une expérience du sujet, sans avoir quoi que ce soit à faire avec une « mythologie » ou une « mystification »[m].

Pareilles positions fondamentales de méthode se gardent de tout prolongement proprement métaphysique. Dans des travaux

1. Le concept de « jeu de langage » chez Wittgenstein m'a paru tout à fait justifié dès que j'en ai pris connaissance. *Cf.* « Die phänomenologische Bewegung », art. cit., p. 37 *sq.*

m. *Cf.* sur ce point ma *Postface* à l'édition Reclam de l'essai de Heidegger sur l'œuvre d'art et également l'essai publié dans la *Frankfurter Allgemeine Zeitung* du 26 sept. 1964 (repris dans *Die Sammlung*, 1965, fascicule I, *Kleine Schriften* III, p. 202 *sq.*).

publiés depuis la première édition, en particulier dans des comptes rendus de recherches – « Herméneutique et historicisme » et « Le mouvement phénoménologique » (dans la *Phil. Rundschau*) –, j'ai souligné ma dette de fait à la *Critique de la Raison pure* de Kant : l'assertion selon laquelle c'est seulement sur le mode dialectique que la pensée peut rattacher l'infini au fini, l'être en soi à l'objet de l'expérience humaine, l'éternel au temporel, n'engendre selon moi que des concepts-limites, d'où ne saurait être tirée aucune connaissance authentique par la vertu de la philosophie. Et pourtant, la tradition de la métaphysique – plus particulièrement sa dernière grande figure, la dialectique spéculative de Hegel – conserve pour moi une proximité permanente. La tâche, le « rapport infini », demeure après elle. Mais pour légitimer ce dernier, il faut s'efforcer de l'arracher aux liens dans lesquels l'enferme la puissance synthétique de la dialectique hégélienne, voire celle de la « logique » issue de la dialectique platonicienne, et le situer dans le mouvement du dialogue au sein duquel seul le mot ou le concept deviennent ce qu'ils sont [n].

Par là même reste insatisfaite l'exigence d'auto-fondation réflexive, telle qu'elle ressort des développements spéculatifs de la philosophie transcendantale selon Fichte, Hegel et Husserl. Mais le dialogue avec l'ensemble de notre tradition philosophique – dialogue dans lequel nous sommes situés et que nous sommes nous-mêmes en tant que nous philosophons – est-il dépourvu de fondement ? Faut-il encore une fondation pour ce qui, dès toujours, nous porte ?

On est ainsi conduit à une dernière question : elle ne concerne pas tant la portée méthodologique, que le contenu de l'universalisme herméneutique exposé ici. Proclamer l'universalité de la

n. O. Pöggeler, *Philos. Literaturanzeiger*, *op. cit.*, p. 12 *sq.*, fournit une indication intéressante sur ce que Hegel aurait dit à ce propos par la bouche de Rosenkranz.

compréhension, n'est-ce pas avouer l'unilatéralité du contenu, dans la mesure où fait défaut un principe critique face à la tradition et où est professée une espèce d'optimisme universel ? Même s'il est vrai que l'essence de la tradition comporte de n'exister qu'en vertu d'un acte d'appropriation, il est vrai aussi que l'essence de l'homme comporte de pouvoir rompre, critiquer et dissoudre la tradition. Et notre rapport à l'être n'inclut-il pas un facteur considérablement plus originaire qui s'exprime dans la modalité du travail, du remaniement de la réalité selon les buts que nous nous donnons ? Dans cette mesure, l'universalité ontologique de la compréhension ne conduit-elle pas à une position unilatérale ? Je répondrai : par comprendre, je n'entends pas assurément simplement s'approprier des opinions transmises ou reconnaître ce que la tradition a consacré. Heidegger, qui le premier a discerné dans le concept de compréhension une détermination universelle du *Dasein*, a souligné précisément le caractère de projet de la compréhension, autrement dit son orientation vers le futur. Je ne veux toutefois pas nier que, dans le contexte universel des éléments constitutifs de la compréhension, j'ai mis, pour ma part, l'accent sur l'aspect d'appropriation du passé et de la tradition. Heidegger lui-même, comme nombre de mes critiques, a pu dénoncer le défaut final de radicalité au moment de tirer les conséquences. Que peut signifier la fin de la métaphysique comme science ? Son achèvement dans la science ? Si la science s'érige en technocratie intégrale et ainsi fait arriver la « nuit cosmique » de « l'oubli de l'être », le nihilisme prophétisé par Nietzsche, l'important est-il de regarder en arrière vers les ultimes reflets du soleil couchant au ciel du soir, au lieu de se retourner et d'épier les premières lueurs annonciatrices de son retour ?

Il me paraît toutefois que l'unilatéralité qu'on reproche à l'universalisme herméneutique comporte la vérité d'un correctif. Elle éclaire le point de vue moderne du faire, du produire, du construire, quant aux présuppositions nécessaires sous lesquelles il est lui-même placé. Par là se trouve délimitée en particulier la position du philosophe dans le monde moderne. Il a beau être appelé à toujours tirer les conséquences radicales en toute situation, le rôle de prophète, de sentinelle, de prédicateur, lui va mal.

Ce dont l'homme a besoin, ce n'est pas seulement d'un indéfectible discernement des questions ultimes, mais également du sens de ce qui est faisable, possible, approprié au moment présent. À plus forte raison, qui fait profession de philosopher devra-t-il garder une conscience aiguë de la tension qui demeure entre ses exigences et la réalité.

La conscience herméneutique que nous avons à réveiller et à maintenir en état de vigilance confesse volontiers qu'à l'âge de la science la prétention à dominer que la pensée philosophique pourrait encore élever aurait quelque chose de fantomatique et d'irréel. Mais, face à la volonté de l'homme qui, plus que jamais, érige la critique de ce qui a été au rang de conscience utopique ou eschatologique, son vœu est d'opposer quelque chose qui puise dans la vérité du souvenir – je veux dire : ce réel, encore et toujours réel.

GUNTER SCHOLTZ

LA PHILOSOPHIE HERMÉNEUTIQUE DE GADAMER ET LES SCIENCES HUMAINES*

L'ampleur de l'intérêt suscité par l'herméneutique philosophique de Gadamer est étonnante. En Allemagne en particulier, elle en est souvent venue à représenter tout le domaine de l'herméneutique, et par herméneutique on entend souvent la philosophie de Gadamer. Une telle identification entre l'herméneutique et la philosophie gadamérienne n'est pas sans dangers pour les sciences de l'esprit. Car comme cette philosophie pose à mon avis de lourds problèmes, on risque d'être en jour tenté de jeter le bébé avec l'eau du bain et de tourner le dos à toute herméneutique. C'est ce que certains scientistes et certains déconstructivistes n'ont déjà malheureusement pas manqué de faire. Pour la recherche en physique et en chimie, il devrait assurément être indifférent que les chercheurs défendent un empirisme strict ou un rationalisme critique. Mais dans les sciences de l'esprit, l'épistémologie détermine aussi le travail scientifique et le fait que les historiens soient marxistes ou philosophes analytiques, ou que les philologues s'orientent sur la phénoménologie de

* Ce texte de G. Scholtz, inédit en allemand, a paru dans une traduction de Jean-Claude Gens, dans J.-Cl. Gens et G. Deniau, *L'héritage de Hans-Georg Gadamer*, Paris, ISI, 2003, p. 181-194.

R. Ingarden ou la théorie des systèmes de N. Luhmann, a des conséquences considérables pour la recherche. C'est pourquoi il n'est pas indifférent pour les sciences de l'esprit que l'on considère l'herméneutique comme sensée ou non. Celui qui estime que l'herméneutique, et de ce fait toute compréhension, est impossible ne s'efforcera par exemple plus de comprendre et, dans ses propres textes, il cherchera à convaincre le lecteur qu'il n'y a rien à comprendre. Et s'il n'y a pas de compréhension, toute écoute et toute lecture, tout discours et toute écriture, perd son sens.

Il n'est donc pas étonnant que certains représentants des sciences de l'esprit – comme les historiens du droit F. Wieacker et E. Betti comme le spécialiste de la littérature E.D. Hirsch[a] – aient réagi par une vigoureuse critique à *Vérité et méthode*[b]. Ils voyaient leurs travaux scientifiques enterrés et leur *ethos* de chercheurs attaqué. Dans la préface de la seconde édition de son œuvre, Gadamer a estimé avoir été mal compris par ses critiques. Pour ces derniers, le terme d'« herméneutique » renvoyait à des méthodes scientifiques, alors qu'il cherchait lui-même à répondre à une question philosophique générale relative à « l'ensemble de l'expérience humaine du monde et de la *praxis* humaine » : « Pour

a. F. Wieacker, *Notizen zur Rechtshistorischen Hermeneutik*, Nachrichten der Akademie der Wissenschaften, phil.-histor. Klasse (Göttingen, [V & R,] 1963), p. 1-22; E. Betti, *Die Hermeneutik als allgemeine Methodik der Geisteswissenschaften*, Tübingen, Mohr, 1962; E.D. Hirsch, *Gadamer's Theory of Interpretation*, (1965), également dans E.D. Hirsch, *Validity in Interpretation*, New Haven-Londres, Yale UP, 1967, p. 245-264, et dans sa version allemande, *Prinzipien der Interpretation*, Munich, [Fink,] 1962, ce volume comportant aussi sa recension p. 301-320.

b. Gadamer n'est malheureusement entré dans une discussion approfondie qu'avec Betti et non avec Hirsch. Voir à ce propos *Vérité et méthode*, GW I, p. 331 *sq.*; les références à cet ouvrage se feront dorénavant en citant la pagination dans le corps du texte (l'édition complète de Pierre Fruchon parue en 1996 comporte cette pagination dans ses marges, auquel le lecteur français peut donc facilement se reporter).

le dire en termes kantiens, cette question demande : comment est possible la compréhension ? »[c]. Ce n'était effectivement pas la question fondamentale de l'herméneutique qui était une doctrine ou un art de la méthode jusqu'au début du XX[e] siècle. Elle posait plutôt la question de savoir « comment éviter les malentendus, comment surmonter les obstacles à la compréhension » (et elle touchait évidemment aussi aux conditions de possibilité de la compréhension). Ainsi, il semble que, comme la logique transcendantale kantienne qui vise non à enseigner la pensée correcte, mais à éclairer les conditions de possibilité de la connaissance, de même la question de Gadamer interroge les conditions de possibilité de la compréhension, et comme elle se situe ainsi sur un tout autre terrain que ses critiques, elle ne peut entrer en conflit avec ceux-ci.

En ce qui concerne sa question rectrice, Gadamer aurait pu se référer à Dilthey dans la mesure où ce dernier a déjà imprimé à l'herméneutique un virage gnoséologique et examiné les conditions de la compréhension[d]. C'est sur deux voies que Dilthey a cherché à éclairer ces conditions : d'une part celle de sa « psychologie descriptive » qui est aussi une anthropologie[e], et d'autre part celle de sa doctrine des « systèmes culturels », comme il les désignait initialement, ou de l'« esprit objectif » pour reprendre son

c. GW 2, p. 439, Gadamer, seconde préface à *Vérité et méthode*, trad. fr. E. Sacre, Paris, Seuil, 1976, p. 10 [*supra*, p. 117].

d. Dans son plan d'un prolongement de *L'Édification du monde historique dans les sciences de l'esprit*, Dilthey affirme que l'herméneutique devrait « établir une relation aux tâches générales propres à la théorie de la connaissance, exposer les possibilités d'un savoir de la configuration du monde historique et découvrir les moyens de le rendre effectif » (*Gesammelte Schriften*, Leipzig-Berlin, B.G. Teubner, 1927, t. VII, p. 218).

e. *Idées pour une psychologie descriptive et analytique*, dans *Die Geistige Welt*, *op. cit.*, p. 139-240, trad. fr. M. Rémy, *Le Monde de l'esprit* I-II, Paris, Aubier, 1947.

expression ultérieure[f]. Sur chacune d'elles, il met en évidence ce qui constitue l'humanité de l'homme. Il est « homme » par sa nature simultanément psychique et charnelle qui englobe non seulement la pensée, mais le sentiment et la volonté, et ensuite par les formes de la culture – par exemple le langage et les mœurs – qui relient les individus. Chez Dilthey, l'anthropologie et la philosophie de la culture ne sont pas de nouvelles formes de la philosophie transcendantale au sens kantien du terme ; comme cette dernière, toutes deux exposent néanmoins ce qui constitue l'homme et ce qui rend possible sa compréhension du monde de la vie aussi bien que celle qu'il met en œuvre dans les sciences de l'esprit. Par ses réflexions, Dilthey ne s'en est absolument pas pris à l'herméneutique en tant que doctrine de la méthode qui lui était familière, mais il a cherché à mieux la fonder ; c'est probablement la raison pour laquelle il n'a lui-même jamais intitulé « herméneutique » son projet, car son programme ne relevait pas d'une contestation, mais visait à donner un complément. L'horizon de la question gadamérienne n'est donc pas nouveau. Ce qui est nouveau, c'est – comme antérieurement chez son maître Heidegger – l'intitulé d'herméneutique qu'il lui donne, et le chemin qu'il emprunte pour trouver ses réponses.

Il est maintenant possible d'examiner et d'interroger Gadamer à l'aune de son propre critère, c'est-à-dire de savoir s'il éclaire – de façon analogue à la critique kantienne de la raison et à Dilthey – les conditions de possibilité de la compréhension, et si sa philosophie herméneutique est ainsi susceptible de compléter l'herméneutique méthodologique.

f. Voir *Gesammelte Schriften* I (trad. fr. S. Mesure, *Introduction aux sciences de l'esprit*, dans *Œuvres 1* [Paris, Le Cerf, 1992], p. 208 *sq.*), en particulier p. 49 *sq.* (trad. fr. *L'Édification du monde historique* (1911), Paris, Le Cerf, 1989, p. 208 *sq.*), et *Gesammelte Schriften* VII, p. 146 *sq.* et 208 *sq.*

Gadamer n'a malheureusement pas structuré son œuvre – elle ne l'a clairement été qu'ultérieurement – selon sa question principielle, car s'il l'avait fait elle n'aurait pas donné lieu à ces malentendus. C'est pourquoi il nous faut brièvement vérifier si les principaux éléments de son œuvre mettent en évidence les conditions de possibilité de la compréhension. Et ces éléments caractéristiques pour Gadamer se trouvent surtout dans le chapitre intitulé : « Lignes principales d'une théorie de l'expérience herméneutique » (270-384).

a) *Préjugés.* Nous rencontrons ici immédiatement notre thème comme le montre le sous-titre : « les préjugés comme conditions de la compréhension » (281). Les premières critiques ont réagi à cette thèse qui est en contradiction avec les expériences de tout lecteur curieux. Lorsque j'eus pour la première fois un livre de Maupassant entre les mains, je ne connaissais rien de cet auteur, et pourtant je l'ai compris et il m'a fasciné. Comment un des préjugés relatifs à Maupassant aurait-il dû rendre la compréhension possible ou même la faciliter ? Mais le résultat de Gadamer est plus complexe que le titre ne le laisse croire. Comme les préjugés peuvent aussi bien empêcher la compréhension (274) qu'être une « source de vérité » (284) – c'est ce que l'on saisit sur les voies complexes de sa réflexion –, il nous faut suspendre et « mettre en question » nos propres préjugés (304). L'efficience de l'histoire et la « distance temporelle » sont utiles à cet effet car elles permettent de « filtrer le véritable sens » des textes en les dégageant d'impuretés de toutes sortes (303) (de telle sorte que nous apprenons à substituer les préjugés généraux et corrects à ceux qui nous sont faux et nous sont propres). Mais comme tout le monde ne partage pas l'optimisme de Gadamer relatif à l'histoire et que les préjugés (y compris à ses yeux) ne sont mis en question que par l'*interpretandum*, c'est-à-dire par la lecture, il aurait à mon sens mieux valu qu'il rédige un chapitre intitulé « la compréhension en tant que condition de la critique correcte des préjugés ». Si, comme il le dit (274), des préjugés peuvent empêcher la compréhension et nous rendre sourds à l'égard d'un texte, il est impossible qu'ils soient des conditions de la compréhension. La réflexion gadamérienne relative aux préjugés n'a absolument rien à voir avec un questionnement de type transcendantal. Car tandis que la raison pure chez Kant et la nature humaine chez Dilthey ne sont pas susceptibles d'être mis entre parenthèses, Gadamer appelle à mettre à distance ses propres préjugés, autrement dit, à les « suspendre » (283).

Mais nous sommes bien d'accord avec Gadamer lorsqu'il exige l'« ouverture à l'opinion de l'autre ou au texte » (304), car une telle ouverture est le contraire des préjugés. La description du processus de la lecture au cours de laquelle nous anticipons constamment le sens et le corrigeons me semble également correct (303 *sq.*). De telles anticipations ne sont pas des « préjugés », mais des attentes nourries par l'expérience et l'imagination créatrice. Il serait ainsi possible de voir dans l'activité de l'imagination qui produit de tels projets de sens une condition transcendantale de la compréhension. Mais dans la mesure où, et comme on le verra, Gadamer n'a en fin de compte absolument pas en vue le sujet et ses opérations gnoséologiques, il ne s'est pas non plus intéressé à l'imagination. Comme les attentes de sens reposent sur des savoirs, il est assurément correct que pour comprendre quelque chose l'interprète ne peut « être dénué de préjugés » si l'on entend par là être innocent et inculte. Mais l'herméneutique ne l'a jamais prétendu. L'herméneutique méthodologique défendait au contraire la nécessité, autant que possible, de bien connaître la langue de l'auteur, sa situation et sa manière de penser, et il y a là une grande différence par rapport à Gadamer : car si cette herméneutique se concentrait sur de telles conditions de possibilité qu'il est possible et nécessaire de réaliser, Gadamer suggère que les conditions sont globalement « toujours déjà » données.

b) *Primauté de la question.* S'il est possible de discuter le fait que toute science a affaire à des préjugés[g], il est incontestable qu'elle ne peut se passer de questions, c'est pourquoi les analyses de Gadamer exigent un examen plus attentif. Il considère d'abord l'*origine* de la question et la découvre « dans la vie elle-même » (289). Dilthey voyait le fondement des sciences de l'esprit dans les besoins vitaux et sociaux[h], et il en va de manière analogue chez Gadamer. Mais ce dernier va jusqu'à penser la constitution des objets eux-mêmes à partir de ces questions : « C'est seulement à travers les motivations du questionnement que se constituent le thème et l'objet de la recherche. [...] Manifestement, un tel objet n'existe absolument pas en soi » (289). Mais si seule la motivation du questionner issu de la vie constitue l'*interpretandum*, elle est apparemment aussi une condition de la compréhension.

Lorsque Bultmann affirmait que toute compréhension de la Bible présuppose une « relation vitale » à la « chose » et une question existentielle, K. Barth redoutait que la Révélation ne soit ainsi enfermée dans l'horizon du questionnement propre à la philosophie de l'existence[i]. Gadamer renouvelle cette discussion

g. Si l'on désigne les hypothèses scientifiques en tant que « préjugés », ceux-ci appartiennent évidemment à toutes les sciences. Hans Albert voit ainsi une proximité entre Gadamer et Karl Popper, car pour le rationalisme critique de ce dernier la science s'accomplit également dans le contexte d'hypothèses ou de théories transmises (voir H. Albert, *Kritik der reinen Hermeneutik. Der Antirealismus und das Problem des Verstehens*, Tübingen [Mohr Siebeck], 1994, p. 54). Mais comme la compréhension ne vise pas d'abord la vérification d'hypothèses générales, mais la saisie d'un sens textuel individuel, je ne vois pas de raison de considérer les préjugés comme des conditions de la compréhension, bien qu'un savoir déterminé soit naturellement toujours présupposé, par exemple la connaissance de la langue.

h. *Gesammelte Schriften* I, *Introduction aux sciences de l'esprit*, *op. cit.*, p. 3 *sq.*

i. R. Bultmann, « Le problème de l'herméneutique » (1950), dans *Foi et savoir*, t. 2, Paris, Seuil, 1970; *Glauben und Verstehen*, Tübingen [Mohr Siebeck], 1961, t. II et p. 233 *sq.* en ce qui concerne sa réponse à Barth.

en se coupant lui-même au cours de ses explications relatives au classique. Car le classique ne devient pas tel à travers nos questions, mais existe du fait de sa « souveraineté historique, de la puissance obligeante de sa validité qui se transmet et se maintient » (292). C'est ce qui conduit Gadamer à la conviction que comprendre relève moins d'« une action propre à la subjectivité » que d'une « insertion dans l'advenir de la tradition » (295) ; il aurait été plus pertinent de dire que comprendre est l'œuvre de l'*interpretandum*. Car, dans un étonnant contraste avec l'énoncé de la page 289, il est plus loin question du fait « qu'un texte transmis devienne objet de l'interprétation signifie déjà qu'il pose une question à l'interprète » (375). Et ce qui nous l'explique, c'est qu'« en vérité » la relation de la question à la réponse se renverse : au début il y a la question « qui nous est posée par le texte, l'être touché par la parole de la tradition » (379). Nous ne savons donc plus si, comme on l'a lu, la question de l'interprète constitue véritablement l'objet ou si ce dernier ne provoque pas initialement notre question. Gadamer balance manifestement entre l'analytique existentiale du premier Heidegger pour lequel toute compréhension repose sur le projet du *Dasein*, du sujet, et le Heidegger plus tardif qui voulait aller au-delà du sujet et lui substituer l'être s'auto-éclairant. En fin de compte, Gadamer penche finalement pour ce dernier Heidegger, dans la mesure où il est nécessaire que l'interprète soit « atteint et appelé par le texte » (383). C'est aussi pourquoi dans cette herméneutique la condition de la compréhension n'est finalement pas à chercher du côté de l'interprète, mais de l'efficience de l'histoire (voir ci-dessous).

Mais si nous voulons – tout à fait indépendamment de Gadamer – clarifier le rôle de la question dans la compréhension, il est nécessaire de distinguer clairement deux questions : celle relative au sens du texte et celle relative à sa signification pour nous. La première – tenons-nous en à A. Boeckh et E.D. Hirsch –

est l'affaire de l'*herméneutique*, mais la seconde est celle de la *critique*[j]. La première vise surtout le but, l'en vue de quoi, le *scopus* du texte, et elle est donc obligée par son intention[k]. En revanche, la critique est susceptible de suivre des intentions qui lui sont propres et de considérer le texte sous l'angle de perspectives différentes. Si Gadamer défend le fait que l'herméneutique et la critique sont indissociables et, si je comprends bien, que la signification du texte est toujours déterminante, le conflit des interprètes montre néanmoins qu'il est plus facile de s'accorder sur ce que voulait dire Marx que sur la pertinence de ce qu'il disait. Si l'herméneutique et la critique s'interpénètrent habituellement, elles ne questionnent pas moins dans des directions différentes, et s'il n'est parfois pas possible de les distinguer rigoureusement, il faut se souvenir que nous distinguons clairement les couleurs noires et blanches bien qu'il y ait entre elles de nombreuses tonalités de gris. De toute manière, il me semble que seule la distinction entre l'herméneutique et la critique rend possible ce qui est visé par Gadamer : un dialogue avec le texte (374). Par

j. A. Boeckh, *Enzyklopädie und Methodenlehre der philologischen Wissenschaften* (1re partie), E. Bratuschek (ed.), Darmstadt [Wiss. Buchgesellschaft], 1966. Voir à ce propos E.D. Hirsch, *Validity in Interpretation*, New Haven-Londres, Yale UP, 1967. Schleiermacher et Dilthey placent également la critique aux côtés de l'herméneutique, voir, du premier, *Hermeneutik und Kritik*, F. Lücke (ed.), *Sämtliche Werke* 1/VII (1838), et, du second, *Die Geistige Welt* (1923), dans *Gesammelte Schrifften*, t. V, G. Misch (ed.), Stuttgart-Göttingen [Teubner-V & R], 1957, p. 262, trad. fr. *Contributions à l'étude de l'individualité* dans W. Dilthey, *Le Monde de l'esprit*, Paris, Aubier Montaigne, 1947, p. 266.

k. Voir M. Seils, « Skopus », dans *Historisches Wörterbuch der Philosophie*, vol. IX, J. Ritter et K. Gründer (eds.), Bâle [Schwabe], 1985, p. 985-988. Pour connaître le *scopus*, il peut ensuite être important de se demander à quelle question répond le texte. Ce que Gadamer reprend ici à Collingwood (p. 376 *sq.*) est naturellement plus fécond pour l'interprétation de textes philosophiques que, par exemple, pour l'interprétation de la poésie lyrique.

l'herméneutique, la parole lui est accordée, et par la critique s'accomplit la réponse.

c) *Efficience de l'histoire, distance temporelle*. La condition la plus importante de la compréhension devrait être l'efficience de l'histoire. Elle donne les « présuppositions de base » qui guident la compréhension (306), car elle médiatise l'*interpretandum* et l'interprète, jette un pont entre eux, de telle sorte que l'interprète n'a pas affaire à quelque chose de totalement étranger, d'inaccessible, mais « appartient » lui-même à son *interpretandum* (266 *sq.*). Un exemple clarifiera ce que veut dire Gadamer. Considérons en Europe la tradition de la philosophie classique de l'Antiquité, ou encore de la Bible; cette considération se produit dans un espace spirituel déjà marqué par la philosophie et le christianisme. D'une certaine manière, nous avons donc déjà compris avant d'entreprendre une interprétation à l'aide de savoirs philologiques et historiques. Il serait par exemple facile de montrer que nos concepts de philosophie et de religion sont déterminés par ces traditions.

L'efficience de l'histoire n'est pourtant pas une condition de la compréhension. Car les sciences de l'esprit interprètent également des textes encore dénués d'une efficience de l'histoire, efficience qu'ils ne se verront peut-être accordée que par ces sciences. Mais surtout, ils ont également affaire à des textes de cultures étrangères auxquelles les interprètes n'appartiennent justement pas. Aujourd'hui, des érudits asiatiques connaissent de nombreux contenus traditionnels européens mieux que la plupart des Européens. Faire, comme Gadamer, de l'« appartenance » à l'efficience de l'histoire une condition de la compréhension, c'est affirmer l'impossibilité en Europe de disciplines comme la sinologie ou la japanologie. La « puissance de l'histoire sur la conscience finie des hommes » que Gadamer voit à l'œuvre dans l'efficience de l'histoire (306) n'est manifestement pas puissante au point d'interdire de dépasser les frontières culturelles par la compréhension.

C'est pourquoi il est vrai que nous ne vivons pas dans un horizon clos (309), mais pouvons élargir et repousser notre horizon. Il est également incontestable que la considération de l'efficience de l'histoire accorde souvent des possibilités de connaissance supplémentaires. Si nous voulons par exemple savoir pourquoi Gadamer affirme que pour l'herméneutique de Schleiermacher seuls les textes en tant qu'expression vitale, et non en tant qu'énoncé relatif à la chose, sont intéressants, l'efficience de l'histoire ou l'histoire de la réception nous apprend que la perspective gadamérienne était marquée par sa compréhension de Dilthey. L'origine de certaines erreurs est donc susceptible de se voir clarifiée grâce à l'efficience de l'histoire, mais celle-ci peut évidemment aussi nous permettre de prendre parfois conscience de contenus-de-sens textuels qui nous auraient autrement échappés. Le fait que nous soyons par avance souvent influencés par l'efficience de l'histoire de l'*interpretandum* est également susceptible de faciliter la compréhension, mais cela n'en fait pas une condition nécessaire de la compréhension.

Il en va de manière analogue en ce qui concerne la « distance temporelle ». Elle ne constitue pas une condition de la compréhension ne serait-ce que parce qu'elle ne fait pas toujours surgir le « véritable sens » d'une chose (303); en revanche, comme le montrait déjà J.M. Chladenius au XVIIIe siècle[1], elle rend souvent certaines choses incompréhensibles. Par ailleurs, on ne dispose parfois pas du tout d'une telle distance. Mais les énoncés de Gadamer comportent ici aussi quelque chose de correct. Car supposons qu'une œuvre d'art excède considérablement les attentes de sens et les normes du goût qui lui sont contemporains

1. Johann Martin Chladenius, *Einleitung zur richtigen Auslegung vernünfftiger Reden und Schrifften*, Leipzig, 1742, § 10 *sq.*, 45 et 53.

et ne se heurte qu'à de l'incompréhension, il est possible que la génération suivante parvienne à la comprendre si les nouvelles normes stylistiques sont devenues plus familières. Mais c'est surtout pour la critique que la distance temporelle constitue une condition favorable. Car elle permet souvent de considérer une œuvre dans son contexte et ses effets, ce qui était interdit à ses contemporains.

d) *Fusion des horizons, Application.* Comme l'ont en particulier montré les énoncés relatifs à l'efficience de l'histoire, la présupposition la plus importante de la compréhension pour Gadamer, c'est le fait de « se situer dans un advenir de la tradition » (316). La compréhension est décrite comme une participation à cet advenir qui serait essentiellement un « advenir de la langue ». On sait qu'afin de déterminer plus précisément ce processus, Gadamer complète – en considérant l'herméneutique du XVIIIe siècle – la compréhension (*intelligere*) et l'interprétation (*explicare*) par l'élément de l'application (*applicatio*). Tous trois constituent à ses yeux une unité indivisible. Car, pour lui, toute compréhension comporte la traduction dans sa propre langue (*explicatio*), comme la relation à la « situation concrète » (*applicatio*) (314), faute de quoi il ne s'agirait pas d'une véritable compréhension. C'est seulement l'application qui permet l'essentiel, c'est-à-dire l'insertion de l'*interpretandum* et de son horizon historique propre dans l'horizon du présent : la fameuse « fusion des horizons » de Gadamer (312). Comme l'application est pour Gadamer constitutive de la compréhension et lui est donc nécessaire, il faut supposer qu'elle appartient, comme la fusion des horizons, aux conditions de la compréhension.

Ceci suscite là encore de nombreuses réserves chez le lecteur critique. Gadamer explicite le concept d'application dans le cadre de la prédication et de la pratique du tribunal où ce concept est effectivement légitime, mais il le transpose par exemple aussi dans l'histoire du droit, ce qui a en revanche suscité les protestations de l'historien du droit Wieacker[m]. Il est possible d'interroger de différentes manières l'antique table romaine des douze lois, mais il n'est plus possible de vouloir « appliquer » à notre société ses caractéristiques déterminantes fragmentaires qui nous ont été transmises. Gadamer lui-même n'arrive pas véritablement à montrer dans quelle mesure il faudrait procéder à une application pour pouvoir comprendre, par exemple, des œuvres musicales et plastiques. Il est clair qu'il appelle souvent « application » – par exemple dans l'histoire du droit – ce qui se voit plus pertinemment dénommé « critique » dans les sciences de l'esprit : celle-ci peut et doit déterminer ce qu'un texte a à dire au présent et le gain gnoséologique qu'il représente pour nous. Mais Gadamer évite consciemment le terme de « critique » dans la mesure où il appartient à un horizon fondamental bien déterminé : les contenus traditionnels invalidés par les Lumières doivent accéder par la compréhension et l'application à une nouvelle validité (316 par exemple). Le présupposé recteur est toujours que les sciences de l'esprit n'ont affaire qu'à des textes ayant toujours une prétention à la validité qui peut être reconnue par celui qui les reçoit[n]. Or comme cela n'est pas correct et que des textes entièrement différents doivent aussi être compris, tous les énoncés relatifs à la fusion des horizons et à l'application ne peuvent valoir comme des conditions générales de la compréhension. Personne n'ira prétendre que nous ne comprendrions Hitler ou Staline qu'à la condition d'accomplir une « fusion des horizons », d'être en accord avec eux et d'appliquer leurs points de vue.

Nous sommes donc conduits à conclure que tous les éléments spécifiques à l'herméneutique gadamérienne ne nomment ou n'exposent aucune condition de la compréhension, car ils ne sont

m. Voir la note 1 ci-dessus [note a, p. 134].

n. Chez Gadamer, « compréhension » signifie le plus souvent « entente », ou vise à quelque chose de ce genre (par exemple, p. 183, 297 et GW 2, p. 418).

pas convaincants en tant que tels, ou peuvent être justes pour des cas particuliers, mais ne sont pas des conditions *universelles* de la compréhension. De ce fait déjà, ce ne sont pas des principes *transcendantaux*. Ils ne le sont pas non plus du fait qu'ils peuvent et doivent être modifiés et consciemment posés par la réflexion : la ratification des préjugés *doit* être discutable (voir ci-dessus) et celle de la fusion des horizons *doit* être contrôlée (312). Mais de cette manière ni Kant ni Dilthey n'auraient respectivement pu écrire sur les opérations de l'entendement et la nature humaine. L'herméneutique gadamérienne n'a justement pas seulement un caractère analytique ou descriptif, mais essentiellement aussi des traits normatifs.

C'est aussi la raison pour laquelle elle ne se meut absolument pas dans un domaine entièrement différent par rapport à la discipline plus ancienne de l'herméneutique méthodologique, mais confirme seulement parfois ses résultats et s'en prend surtout à ses présupposés, de sorte qu'elle n'en constitue pas un complément. Le concept gadamérien d'application – comme celui du cercle herméneutique – est déjà emprunté à cette herméneutique plus ancienne (312). Ainsi, lorsqu'il considère la compréhension comme un processus interminable (303), c'est ce qu'affirmaient déjà Fr. Schlegel et Schleiermacher (à propos de textes doués d'un contenu signifiant majeur). Lorsque nous lisons chez Gadamer que l'interprète devrait partir du fait que son texte constitue une « unité accomplie de sens » (299 *sq.*), et qu'il lui faudrait être « ouvert » à l'*interpretandum*, et même rendre ses arguments plus forts (368 *sq.*), cela correspond à l'exigence ancienne d'une interprétation « bienveillante » et à l'équité (*aequitas hermeneutica*) telle que la thématise déjà le XVIIIe siècle[o]. Comme la compré-

o. W. Künne, « Prinzipien der wohlwollenden Interpretation », dans *Intentionalität und Verstehen*, Frankfurt a.M. [Suhrkamp], 1990, p. 212-236;

hension est une relation communicationnelle avec un autre sujet, cette ancienne herméneutique impliquait aussi des exigences éthiques afin de rendre justice aux énoncés d'autrui, et on en trouve des traces chez Gadamer. Mais ce qui est prédominant, c'est que Gadamer contredit l'herméneutique traditionnelle et qu'il sape ses efforts. Cela tient surtout à sa contestation d'un sens textuel à présupposer et à la thèse selon laquelle comprendre signifie « comprendre toujours autrement » – deux versants d'une même chose et qui constitue, dès le départ, le point le plus discuté de l'herméneutique gadamérienne.

On connaît sa thèse fondamentale selon laquelle admettre un sens textuel « en soi » est un dogme infondé et l'« objet historique » un fantôme, dans la mesure où le sens résulte seulement d'un dialogue avec le texte et de l'interprétation créatrice (477, 305 et 401). Les élèves de Gadamer restent convaincus de la rectitude de cette affirmation, alors qu'elle ne me semble pas fondée de manière très convaincante. Car si un texte se comporte vis-à-vis de son interprétation comme un original à sa traduction (387 *sq.*), n'admet-on pas de fait que le sens textuel n'est aucunement présent seulement dans ses interprétations, puisque tout traducteur sait faire la différence entre l'original et sa traduction ? Et si l'on exige de présumer que tout texte est une unité de sens textuel (296 et 299 *sq.*), cette unité devrait-elle vraiment s'exhiber différemment à chaque lecture ? Comment devrions-nous pouvoir distinguer entre les préjugés corrects et incorrects si le sens textuel est un pur fantôme ? Pourquoi devrions-nous être ouverts à ce que nous dit le texte (273), si celui-ci n'existe pas « en soi » ? Comment pourrions-nous « faire ressortir » un *interpretandum* doué d'un horizon historique toujours différent de notre présent, et l'insérer ensuite dans notre horizon (311), si cet *interpretandum*

O.R. Scholz, *Verstehen und Rationalität*, Frankfurt a.M., Klostermann, 2001[2], p. 50-64.

ne se constitue lui-même que par ce processus ? Le « véritable sens » qui est extrait grâce à l'efficience de l'histoire (303) ne devrait-il effectivement être qu'un fantôme ? Car comment la tradition pourrait-elle dominer si puissamment notre conscience si les textes traditionnels n'avaient pas de sens « en soi » ? Il me semble que, sans le vouloir, Gadamer nous a montré que nous ne pouvons absolument pas parler de compréhension et d'interprétation sans présupposer un sens textuel pré-donné. Il a ultérieurement lui-même défendu l'œuvre littéraire contre sa dissolution dans les formes de sa réception[p] – cela même que faisait redouter sa théorie de l'interprétation.

Personne ne contestera évidemment que les textes ont été différemment interprétés au cours de l'histoire de leur transmission. Ce qui est néanmoins contestable, c'est qu'il serait de ce fait nécessaire de renoncer à viser une interprétation correcte et qu'il faudrait affirmer que comprendre signifie « comprendre toujours autrement ». Car si – conformément aux distinctions de E.D. Hirsch – nous faisons abstraction des énoncés relatifs à un texte dont il est possible de montrer qu'ils sont faux, si nous distinguons ensuite tout ce qui ne relève pas de l'herméneutique, mais de la critique, et si nous considérons par ailleurs le fait que les interprètes choisissent toujours une langue différente en fonction du public auquel ils s'adressent et surtout que des interprétations très différentes sont susceptibles de se compléter, l'affirmation selon laquelle comprendre signifie « toujours comprendre autrement » est-elle encore convaincante ? Ou bien n'est-ce peut-être qu'un dogme ? Nous ne comprenons pourtant pas « toujours autrement » même les choses de notre monde

p. H.G. Gadamer, « Zwischen Phänomenologie und Dialektik. Versuch einer Selbstkritik », GW 2, p. 14. Gadamer critique ici l'esthétique de la réception de Hans-Robert Jauss, qui est pourtant très proche de son principe de l'efficience de l'histoire.

ambiant comme « la table, la porte, la voiture, le pont » qui sont comprises et interprétées selon Heidegger et Gadamer de la même manière que les textes[q]. Si le « véritable sens » devait ressortir grâce à l'efficience de l'histoire, alors nous ne comprendrions pas « toujours autrement », mais « toujours mieux ». Ce qui conduit Gadamer à son affirmation contestable, c'est surtout sa présupposition selon laquelle toute compréhension implique aussi une application du texte à une situation toujours nouvelle. Mais si nos raisons d'en douter sont fondées, la thèse d'une compréhension toujours différente tombe. En revanche, lorsqu'il lui arrive d'expliciter la relation de l'interprétation au texte en recourant au concept de perspective ou d'aspect (477), il maintient implicitement l'idéal de l'interprétation correcte. Car en présupposant cela, il faut admettre que c'est bien d'une même chose que deux interprétations complémentaires donnent une image plus complète ; nous connaissons effectivement mieux une maison lorsque nous ne nous contentons pas d'en considérer la façade. Finalement ce qui « prouve » chez Gadamer le « comprendre toujours autrement » présuppose déjà ce qu'il dénonce. Car si la différence des interprétations doit être une objection contre l'idéal de la compréhension correcte, il est nécessaire que ces interprétations soient comprises comme correctement approchantes et reconnues comme différentes. Ainsi, la thèse générale de l'« historicité » de la compréhension présuppose déjà une compréhension s'approchant

q. M. Heidegger, *Sein und Zeit* (1927) [Tübingen, Max Niemeyer, 1976], p. 149 [trad. fr. F. Vezin, *Être et temps*, Paris, Gallimard, 1986]. Les exemples de Heidegger montrent que son herméneutique se déploie dans le cadre d'une compréhension non de la communication, mais de notre relation au monde. Selon Gadamer, les choses sont portées à la parole de la même manière que les traditions (p. 460), et il ne distingue malheureusement pas non plus entre la compréhension du monde et celle de textes.

de la rectitude et ne peut être avancée comme argument contre cette dernière.

On peut s'accorder ou non sur cette interprétation, mais il devrait être incontestable que les critiques de Gadamer qui ont le plus souvent défendu une herméneutique méthodologique n'ont pas mécompris *Vérité et méthode*. Ce qui n'est pas clair, c'est la relation de Gadamer à cette autre herméneutique. Car, tandis que son œuvre est traversée par un combat contre le méthodologisme (287, 305 *sq.*, 310, 364, 366), et tandis qu'il a manifestement pour prétention d'occuper la totalité du champ de l'herméneutique, il nous assure qu'il n'a en aucune manière l'intention de nier la nécessité du travail méthodique dans les sciences de l'esprit[r]. La seule chose qui soit ainsi sûre, c'est qu'il cherchait non pas à fonder une méthodologie, mais à donner aux sciences de l'esprit une meilleure compréhension d'elles-mêmes. Par quelles méthodes les préjugés devraient être correctement mis en jeu et la fusion des horizons accomplie de façon « contrôlée » ?

Le combat de Gadamer contre le méthodologisme est annoncé par sa critique de l'« historicisme », c'est-à-dire l'orientation vers la connaissance historique objective, l'« objectivisme historique » qui s'est développé au cours du XIXe siècle (268 et 305 *sq.*)[s]. Il aurait été nuisible, voire « funeste » pour les sciences de l'esprit, car il cherchait à les situer sur un pied d'égalité par rapport aux sciences de la nature et aurait été lié aux nouvelles tendances à la domination bureaucratique de la société[t]. Même si Heidegger, le maître de Gadamer, l'avait déjà prétendu, ce n'est

r. GW 2, p. 439, trad. cit., p. 9.

s. À ce propos, voir G. Scholtz, « Zum Historismusstreit in der Hermeneutik », dans *Historismus am Ende des 20. Jahrhunderts*, G. Scholtz (ed.), Berlin [Akademie Verlag], 1997, p. 192-214.

t. GW 2, p. 439, trad. cit., p. 9 et GW 1, p. 288 et 298.

pas pertinent[u]. Car ceux que l'on qualifie d'historicistes, et auxquels appartiennent A. Boeckh, J.G. Droysen et W. Dilthey, ont constamment insisté sur la différence entre les sciences de l'esprit et de la nature, et ils ont toujours donné pour tâche à l'herméneutique de rendre justice à l'intention des auteurs et des textes. C'est pourquoi il n'est pas possible de leur prêter un intérêt pour la domination technocratique; il faut au contraire reconnaître chez eux un motif éthique[v]. De même que l'on défend la liberté d'opinion sur le plan politique, entendre toutes les voix est une nécessité et un devoir. Le diagnostic gadamérien pointant l'échec de l'historicisme, dans la mesure où il aurait réifié en simples « objets » les contenus de la tradition et leur aurait enlevé leur normativité, n'est pas moins problématique[w]. En effet, ce qui enlève sa force à la validité de la Bible et de la philosophie antique, ce n'est pas l'herméneutique, mais l'ensemble du procès visant à l'émancipation et à la scientificité. Et des historicistes comme Schleiermacher, Boeckh et Droysen, ont précisément intégré d'importants éléments de la philosophie antique à leurs théories en leur donnant une nouvelle validité.

Il est néanmoins exact que l'herméneutique générale du XVIIe au XIXe siècles ne défendait pas la validité et la vérité des textes, mais cherchait seulement à parvenir à une compréhension aussi exacte que possible. Mais cela ne signifie pas – comme le suppose Gadamer – que les auteurs ne se seraient plus intéressés à l'éventuelle vérité des textes. C'est au contraire la critique qui était

u. « Science et méditation », dans *Essais et conférences* (1953), trad. fr. A. Préau, Paris, Gallimard, 1958, p. 50 et 62.

v. Voir G. Scholtz, « Zum Historismusstreit in der Hermeneutik », art. cit., p. 208 *sq.*

w. Voir GW 2, p. 443, trad. cit., p. 14 et « Wahrheit in den Geisteswissenschaften » (1953), GW 2, p. 38, trad. fr. J. Grondin dans H.G. Gadamer, *La Philosophie herméneutique*, Paris, PUF, 1996, p. 65.

compétente pour déterminer la vérité, et cette critique reposait en général sur une philosophie systématique. Chez Schleiermacher, l'herméneutique n'était encore qu'une très petite partie de l'ensemble d'un système philosophique et théologique, et seule la pensée de ce système décidait quels éléments de la tradition devaient ou non se voir reconnaître une validité[x]. Lorsque Gadamer charge l'herméneutique de décider de la vérité, de sorte qu'elle prend à son compte la tâche de la philosophie systématique – l'esthétique est également supposée se résoudre en herméneutique (170) –, on peut se demander si l'on n'en demande pas trop à l'herméneutique. Il me semble que sa propre entreprise n'est pas à la hauteur de cette tâche. Car c'est en premier lieu seulement à la vérité de la tradition qu'elle est tenue, et à nulle autre, et elle voudrait en second lieu garantir cette vérité par les conditions de la compréhension ci-dessus mentionnées, c'est-à-dire en affirmant que nous sommes toujours déjà pris et portés par la tradition et que nous ne comprenons que si nous appliquons les textes transmis à la situation actuelle. Redonner aux anciens textes la validité qu'ils ont perdu ne me semble pourtant pas une stratégie très convaincante, et cela pour plusieurs raisons.

Ne serait-ce que du fait de la plurivocité de la tradition – ce dont Gadamer convient seulement en passant (289) –, il est impossible que nous soyons en accord avec tous les textes, que nous arrivions à faire valoir leur vérité et à les appliquer. Finalement, il nous est impossible de devenir simultanément épicuriens, platoniciens et chrétiens comme l'était Paul, alors même que les textes correspondants ne nous sont aucunement incompréhensibles lorsque nous faisons l'effort de les comprendre. Il s'avère ainsi que Gadamer exige pratiquement que nous prenions congé

x. G. Scholtz, *Ethik und Hermeneutik. Schleiermachers Grundlegung der Geisteswissenschaften*, Frankfurt a.M. [Suhrkamp], 1996, en particulier p. 72 *sq.*, 133 *sq.* et 193 *sq.*

des sciences de l'esprit. Car si la compréhension s'accomplit seulement dans l'application, le juge et le pasteur pratiquent toujours mieux les sciences de l'esprit que l'historien du droit ou – plus dogmatiquement que l'historien des religions et le théologien universitaire. Les sciences de l'esprit des Temps modernes font constamment autre chose que de faire à nouveau valoir la vérité de la tradition. Comme il déclare ne pas vouloir donner de leçons et ne vouloir rien postuler[y], Gadamer devrait aussi le reconnaître; il lui faut par exemple reconnaître qu'entre temps des méthodes déterminées appartiennent maintenant à la tradition européenne des sciences de l'esprit, et qu'il est impossible de les considérer sans plus comme dénuées d'importance, ou même de les combattre. Comme l'herméneutique ne cherche plus – comme c'était par exemple encore le cas au XVIIIe siècle – à faciliter aux étudiants la compréhension de textes majeurs dans une intention pédagogique, mais constitue un élément de toute recherche dans les sciences de l'esprit, il n'est plus possible de la ramener au statut de médiatrice de la vérité.

Mais Gadamer a évidemment raison de considérer que les sciences de l'esprit ne peuvent pas être légitimées *seulement* par leurs méthodes. Cela vaut néanmoins également des sciences de la nature, et, à ma connaissance, personne n'a prétendu une telle chose. Les méthodes, y compris celles de l'herméneutique, ont toujours été des conditions *nécessaires*, mais jamais *suffisantes*, des sciences de l'esprit; et elles étaient nécessaires car sans cela elles ne seraient pas des sciences, et leurs énoncés ne nous obligeraient pas plus que, par exemple, ceux qui relèvent de l'art (qui est l'horizon exclusif de Gadamer lorsqu'il est question de la vérité). Mais déjà dans le cadre de la méthodologie, on reconnaissait à côté de l'activité de l'entendement la « divination » de

y. GW 2, p. 448, trad. cit., p. 13 et GW 2, p. 397.

l'imagination, et donc quelque chose qui ne pouvait être ramené à aucune règle. Et l'on n'a jamais contesté que les sciences de l'esprit poursuivent toujours des finalités déterminées dans leur quête de connaissances, mais, à la différence de Gadamer, on acceptait aussi constamment des problématiques purement scientifiques qui ne sont pas immédiatement au service de la vie et de la pratique. L'historicisme critiqué par Gadamer savait également que l'existence de sciences de l'esprit institutionnelles et promues par l'État ne se légitime pas seulement par leurs méthodes. En ce qui concerne Schleiermacher, elles ont pour fondement son système, et Dilthey les estimait socialement nécessaires[z]. S'il a concentré ses travaux sur la question méthodologique, c'est parce que le positivisme du XIXe siècle voulait enserrer les sciences de l'esprit dans le corset de ses méthodes unilatérales.

Dans son combat contre un méthodologisme inapproprié, Gadamer aurait donc pu trouver un allié dans Dilthey. Mais comme il voit dans toute méthodologie un ennemi des sciences de l'esprit, il procède dans *Vérité et méthode* à un renversement résolu mais problématique de la valorisation usuelle de ces disciplines. Car si l'on voyait le plus souvent leur défaut principiel dans les préjugés, les intérêts extra-scientifiques, l'absence de résultats incontestables, le conflit des interprètes et la connexion de tout énoncé à sa situation originelle (en leur contestant souvent pour cette raison le titre de « sciences »), Gadamer cherche en s'appuyant sur les philosophies de Hegel et de Heidegger à défendre le fait que ces manques sont les traits essentiels et les présuppositions de ces sciences, de telle sorte qu'il paraisse insensé de vouloir les surmonter à l'aide d'une méthode. Et, ce

z. Selon Dilthey, les sciences de l'esprit devraient même « prendre la direction de la société » (voir *Gesammelte Schriften* I, p. 4 et 378, trad. cit. *Introduction aux sciences de l'esprit*, p. 156 et 329, et *Die geistige Welt*, p. 251, trad. cit. *Le monde de l'esprit*, p. 257).

faisant, il est étonnamment aveugle à un danger bien plus évident. Son œuvre est née dans les années cinquante et il a vécu par exemple la façon dont les « Chrétiens allemands » ont mis la Bible en accord avec l'État nazi, la façon dont les communistes l'ont partiellement interprétée comme annonçant le règne communiste de la paix, et la façon dont on procédait de manière analogue avec tous les classiques. Ne tombait-il pas sous le sens de prévenir les sciences de l'esprit universitaires de telles déformations ? Gadamer justifie au contraire l'« historicité » de toute compréhension et l'application constante des contenus traditionnels à la situation actuelle. Par son accentuation de notre finitude et de notre impuissance face à la puissance de l'histoire, face à « ce qui nous advient par-delà notre vouloir et notre action »[a], il suscite facilement le soupçon de vouloir légitimer toutes les interprétations, et cela signifie également le mésusage de la tradition. En revanche, Max Weber avait inversement défendu la possibilité de l'objectivité de la connaissance de la société et de la culture afin de soustraire le savoir au champ de bataille des partis, des idéologies et des visions du monde[b]. Et quoique repoussée avec un sourire ironique par Gadamer en tant que « monumental bastion défendant la science "objective" »[c], cette position webérienne est à mes yeux ce qui nous accorde le plus pénétrant regard pour considérer la réalité. Car s'il serait difficile de trouver une seule performance significative des sciences de l'esprit qui ne serait pas motivée par un intérêt, l'histoire est pleine d'exemples du fait que des intérêts extra scientifiques ont fait obstacle à une compréhension adéquate et déformé les *interpretanda*. Le mésusage des contenus

a. GW 2, p. 438, trad. cit., p. 8.

b. Voir M. Weber, « Die "Objektivität" sozialwissenschaftlicher und sozialpolitischer Erkenntnis » (1904), dans *Gesammelte Aufsätze zur Wissenschaftslehre*, J. Winckelmann (ed.), Tübingen [Mohr], 1988, p. 146-214.

c. GW 2, p. 389.

traditionnels ne peut évidemment être aboli par l'herméneutique, mais il est possible de l'endiguer. Par rapport aux conflits entre les partis et les écoles, il est donc prudent de renforcer précisément *les* couches des sciences de l'esprit qui sont susceptibles d'être soustraites aux conflits des opinions et des partis, et elles consistent justement dans l'application de méthodes reconnues et non dans l'application de textes. Pour Gadamer, la vérité des sciences de l'esprit tient uniquement à celle de leurs objets, de la tradition. Mais ne serait-ce que parce que la vérité de tous les contenus traditionnels ne pourra jamais être attestée, ces disciplines devraient prioritairement viser à la vérité de leurs propres énoncés.

L'INTERPRÉTATION DES TEXTES

INTRODUCTION

Devant l'emprise de l'approche philosophique sur le domaine du sens, la réaction des disciplines régionales n'a pas tardé. Les principes sont une chose, la réalité de l'interprétation en est une autre. Quand la philosophie met en perspective des discours, les oppose ou les réconcilie, elle ne sait pas toujours rendre justice à l'exigence de la chose à interpréter. C'est que ce que nous cherchons à interpréter nous impose aussi bien souvent ses exigences et ses critères, qui ne coïncident pas forcément avec nos propres anticipations. Comme le discours philosophique à propos de l'art a parfois le travers d'exemplifier une théorie à partir d'un petit nombre d'œuvres, l'herméneutique philosophique n'échappe pas toujours à une confrontation sommaire avec son objet. La revendication d'un ancrage de la réflexion herméneutique dans la particularité d'une pratique rigoureuse est ainsi philosophiquement pertinente, comme l'argumente ici Lutz Danneberg en analysant la stratégie de survol de l'herméneutique philosophique. Il introduit par là à la dimension critique de l'herméneutique philologique, encore pleinement assumée par Friedrich Schleiermacher (1768-1834). L'herméneutique des textes s'est concentrée sur un corpus représentant des foyers de résistance à la compréhension, comme les Écritures sacrées, les littératures classiques et particulièrement au XXe siècle la poésie.

Les textes ont constitué d'emblée une matrice de la réflexion sur l'herméneutique, puisque leur clôture constitue une invite et un défi à l'interprétation. Si l'écriture peut être considérée comme une parade à l'oubli, elle est plus certainement la mise en place d'un exercice intellectuel original, appuyé sur les inventions techniques de la lecture et du déchiffrement. Les textes sont écrits pour être interprétés. La transmission simple ne suffit jamais en effet à en assurer la parfaite lisibilité, que ce soit du fait du lecteur, du support, de l'éloignement temporel ou culturel. Seule l'illusion, dans la pratique courante, de la continuité de la compréhension sans reste, pose subrepticement l'idéal de transparence. Or si les textes sont interprétables, ce ne serait être au sens d'une récupération sans reste de la communication immédiate, comme si la restitution du contexte, des visées des interlocuteurs et du code utilisé suffisait à racheter en quelque sorte l'absence de la situation de communication. Il y a tout lieu de penser, au contraire, que la textualisation d'un énoncé, différente de la simple mise en écrit, renvoie d'emblée à la difficulté future de son déchiffrement. Avec l'invention de l'écriture nait une caste de lettrés, scribes ou savants dont le rôle est d'opérer la médiation entre un texte fixé une fois pour toute (c'est écrit, même si les philologies contribuent à « établir » cet écrit !) et l'histoire des sociétés qui continue. Il leur incombe le plus grand respect de la lettre dont ils sont les dépositaires, mais aussi la conscience que celle-ci n'est que de produire une signification que, dans la peine, l'angoisse ou la jubilation, ils tentent d'explorer. L'effort interprétatif est d'emblée confronté à des options antagonistes entre répétition et déviance, servilité et arbitraire. C'est ce qui fait de la philologie et plus généralement de l'herméneutique un observatoire privilégié de la réflexion que les sociétés humaines entretiennent avec leur passé et par laquelle elles se définissent.

La réflexion sur les apories de l'interprétation a été renouvelée en Allemagne par les travaux de Peter Szondi.

Celui-ci entendait réagir contre le risque d'une division du travail entre le niveau artisanal et philologique de la critique textuelle d'un côté et l'interprétation de l'autre, qui se situerait dans des sphères plus éthérées, négligeant la confrontation quotidienne avec la matière. Cette scission, annoncée dès le XIXe siècle en philologie classique, avec l'autonomisation de la *Textkritik*, abandonnant les problèmes interprétatifs, se retrouve dans la répartition des tâches qui s'opère entre une philologie régionale volontiers positiviste, qui accumule du savoir documentaire et met en œuvre des méthodes, et une herméneutique d'inspiration philosophique, qui s'octroie le domaine du sens. Soucieux de prendre en compte le conditionnement historique des œuvres littéraires, Szondi vise en même temps à honorer leur prétention à valoir absolument, à constituer un ordre propre. C'est donc à même les œuvres que son « herméneutique matérielle » cherche à cerner leur historicité. L'œuvre de Jean Bollack constitue un approfondissement et un renouvellement de cette herméneutique de la particularité. Se développant aux marges d'une pratique d'édition et de commentaire, elle retrouve, depuis le détail des difficultés posées par le texte, les enjeux et les questions de l'herméneutique. Le renouvellement s'effectue ici à partir de la lecture intensive des poèmes de Paul Celan, enjeux de nombreux débats ces dernières années. Enfin, le texte de Axel Bühler, concernant la portée de l'intention de l'auteur pour la connaissance herméneutique, s'inscrit dans une perspective toute différente, mais contribue à problématiser la question de l'intention de l'auteur en montrant sa difficulté et sa pertinence. Le contrôle empirique qu'invoque Bühler est psychologique et non philologique, mais la revendication de la question de l'intention de l'auteur dans la perspective de la connaissance herméneutique indique la persistance et le renouveau de questionnements fondamentaux, par-delà les tentatives de leur relativisation, aussi bien du côté de l'herméneutique philosophique que des approches inspirées du structuralisme et de ses avatars.

L'article de Lutz Danneberg (né en 1951), spécialiste de la méthodologie des sciences interprétatives et de l'histoire de l'herméneutique, a paru dans la *Revue germanique internationale* en 1997, dans une traduction d'Olivier Agard. Ce numéro, réuni par Christoph König, portait sur la *Théorie de la littérature*. L. Danneberg est l'auteur de très nombreux articles consacrés à l'histoire et à la théorie de l'herméneutique [1].

Le texte de Peter Szondi (1929-1971), d'abord paru sous le titre « Zur Erkenntnisproblematik in der Literaturwissenschaft » [2], il fut repris en 1967 sous le titre « Über philologische Erkenntnis » et joint au volume des *Hölderlin-Studien* de Szondi. Les écrits et leçons de Szondi ont été édités par Jean Bollack et un groupe d'élèves de Szondi chez Suhrkamp [3].

Jean Bollack (né en 1923) s'est consacré principalement au domaine de la philologie grecque, notamment à la philosophie présocratique et au théâtre tragique, mais s'est intéressé aussi à la littérature contemporaine, en particulier à la poésie de Paul Celan [4]. Les pages données ici sont extraites de *L'Écrit*; elles ont

1. *Methodologien. Struktur, Aufbau und Evaluation*, Berlin, Duncker & Humblot, 1989; « Philosophische und Methodische Hermeneutik », *Philosophia Naturalis* 32, 1995, p. 249-269.

2. *Neue Rundschau*, vol. 73 (1962), fasc. 1, p. 146-165.

3. Le lecteur pourra se reporter également à P. Szondi, et *Introduction à l'herméneutique littéraire* (1975), trad. fr. M. Bollack, Paris, Le Cerf, 1989. Sur P. Szondi, voir *L'acte critique*, M. Bollack (éd.), Paris-Lille, Éditions de la MSH-PUL, 1985

4. Ses réflexions épistémologiques peuvent se lire dans J. Bollack, « Un futur dans le passé. L'herméneutique matérielle de Peter Szondi » (1989), dans *La Grèce de personne*, Paris, Seuil, 1997; *Sens contre sens. Comment lit-on ?*, entretiens avec Patrick Llored, Aubenas, La Passe du vent, 2001; *L'Écrit. Une poétique dans*

pour origine une méditation de la lecture des poèmes de Paul Celan (1920-1970) sous forme de pensées et réflexions, regroupées ultérieurement en sections unitaires.

Axel Bühler (né en 1947) est philosophe, spécialiste de l'épistémologie des sciences sociales. Il s'inscrit à ses débuts dans la lignée du rationalisme critique de Hans Albert. On lui doit de nombreux travaux sur l'interprétation, tant d'ordre théorique, notamment sur la question de l'intention, qu'historiques [1]. On lui doit aussi une *Introduction à la logique* [2]. Axel Bühler a consacré de nombreuses études au thème de l'intention de l'auteur, qui développent plus avant son argumentation [3].

l'œuvre de Celan, Paris, PUF, 2003. On pourra se reporter au numéro « L'art critique de Jean Bollack » de la revue *Critique* 672, paru en mai 2003 (articles de P. Judet de La Combe, P. Simon-Nahum et D. Thouard).

1. Voir les deux volumes édités par lui : *Unzeitgemäße Hermeneutik. Verstehen und Interpretation im Denken der Aufklärung*, Frankfurt a.M., Klostermann, 1994, et *Hermeneutik. Basistexte zur Einführung in die wissenschaftstheoretischen Grundlagen von Verstehen und Interpretation*, Heidelberg, Synchron, 2003.

2. *Einführung in die Logik*, Freiburg, Alber, 1994.

3. « Der hermeneutische Intentionalismus als Konzeption von den Zielen der Interpretation », *Ethik und Sozialwissenschaften* 4, 1993, p. 511-518; « Replik : "Jetzt verstehe ich meine Absichten besser" », *Ethik und Sozialwissenschaften* 4, 1993, p. 574-585; « Interpretation und die Frage nach der Realität von Autorabsichten », dans E. Hilgendorf (ed.), *Wissenschaft, Religion und Recht. Hans Albert zum 85. Geburtstag*, Berlin, Logos, 2006, p. 61-72; « Ein Plädoyer für den hermeneutischen Intentionalismus », dans M.E. Reicher (ed.), *Fiktion, Wahrheit, Wirklichkeit. Philosophische Grundlagen der Literaturtheorie*, Paderborn, Mentis, 2007, p. 178-198.

LUTZ DANNEBERG

PHILOSOPHIE CONTRE PHILOLOGIE HERMÉNEUTIQUE PHILOSOPHIQUE ET ÉTUDES LITTERAIRES*

Mon sujet est vaste, voire immense. Pour le traiter, je serai inévitablement conduit à généraliser, à me restreindre à certains aspects, à choisir sciemment une perspective. Cette idée d'une perspective assumée est une allusion à Hans-Georg Gadamer et me permet d'en venir à mon sujet sans plus de préambules. Dans un tout autre sens que le mien, quand je parle ici de perspective, le fondateur de l'herméneutique philosophique écrit, en réponse aux critiques, dans la deuxième préface de son œuvre maîtresse *Vérité et Méthode* : « On a beau s'employer à voir par les yeux du critique – la perspective qui est la vôtre, et qu'on a élaborée sous tant de points de vue, finit toujours par prévaloir » [a]. Je reviendrai

* Ce texte de L. Danneberg, inédit en allemand, a paru dans une traduction de Olivier Agard, « Philosophie contre philologie. Herméneutique philosophique et études littéraires », *Revue germanique internationale*, n° 8, 1997, p. 31-46.

a. H.G. Gadamer, *Vérité et Méthode : les grandes lignes d'une herméneutique philosophique*, trad. fr. Ét. Sacre, révisée P. Ricœur, Paris, Seuil, 1976, p. 7 (préface à la seconde édition [*supra*, p. 113]). [Les citations de la deuxième préface de *Vérité et Méthode* sont tirées de cette traduction partielle parue en 1976 due à Étienne Sacre. La nouvelle traduction qui sera utilisée par ailleurs (*Vérité et Méthode : les grandes sur cette capacité de la perspective à perdurer. Cette préface de Gadamer que je viens de citer est remarquable à bien des égards et l'on finit par comprendre en la lisant tous ceux qui, sur la foi de cet avertissement, ne savent plus trop quel dessein préside à l'herméneutique philosophique de Gadamer. C'est précisément cette question que je vais traiter d'emblée, j'y reviendrai au terme de ma contribution. Gadamer déplore les « malentendus » dont il est victime de la part de ses critiques. Prenons deux de ces malentendus : selon lui, son projet n'a rien à voir avec « l'ancien conflit de méthode entre sciences de la nature et sciences humaines », et par ailleurs, seconde précision fournie par Gadamer, il n'est pas normatif, et ne vise pas à énoncer des règles qui entraveraient certains aspects de l'activité scientifique. Ce qui lui importe, c'est bien davantage la question kantienne de la possibilité de la compréhension. Si cela est vrai, alors l'influence sans égale qu'a exercée et qu'exerce encore en partie *Vérité et Méthode* sur les controverses qui ont agité les disciplines axées sur l'interprétation de textes, de la jurisprudence à la théologie en passant par les études littéraires, repose pour une large part sur des malentendus.

Pour comprendre cet apparent paradoxe, j'ignore délibérément l'*interpretatio authentica* que Gadamer donne de son œuvre et je la replace dans le contexte de l'évolution du débat sur les fondements des disciplines interprétatives et du conflit entre sciences de la nature et sciences humaines. Depuis l'Antiquité, on a toujours distingué plusieurs types de savoirs : ainsi, au Moyen Âge, les disciplines sont hiérarchisées, et ordonnées de diverses manières. Au XVe siècle, les différentes matières, à l'image du droit et de la médecine, se disputent la suprématie, et au XVIIe siècle, les disciplines sont évaluées en fonction du degré de certitude auquel elles peuvent prétendre, sur une échelle qui va de la

lignes d'une herméneutique philosophique, édition intégrale revue et complétée par P. Fruchon, J. Grondin et G. Merlio, Paris, Seuil, 1996) n'inclut pas cette préface.]

certitude métaphysique ou mathématique à la *certitudo moralis* dans le domaine des choses humaines. Ce même siècle voit un philologue se plaindre auprès de Robert Boyle, un des plus grands savants de son époque dans le champ des sciences naturelles expérimentales, que sa discipline soit totalement étrangère aux grandes questions essentielles – exemple qui, parmi tant d'autres, donne la mesure de la perte de prestige subie par la démarche de connaissance de type philologique, fondée sur l'analyse de textes canoniques, au profit d'une approche expérimentale de la *natura*. Bien que le système des disciplines se transforme, les sciences n'en viennent pas à se scinder : en dépit des variations d'une discipline à l'autre, une conception unitaire de la science se maintient. Plus encore : avant la lamentation du philologue précédemment évoqué, à la charnière des XVIe et XVIIe siècles, se constitue l'*hermeneutica universalis*, qui vient s'intégrer dans la logique, ou dialectique, laquelle englobe alors toutes les disciplines. La science de l'interprétation conservera jusqu'au XIXe siècle cette place au sein du système. Ce n'est que lorsque les disciplines herméneutiques sont en Allemagne poussées dans leurs retranchements par la montée en puissance des sciences de la nature et par l'évolution du système éducatif, qu'elles adoptent un discours d'autolégitimation qui prône la scission de la science. L'opposition spécifique des sciences de la nature et des sciences humaines est un phénomène propre aux XIXe et XXe siècles et elle est pour l'essentiel le produit d'une configuration particulière du champ des sciences.

En tentant de s'affirmer face à des sciences de la nature qui accumulent les succès, les sciences humaines ou philologiques ont recours à plusieurs stratégies de légitimation. Je considérerai ici quatre de ces stratégies qui tentent d'enrayer la perte de prestige qui les menace. Ce sont les stratégies de la comparaison, de l'adaptation, de la démarcation et de la surenchère.

La stratégie de la comparaison dénote encore une certaine assurance et soutient le défi d'une comparaison critique entre disciplines. Dans une de ses variantes, les différentes disciplines sont évaluées sur une échelle continue des degrés de certitude : la conclusion est alors que la philologie n'a rien à envier aux sciences descriptives de la nature. Dans une autre variante, ce sont des groupes de disciplines qui sont mis en regard : la philologie est aux sciences historiques ce que la mathématique est aux sciences de la nature. Il en ressort qu'elle parvient à un degré quasi mathématique de certitude. À la base de la stratégie d'adaptation, il y a d'une part le sentiment d'une déficience méthodologique des sciences humaines face à ces disciplines parentes que sont les sciences de la nature, mais également un indéniable optimisme : il s'agit ici d'imiter dans les sciences humaines les buts et les normes auxquels les sciences de la nature, pense-t-on, doivent leur extraordinaire rayonnement. Une troisième stratégie est celle de la démarcation. À la perte d'aura progressive des sciences humaines, due à la possibilité de les comparer aux sciences de la nature, on remédie en décrétant qu'il n'y a pas de comparaison possible. Les distinctions néokantiennes, ainsi que les tentatives de Dilthey de définir la légitimité propre et la méthode spécifique des sciences humaines relèvent de cette démarche. La dernière stratégie que je veux décrire est chronologiquement postérieure à celles qui ont été évoquées et consiste à surenchérir en fondant philosophiquement les sciences humaines. Dans l'analyse heideggerienne de la « compréhension » comme « existential », celle-ci est non seulement distincte de la « compréhension » en tant que « mode de connaissance », mais elle prime sur toute forme de connaissance. En comparaison, la compréhension dans les sciences humaines tout comme l'explication dans les sciences de la nature ne font office que de modes « dérivés ».

Ce qui, dans notre contexte, caractérise cette stratégie de surenchère, n'est pas tant qu'elle réactualise une définition ancienne de la philosophie, mais c'est plutôt la façon dont elle définit la ligne de partage censée séparer les disciplines. Cette affirmation d'une impossibilité de la comparaison, postulat que cette stratégie partage avec la stratégie de démarcation, ne répartit plus les disciplines sur un axe horizontal, mais sur un axe vertical. En tant que modes du savoir, les sciences de la nature et les sciences humaines, parce qu'elles se définissent par une méthode et limitent leur champ, sont mises au même rang, rang toutefois inférieur à celui qu'occupe la voie philosophique de la connaissance, clairement définie comme non méthodique. La surenchère face au défi des sciences de la nature réside dans la mise sur un même plan des sciences de la nature et des sciences humaines et dans la réflexion philosophique qui fonde en dernière analyse toute connaissance.

Les quatre stratégies évoquées se retrouvent, sous une forme plus ou moins nette, agrémentées de l'une ou l'autre variante, dans les études littéraires des pays germanophones, jusqu'au jour d'aujourd'hui. Elles sont en même temps autant de ripostes et de réactions à des évolutions perceptibles dans les sciences de la nature. Les deux aspects sont présents chez Heidegger. Ainsi, sa stratégie entre en concurrence avec la stratégie de l'adaptation telle que l'illustrent les tenants de l'empirisme logique dans les années 1920 et 1930, et il réagit violemment à la manière dont la physique est en train de se singulariser.

Depuis le début du siècle, la physique théorique se développe au plan institutionnel[b], tout en faisant l'objet, dans l'Allemagne des années 1920 et 1930, de violents assauts pour son formalisme et son abstraction, ces griefs constituant également l'angle

b. À propos de la formation et de l'institutionnalisation de la physique théorique, *cf.* Ch. Jungnickel et R. McCormmach, *Intellectual Mastery of Nature. Theoretical Physics from Ohm to Einstein*, vol. II, *The Now Mighty Theoretical Physicists, 1870-1925*, Chicago-London [University of Chicago Press], 1986.

d'attaque adopté par la physique dite « allemande » ou « aryenne »[c]. Dans son cours sur la métaphysique de 1935, Heidegger manifeste clairement, dans un passage où il critique Rudolf Carnap[d], l'un des plus éminents représentants de l'empirisme logique, la rivalité et le conflit qui l'opposent à la physique moderne. « Ce n'est pas un hasard, si ce type de philosophie [le positivisme logique] cherche à fonder la physique moderne, dans laquelle, on le sait, tout lien à la nature est détruit. Ce n'est pas non plus un hasard si ce type de philosophie est conjoncturellement et nécessairement lié au communisme soviétique. Ce n'est enfin pas un hasard, si ce type de pensée triomphe en Amérique »[e]. Non

c. *Cf.* à ce sujet entre autres, A.D. Beyerchen, *Wissenschaftler unter Hitler. Physiker im Dritten Reich* [*Scientists under Hitler*, 1977], Frankfurt a.M.-Berlin-Wien [Ullstein], 1982, en particulier p. 115- 265 ; M. Walker, *Die Uranmaschine. Mythos und Wirklichkeit der deutschen Atombombe* [*German National Socialism and the Quest for Nuclear Power*, 1939-1949, 1989], Berlin [Goldmann], 1990, en particulier p. 79 *sq.* ; K. Hentschel, « Interpretationen und Fehlinterpretationen der speziellen und der allgemeinen Relativitätstheorie durch Zeitgenossen Albert Einsteins », *Science Net-works -Historical Studies* 6, en particulier p. 123-162 ; autres contributions dans H. Mehrtens et S. Richter (eds.), *Naturwissenschaft, Technik und NS-Ideologie. Beiträge zur Wissenschaftsgeschichte des Dritten Reiches*, Frankfurt a.M. [Suhrkamp], 1980 ; Ch. Meinel et P. Voswinckel (eds.), *Medizin, Naturwissenschaft, Technik und Nationalsozialismus. Kontinuitäten und Diskontinuitäten*, Stuttgart [Gnt-Verlag], 1994 ; M. Renneberg et M. Walker (eds.), [*Science,*] *Technology and National Socialism*, Cambridge [Cambridge UP], 1994.

d. Sur l'arrière-plan de cette critique : L. Danneberg, « Logischer Empirismus in Deutschland », dans R. Haller et F. Stadler (eds.), *Wien, Berlin, Prag. Der Aufstieg der wissenschaftlichen Philosophie. Zentenarien Rudolf Carnap – Hans Reichenbach – Edgar Zilsel*, Wien [Springer], 1993, p. 320- 361, ainsi que les contributions dans L. Danneberg *et alii* (eds.), *Hans Reichenbach und die Berliner Gruppe*, Braunschweig-Wiesbaden [Vieweg], 1994.

e. M. Heidegger, *Einführung in* [*die*] *Metaphysik* (1953) [Vorlesung, 1935], Frankfurt a.M. [Klostermann], 1983 (= *Gesamtausgabe* II, Abteilung, *Vorlesungen*, 1923-1944, Bd. 40), p. 228 ; à ce propos, *cf.* aussi L. Danneberg et J. Schönert, « Zur Transnationalität und Internationalisierung von Wissenschaft », dans L. Danneberg seulement la stratégie de fondation philosophique qu'adopte Heidegger conduit à hiérarchiser les disciplines, mais elle est offensive, intervenant dans une science en pleine évolution.

Avec son œuvre *Vérité et Méthode*, Gadamer se situe dans la continuité de cette stratégie de fondation philosophique. Selon lui, comprendre n'est pas un « mode de comportement du sujet parmi d'autres, mais le mode d'être du Dasein lui-même »[f]. Cette fin de non-recevoir opposée aux prétentions du savoir issu d'une méthode traverse tout le livre. À maints endroits, Gadamer recourt à l'image inquiétante de sciences humaines et naturelles qui, appliquant leur méthode, gagnent chaque jour du terrain. C'est parce qu'il participe de cette stratégie de fondation philosophique que Gadamer affirme que sa démarche n'est pas une contribution au débat sur la distinction entre sciences de la nature et sciences humaines, dans la tradition d'un Dilthey. Mais ce positionnement montre également que l'œuvre de Gadamer est dans la continuité du discours d'auto légitimation des disciplines qui se sentent menacées par le rayonnement des sciences de la nature. Gadamer nomme dans son titre, *Vérité et Méthode*, les deux domaines entre lesquels il établit une hiérarchie. il faut cependant noter une différence par rapport à Heidegger. Dans sa critique des sciences naturelles, Gadamer adopte une posture défensive. Face à elles, il s'agit seulement de faire apercevoir à la « conscience » les limites d'une science procédant méthodiquement, lorsqu'il s'agit, au sens plein, de connaître la vérité. Il ne plaide en aucun cas pour un rejet de la méthode dans l'absolu. C'est pourquoi Gadamer explique dans la préface de son livre qu'aucune intention normative ne guide sa démarche. Une deuxième différence, qui le distingue de la stratégie heideggerienne de fondation, a trait

et F. Vollhardt (eds.), *Wie international ist die Literaturwissenschaft ?*, Stuttgart-Weimar [Metzler], 1996, p. 7-85, en particulier p. 17 *sq.*

f. H.G. Gadamer, *Vérité et méthode*, trad. cit., p. 10.

au rapport de la connaissance de la vérité, au sens plein, avec les sciences herméneutiques historiques méthodiques.

Avant d'en venir à cette distinction importante pour comprendre *Vérité et Méthode* de Gadamer, je voudrais m'appuyer sur ma description assez circonstanciée de l'arrière-plan du problème pour éclairer un phénomène singulier. Il s'agit de l'écho extraordinaire rencontré par l'œuvre de Gadamer, en particulier dans les études littéraires en Allemagne. Cet accueil est d'autant plus surprenant que Gadamer n'avait pas grand-chose de neuf à apporter à la discipline. Les quelques éléments novateurs n'étaient pas et ne sont toujours pas pour elle une contribution positive. Son œuvre contient une analyse philosophique sophistiquée de la compréhension qui *a priori* ne contredisait en rien la définition existante de la pratique interprétative. Quelques indications suffiront. L'influence des philosophèmes heideggeriens sur l'explication de texte, qui ira dans les années 1940 et 1950 jusqu'à l'imitation de son langage, est bien connue. Pour les tenants de ce que l'on appelle l'interprétation immanente, il n'y avait aucune contradiction, d'autant plus que Gadamer ne récusait pas *a priori* les instruments philologiques, du moment qu'ils savaient n'être que des outils. Il y avait également accord sur les questions de fond[g]. Le cercle herméneutique comme définition spécifique de l'interprétation dont Gadamer souligne qu'il est à l'origine de sa « tentative de fonder l'herméneutique » faisait déjà partie du patrimoine. Leo Spitzer, émigré aux États-Unis, puis après lui Emil Staiger, font son éloge, en invoquant Heidegger – si je les cite tous deux, c'est que peu après, ils rencontreront Heidegger dans la controverse sur Mörike.

g. *Cf.* L. Danneberg, « Zur Theorie der werkimmanenten Interpretation », dans W. Barner et Ch. König (eds.), *Zeitenwechsel. Germanistische Literaturwissenschaft vor und nach* (1945), Frankfurt a.M. [Fischer], 1996, p. 313-342.

Les débuts de la réception de *Vérité et Méthode* confirment ce qui a été dit. S'il y a effectivement des controverses sur tel ou tel aspect, rien n'annonce qu'on tient là une des sources auxquelles s'abreuvera toute la production polémique des deux décennies suivantes. C'est avec ce qu'on appelle depuis le milieu des années 1960 la crise de la germanistique, que l'ouvrage acquiert ce statut. Mon explication de ce phénomène est que cette crise, dans sa phase aiguë, aboutit à une configuration qui ressemble à celle que le livre de Gadamer tente d'affronter.

C'est l'époque des innombrables programmes de rénovation de la germanistique en Allemagne et de la querelle du positivisme qui provoque une onde de choc à l'intérieur de toutes les disciplines des sciences humaines – querelle qui n'en dénote pas moins une continuité du débat intellectuel en Allemagne depuis les années 1920 et qui, toutefois, en regard de la remise en cause de la raison dans les deux décennies précédentes, prend plutôt l'allure d'une querelle fratricide. Les études littéraires sont remises en question par plusieurs stratégies visant à y implanter des méthodes scientifiques[h]. On exigeait ainsi parfois que leur soient purement et simplement appliquées les normes définies par l'épistémologie moderne : l'importation de modèles mathématiques et de modèles linguistiques avait chacune leurs partisans, le paradigme linguistique bénéficiant de l'image séduisante associée à l'exemple de la linguistique chomskienne, dont l'abstraction et le formalisme avaient cependant aussi de quoi inquiéter; la réception du structuralisme français et la redécouverte du formalisme russe étaient censées conférer aux études littéraires le prestige de la science, tout comme ces parodies de schémas et de mises en équation qui se voulaient une science universelle des

h. *Cf.* aussi L. Danneberg et H.H. Müller, « Verwissenschaftlichung der Literaturwissenschaft – Ansprüche, Strategien, Resultate », dans *Zeitschrift für allgemeine Wissenschaftstheorie* 10 (1979), p. 162-191.

textes au moyen desquelles on pouvait réduire tous les problèmes de symboles indéterminés – sans parler de l'approche marxiste. Dans ce paysage confus où l'orientation est malaisée, le livre de Gadamer joue peu à peu le rôle d'un point de repère. Je voudrais caractériser – au moins succinctement – cette réception.

Si l'on s'enquiert de l'impact de ce livre dans les études littéraires allemandes jusqu'à la fin des années 1970 en se demandant quels aspects des spéculations de Gadamer ont été repris, et à quelles fins, on obtient une image singulière. Je renonce à dresser une liste exhaustive des types de réutilisation mis en évidence par l'analyse et je me contente de résumer quelques observations. La théorie de Gadamer a de multiples facettes et n'a jamais été reprise dans toute sa complexité. Les tentatives de la développer en prenant sa suite directe, de l'adapter aux intérêts spécifiques des études littéraires ou bien encore d'en éclairer plus précisément certaines parties, sont extrêmement rares. Ce sont quelques bribes isolées de concepts que l'on recycle. Coupés de leur contexte théorique, les concepts de Gadamer, souvent peu explicites au départ, perdent encore de leur netteté. La preuve en est que ceux qui les invoquent en tirent des conséquences opposées. La prétendue réhabilitation du préjugé par Gadamer en est un exemple frappant : on pouvait s'en réclamer pour contrer ceux qui exigeaient des énoncés scientifiques libres de tout jugement de valeur; l'optimiste pouvait la comprendre comme l'affirmation que les voies d'accès à la littérature sont plurielles, le pessimiste, en généralisant, pouvait l'interpréter dans le sens du relativisme; une dernière lecture, proche du désespoir, pouvait y voir la description d'une impasse, d'où il n'y avait pas d'issue, pas même dans la rencontre avec la littérature. Toutefois, un autre aspect de l'appropriation de *Vérité et Méthode* dans les débats qui agitent les études littéraires me paraît encore plus important que cette mise en évidence de l'ambivalence de ses concepts centraux : ces types d'argumentations ont *tous* un caractère défensif; ils servent à barrer la route à ce qui apparaît, dans le processus de modernisation de la discipline, comme une rationalisation de la méthode. Et même si ceux qui connaissent l'existence du préjugé légitime dans une situation donnée, recourent à la réhabilitation du préjugé ; ils ne tirent cependant pas ce concept de Gadamer, mais ont besoin de la légitimation supplémentaire qu'apporte une théorie politique. Il ne fait aucun doute que les utilisations ici répertoriées de la notion de préjugé ne correspondent pas au rôle que joue dans la théorie gadamérienne le discours tortueux et édifiant dont elle est l'objet.

Dans la suite de ma contribution, je me consacrerai à la critique de Gadamer. Mon exposé contiendra d'autres indications sur la place de Gadamer dans les débats fondamentaux qui traversent la germanistique et les disciplines philologiques. Dans la critique de Gadamer, on peut distinguer une variante globalement constructive et une autre globalement négative. La première est une reprise critique de ses idées et tente de les approfondir, la deuxième remet en question des éléments constitutifs et fondamentaux de sa théorie ou bien les rejette explicitement, s'orientant vers un dépassement de l'herméneutique philosophique. Ici aussi, il faut mettre l'accent sur certains aspects : pour la première variante, je prendrai l'exemple de l'esthétique de la réception, pour la deuxième une sélection d'objections de fond. Pour rendre compte de cette critique, il est indispensable d'exposer les réflexions de Gadamer sur l'herméneutique, au moins dans leurs grandes lignes. Ma présentation sera réductrice et éludera un grand nombre des problèmes que pose la compréhension des démonstrations souvent vagues, et par endroits peut-être même dépourvues de cohérence de Gadamer[i].

i. *Cf.* aussi L. Danneberg, « Philosophische und methodische Hermeneutik », *Philosophia Naturalis* 32 (1995), p. 249-269.

Gadamer définit la compréhension comme participation à la vérité, ou à des prétentions à la vérité. Par là-même, il présuppose l'existence de ces prétentions à la vérité. Elles se donnent comme « tradition ». Dans la mesure où, sous sa forme la plus importante, la tradition s'accomplit dans le langage et est fixée par exemple dans les textes littéraires, les théories de Gadamer sont susceptibles d'intéresser les disciplines axées sur l'interprétation de textes. Qu'il existe une compréhension, au sens où il l'entend, est un fait que Gadamer prend pour point de départ et dont il cherche à expliciter, dans le cadre de l'herméneutique philosophique, les conditions de possibilité. Dans les développements de sa pensée, il ne cesse de marquer ses distances par rapport à une conception de l'interprétation qui, affirme-t-il, voit en la tradition un « objet » qu'il s'agit d'analyser au moyen de procédés méthodiques, comme dans les sciences de la nature, car l'enjeu de l'herméneutique est pour lui une « expérience de la vérité qui outrepasse le domaine soumis au contrôle de la méthodologie scientifique »[j]. Le pivot central de l'herméneutique gadamerienne est la clarification de la relation de la compréhension participante à la tradition. Cette relation de participation n'est possible qu'à trois conditions : premièrement, l'interprète ne doit pas être conçu comme une *tabula rasa*, car lorsqu'il comprend, il n'est jamais exempt de certains présupposés ; deuxièmement, la tradition doit être conçue comme outrepassant sa seule réception appropriante par l'interprète – elle est dotée d'une autonomie, qui lui permet de s'imposer à celui-ci ; troisièmement, la compréhension doit prendre la prétention de la tradition à la vérité au sérieux. D'une manière spécifique, elle fait elle-même partie de la tradition. Pour que ces conditions soient remplies, Gadamer passe en revue les divers aspects sous lesquels la compréhension comme participation et la

j. H.G. Gadamer, *Vérité et méthode*, trad. cit., p. 21.

compréhension comme méthodologie s'opposent. S'agissant de préciser la nature de ce lien de participation, le principal problème est de parvenir à la définir comme une relation déterminée, qui concilie la reconnaissance de la créativité et de la productivité de la compréhension, et la limitation de cette liberté et de cet arbitraire qu'implique l'idée d'une réception légitime de la tradition. La solution de Gadamer prend la forme suivante : la compréhension comme participation est à la fois, à l'occasion de chaque acte de compréhension, continuation de la vérité de la tradition et continuation de la tradition elle-même, dans la mesure où la cohérence et l'autonomie de celle-ci sont préservées – la compréhension appartient « à l'être de ce qui vient à être compris »[k].

Les réflexions de Gadamer dans son œuvre suivent les grandes lignes de cette solution. En premier lieu, Gadamer plaide pour l'autonomie du sens, qu'on ne peut réduire ni a la genèse du texte, ni à l'opinion de l'auteur, ni à sa réception. Le stade suivant est la « réhabilitation du préjugé » ; c'est-à-dire la démonstration que les idées préconçues sont inévitables, si l'on veut pouvoir comprendre, et Gadamer s'en prend ici aussi bien à l'Aufklärung, qui soupçonne des préjugés partout, qu'à l'historicisme qui s'imagine pouvoir s'affranchir de tout préjugé historique, ou bien encore qu'à Hegel, en soulignant la finitude de toute expérience humaine qu'aucun savoir universel ne saurait abolir. Au troisième stade de sa démarche, Gadamer évoque certains aspects de cette relation de participation qui s'efforce d'allier deux principes : ce sont, d'une part, du point de vue de l'interprète, « l'historicité de la compréhension », et d'autre part la tradition qui, dans son autonomie, s'impose à chaque interprète. Dans la mesure où la compréhension d'une tradition transmise par le langage conserve, « par rapport à tous les autres modes de transmission, une priorité

k. H.G. Gadamer, *Vérité et méthode*, trad. cit., p. 12.

spécifique »[l], Gadamer esquisse au terme de son livre une théorie du langage censée démontrer que le concept précédemment défini d'une compréhension participante peut se concrétiser dans le cadre d'un médium langagier défini de manière adéquate.

Les hypothèses de l'herméneutique philosophique de Gadamer ont fait l'objet de multiples critiques. J'évoquerai tout d'abord la troisième étape de sa démonstration, c'est-à-dire la définition de la participation à la tradition, pour la simple raison que c'est celle qui a le plus de rapport à la pratique des disciplines herméneutiques : en même temps, ce passage illustre la relation ambivalente qu'entretiennent pour Gadamer la compréhension méthodologique et la compréhension comme participation. De toute évidence, la participation à la tradition n'est pas pour Gadamer un processus naturel même s'il aime à l'appeler « événement ». Les efforts de l'interprète, liés à l'exigence d'une participation légitime à la tradition, demeurent nécessaires. Deux aspects surtout de cette relation de participation se révèlent instructifs pour la critique : la compréhension approche toujours la tradition à travers des présupposés, à l'aide desquels le texte est compris – c'est là le perpétuel « cercle herméneutique » ; la participation à la tradition signifie toujours à la fois l'appropriation de la tradition et sa continuation, et c'est ici l'idée de compréhension comme « application » perpétuelle. La question qui se pose alors est la suivante : qu'est-ce qui garantit la pertinence de l'interprétation ? Gadamer donne pour l'essentiel deux réponses. D'une part, affirme-t-il, les présupposés sur le texte se corrigent mutuellement, ce qu'il formule de manière suggestive : « À y regarder de plus près, on reconnaît cependant que les opinions non plus ne peuvent pas être comprises de n'importe quelle manière »[m] ; d'un autre côté, les présupposés naissent sur fond d'une « communauté »

l. H.G. Gadamer, GW 1, p. 393 ; *Vérité et méthode*, trad. cit., p. 411.

m. H.G. Gadamer, GW 1, p. 273 ; *Vérité et méthode*, trad. cit., p. 289.

qui « lie l'interprète à la tradition » – selon Gadamer, la « réalisation contrôlée » de la « fusion » des « horizons » de l'interprète et de la tradition est « la tâche de la conscience propre à l'histoire de l'influence »[n]. Mais dans les deux cas, ce qu'il s'agissait de démontrer est présupposé, c'est-à-dire la capacité de la tradition à s'imposer. Gadamer est incapable de dire comment la tradition s'imposera, il se contente de promettre qu'elle le fera, et afin qu'elle y parvienne, l'interprète est sommé de la soutenir par ses efforts, en se libérant par exemple des « faux préjugés ».

En résumé : dans sa théorie de la relation de participation, Gadamer se contente de décrire les conditions de la tentative d'appropriation de la tradition par l'interprète ; il ne peut que postuler la capacité de cette tradition à résister à une lecture arbitraire. Cette manière qu'a Gadamer de toujours présupposer cette capacité de la tradition à s'imposer, lorsqu'il prétend la démontrer, a une autre conséquence : le « cercle herméneutique », conçu et fondé comme « un élément structurel ontologique de la compréhension »[o], est un concept apologétique qui transfigure la problématique insoluble choisie par Gadamer en nécessité de l'être, et y apporte ainsi (en apparence seulement) une solution.

L'historicité de la compréhension, la conscience qu'a l'interprète de se situer dans une histoire des effets de l'œuvre, qui, selon Gadamer, le conduit à fusionner les horizons, à se dégager d'eux, ainsi que l'application sont des concepts dans lesquels l'esthétique de la réception a vu une confirmation, même s'ils n'ont pas nécessairement guidé sa démarche. Sa critique, associée en particulier aux noms du romaniste Hans Robert Jauss et de l'angliciste Wolfgang Iser, des esthétiques de la production, se rencontre cependant dans d'autres traditions, par exemple dans

n. H.G. Gadamer, GW 1, p. 311 ; *Vérité et méthode*, trad. cit., p. 328 (traduction modifiée).

o. H.G. Gadamer, GW 1, p. 299 ; *Vérité et méthode*, trad. cit., p. 315.

l'analyse de l'œuvre littéraire par Roman Ingarden ou dans le structuralisme pragois. La principale similitude avec la théorie gadamérienne est l'idée que la compréhension, conçue comme application, est en tant que « concrétisation » située dans le texte compris lui-même, et en constitue donc une partie intégrante. Pour l'esthétique de la réception, cela signifie, toujours en accord avec Gadamer, que l'œuvre littéraire ne peut être comprise indépendamment de la configuration spécifique de ses effets. Dans cette réception se réalise un potentiel quasi illimité de sens possibles, qui dépasse par définition ce que l'auteur ou le lecteur individuel ont la possibilité de connaître de l'œuvre. La différence décisive est qu'on renonce ici globalement à l'exigence fondamentale chez Gadamer, en vertu de laquelle l'interprète, pour comprendre, est tenu de s'insérer dans le continuum de la tradition. L'évacuation de cette dimension de l'effort de l'interprète est d'une grande portée et aboutit à une diversification de la démarche herméneutique.

Sa portée est grande, car l'histoire de la réception peut désormais être un objet pour la recherche méthodique – ce que Gadamer s'était toujours explicitement refusé à admettre. Elle induit une diversification, dans la mesure où elle permet d'envisager plusieurs modes d'articulation de l'autonomie du sens de l'œuvre littéraire avec le déploiement de ses significations dans la réception. L'autonomie du sens d'une œuvre littéraire peut être définie comme son aptitude à fournir *a priori* des lignes directrices pour une réception qui prend alors des formes diverses, en fonction de la situation donnée du lecteur. Avec l'aide de ce cadre *a priori*, ancré en l'œuvre, il serait possible de faire le partage entre réceptions pertinentes et réceptions non pertinentes. La deuxième variante de la théorie de la réception embraye sur la question de la possibilité de dégager préalablement ce cadre *a priori*. Celui-ci, objecte-t-on, n'existe pas indépendamment de la configuration des effets de l'œuvre dans sa concrétisation. Le problème persistant qui pèse sur la recherche, par l'entremise des effets, du cadre *a priori* du sens ancré dans l'œuvre, est celui du moyen de distinguer alors la réception pertinente de la réception non pertinente. La troisième variante, une recherche de réception qui se définit explicitement comme empirique renonce à toute tentative d'établir un partage entre réception pertinente et réception non pertinente – cette option s'accompagne généralement du refus de partir en quête des constantes de sens d'un texte au-delà de ses lectures ponctuelles[p].

Avec cette troisième variante, nous passons déjà à une critique plus radicale du projet gadamerien. Elle s'en prend au présupposé d'une autonomie du sens du texte. On oppose à celui-ci l'idée que l'interprétation est une construction, dans laquelle l'interprète, en situation, édifie souverainement le sens. Cette critique ruine la théorie de Gadamer et s'accompagne souvent d'une remise en cause de sa conception du langage. Elle s'appuie parfois sur certains résultats de la philosophie analytique du langage ou s'inspire des hypothèses de la sémiotique déconstructiviste. Quand on critique la théorie du langage de Gadamer, il faut signaler qu'elle constitue l'aboutissement de ses réflexions sur les conditions de possibilité d'une compréhension participante. La critique la plus radicale est celle qui met en doute ou même nie la facticité de ce fait posé par Gadamer qu'est la participation à la vérité dans la compréhension. Cette critique affecte alors également le hiatus obstinément nié par Gadamer, entre description de la compréhension comme « événement » et analyse normative de la réussite des tentatives de compréhension. Le

p. Sur la discussion et l'influence de la théorie de la réception en RDA, dans un contexte hostile à l'herméneutique gadamerienne, *cf.* L. Danneberg, W. Schernus et J. Schönert, « Die Rezeption der Rezeptionsästhetik in der DDR : Wissenschaftswandel unter den Bedingungen des sozialistischen Systems », *Amsterdamer Beiträge zur neueren Germanistik* 38/39 (1995), p. 643-702.

refus d'admettre ce fossé tient sans doute au goût de Gadamer pour l'étymologie : car « comprendre », à la différence d'« interpréter », est en allemand un verbe résultatif.

L'herméneutique philosophique de Gadamer, si l'on met son autodéfinition entre parenthèses, apparaît comme la recherche des conditions préalables à remplir et des moyens à employer pour atteindre un but. Cet objectif, qui n'est pas un fait, est la compréhension comme participation à la vérité. Les multiples démonstrations de Gadamer se rapportent à l'explication de ce but et aux conditions de sa réalisation. Les efforts exigés de l'interprète se présentent clairement comme des moyens. Une telle description du projet de l'herméneutique philosophique offre d'innombrables prises à une critique négative, mais aussi à une critique constructive, ainsi qu'à des tentatives de poursuivre ce projet, en dépit de désaccords partiels. Le fait que Gadamer assène, même après *Vérité et Méthode* : « Je décris *ce qui est* » et qu'il ajoute en insistant : « Que les choses soient telles que je les décris, je pense qu'on ne peut sérieusement le contester »[q] montre qu'en dépit de ses appels répétés au dialogue et à la discussion avec la tradition, ce type de réflexion philosophique est un monologue ; l'attention est ainsi attirée sur un problème qui concerne directement les disciplines axées sur l'interprétation de textes. En présentant l'arrière-plan de la problématique, j'avais expliqué que Gadamer, tout comme Heidegger, établit une hiérarchie entre les grandes familles de disciplines, mais qu'il est moins agressif à l'égard des sciences de la nature. Une deuxième différence que j'avais laissé entrevoir, concerne la vision qu'a Gadamer des sciences historiques, auxquelles, selon lui, les méthodes des sciences naturelles servent de modèle. Si Gadamer les critique, c'est essentiellement à cause de l'image qu'elles ont d'elles-

q. H.G. Gadamer, « Herméneutique et historicisme », dans *L'Art de comprendre*, Écrits I, *Herméneutique et tradition*, Paris, Aubier Montaigne 1982, p. 49-87, p. 55.

mêmes. Simultanément, et c'est là un point capital, Gadamer tente de les intégrer dans le programme de « types d'expérience dans lesquels une vérité s'annonce »[r]. Son usage fluctuant du concept de méthode témoigne du mal que se donne Gadamer dans sa tentative d'intégration des sciences. L'herméneutique philosophique a pour objet exclusif une connaissance de la vérité fondamentalement distincte de la connaissance méthodique pratiquée dans les disciplines herméneutiques historiques; en même temps pourtant, Gadamer emploie le terme de méthode pour caractériser certaines composantes de sa philosophie herméneutique : il critique l'imitation rejetée par lui de l'idéal méthodologique des sciences de la nature dans les sciences herméneutiques, en laquelle il voit une falsification, et s'en prend en même temps à ceux qui s'efforcent de participer à la tradition, lorsque, de son point de vue, ils méconnaissent des acquis de l'interprétation historique. Gadamer n'a jamais essayé de spécifier son usage du concept de méthode. Ce sont essentiellement les partisans anglo-américains de ses thèses qui ont noté que son image monolithique des sciences de la nature fondées sur des procédés méthodiques ignore totalement les grands débats de ce siècle dans l'épistémologie. On voit par là comment, dans les années 1960 et 1970, il fallut réimplanter en Allemagne, non sans difficultés, cette discussion philosophique sur les sciences, qui avait atteint un stade avancé, et dont les protagonistes avaient émigré hors des pays de langue allemande.

Même si Gadamer n'a pas une terminologie unitaire, il est possible, sur la base d'autres écrits, de reconstituer la relation postulée par lui entre compréhension participante et compréhension méthodique : la compréhension méthodique est au service de la compréhension comme participation, son usage n'est que

r. H.G. Gadamer, *Vérité et méthode*, trad. cit., p. 21.

facultatif. Ce caractère facultatif se mesure à l'aune du concept, qui, telle une baguette magique, permet à Gadamer de fonder l'éminence de la compréhension participante : la « connaissance de la chose ». « Comprendre, c'est d'abord avoir connaissance de la chose elle-même, et, en second lieu seulement dégager l'opinion de l'autre comme telle, et la comprendre »[s].

En développant l'herméneutique philosophique, Gadamer pense que, la comprenant, il participe lui-même à la vérité, qui est entre autres celle de la tradition herméneutique. C'est la raison des longs paragraphes de *Vérité et Méthode* consacrés à l'histoire de l'herméneutique. On y voit à l'œuvre cette baguette magique de la « connaissance de la chose ». Je ne prendrai qu'un exemple : le trop fameux « cercle herméneutique ». Gadamer et nombre de ses successeurs ont enquêté sur l'origine de ce « cercle ». Où qu'on la situe, un texte de Friedrich Ast influencé par Schlegel et Schelling est en général présenté comme une définition explicite du cercle, souvent même comme sa première occurrence; il arrive également que l'antériorité du concept soit attribuée à Schleiermacher. À cet égard, la philologie parvient à quatre certitudes : *premièrement*, ni Ast, ni Schleiermacher, ni personne avant eux n'emploie le terme de « cercle herméneutique »; *deuxièmement*, l'emploi du terme de cercle ou de termes équivalents dans le cadre de l'herméneutique est plus ancien, et surtout, il n'est pas lié à des hypothèses philosophiques spécifiques, comme, par exemple, celles de la philosophie romantique ; *troisièmement*, et c'est là un point décisif ni Ast, ni Schleiermacher, ni, autant que je puisse en juger (du moins à partir de textes publiés) aucun de ceux qui ont précédé, n'identifie un cercle de la compréhension ou de l'interprétation; l'analyse herméneutique dénie systématiquement que celles-ci soient un processus circulaire,

s. H.G. Gadamer, GW 1, p. 300; *Vérité et méthode*, trad. cit., p. 316 (traduction modifiée).

même si, sous certaines conditions, elles peuvent en avoir l'apparence. Quatrièmement, les explications de Ast ne sont pas sans analogie avec la présentation antérieure du problème du cercle, dans le cadre du débat sur la méthodologie des sciences de la nature, alors qu'il s'agissait de combiner méthode analytique et synthétique dans le *regressus*, il est même permis de penser qu'il s'agit là d'une réminiscence directe dans le contexte de l'importation dans l'herméneutique, depuis le XVIIe siècle, de l'analyse et de la synthèse[t].

Cet exemple montre clairement comment la prétendue connaissance de la « chose » conduit à prêter à un texte une prise de position sur le cercle herméneutique, alors même que son auteur s'efforce de démontrer qu'un tel cercle n'existe pas. On voit donc ici de manière éclatante comment cette soi-disant « connaissance de la chose », qui est le fait du XXe siècle, reconstruit autoritairement la tradition du point de vue de son époque. C'est l'illustration de la parfaite gratuité de l'interprétation, quand elle adopte comme critère suprême la « connaissance de la chose », que l'herméneutique philosophique, ainsi que je l'ai démontré, n'est jamais parvenue, même sur un simple plan théorique, à faire échapper à l'arbitraire. D'où également l'assertion de Gadamer citée au début de ma contribution, selon laquelle la perspective qu'il a choisie finira toujours par s'imposer.

Après toutes ces considérations, on est tenté de s'interroger, non sans perplexité : quel intérêt présente ce projet de l'herméneutique dont l'ampleur paraît tellement démesurée ? Un début de réponse est peut-être fourni par l'aboutissement des démonstrations de Gadamer, à savoir que la compréhension est participation à la vérité. Bien plus que le « cercle », cette idée s'inscrit dans une

t. À ce sujet, L. Danneberg, « Die Historiographie des hermeneutischen Zirkels : Fake und Fiction eines Behauptungsdiskurses », *Zeitschrift für Germanistik*, NF 5 (1995), p. 611-624.

tradition de l'histoire de l'herméneutique. La vérité a longtemps été un élément capital de l'herméneutique : en tant que caractère spécifique de l'objet à comprendre et, toujours dans le cadre de cette fonction, comme critère de la recevabilité de l'interprétation. Par exemple, une interprétation de l'Écriture sainte qui y décelait des contradictions, ou bien mettait en évidence une erreur, ne pouvait pas être vraie dans le cadre de l'*hermeneutica sacra*. La compréhension était ici, si l'on veut, *per definitionem* toujours participation à la vérité. Dans la glose sacrale de l'Écriture sainte, même s'il y eut ici ou là des restrictions, ce principe s'est maintenu jusqu'au XVIIIe siècle. Entre-temps un autre phénomène est intervenu. La science de l'interprétation devient en tant que *hermeneutica universalis* une partie de la logique, c'est-à-dire de la dialectique. Cela se produit à la charnière des XVIe et XVIIe siècles, et, détail intéressant, à l'intérieur de plusieurs traditions : d'une part dans le sillage de la réception de la dialectique de Pierre de la Ramée, et, d'autre part, dans le contexte de la science du commentaire et du renouvellement de la logique aristotélicienne. En quelque sorte, cette intégration de l'herméneutique dans la logique scelle la perte de prestige de la tradition comme autorité et source de vérité. L'herméneutique devient une partie de la logique au prix du renoncement à la vérité comme critère de recevabilité de l'interprétation. On en vient à distinguer le sens herméneutique, que la science de l'interprétation détermine, et le sens logique qui relève d'une sous-partie de la logique. S'il est vrai que la vérité joue toujours un rôle, ce n'est plus qu'au sens d'une aptitude des textes à la vérité. Dans le même temps, la certitude de trouver des vérités dans les textes anciens s'évanouit et les liens entre vérité et herméneutique continuent de se distendre [u].

u. *Cf.* L. Danneberg, « Die Auslegungslehre Christian Thomasius in der Tradition von Logik und Hermeneutik », dans F. Vollhardt (ed.), *Christian Thomasius (1655-1728)*, Tübingen, Niemeyer, 1997, p. 253-316.

Si aux premiers temps de l'association de la logique et de la science interprétative, il était encore courant, lorsqu'il s'agissait par exemple de comprendre une prière, de la déclamer avec emphase, les textes antiques, vers la fin du XVIIIe siècle, en tant que totalités et dans leur rapport avec la totalité de l'esprit antique, ne valent plus que par analogie avec le présent, comme par exemple dans le contexte des conceptions néo-humanistes de la *Bildung*. Chez Friedrich August Wolf, le plus grand spécialiste de l'Antiquité dans l'Allemagne de son temps, les deux tendances cohabitent : l'idée de *Bildung* et le concept du *sensus philosophicus* comme détermination de la vérité du sens que l'interprète cherche dans le texte. Peu après, August Boeckh définira pour la philologie la variante de la « reconnaissance de ce qui a déjà été connu ». Cette atténuation du lien de la science interprétative à la vérité de l'objet peut être considérée comme une conséquence des stratégies d'adaptation et de légitimation. Pourtant, à la fin du XVIIIe siècle, la véritable concurrence ne venait pas des sciences de la nature. Celles-ci mesurant leurs prétentions à la vérité à leur propre aune, les textes étaient tout simplement hors de leur champ. Le rival de la philologie, en termes de légitimité était la philosophie. Celle-ci a disqualifié la philologie à son profit, Fichte tout autant que Hegel. Friedrich Schlegel ne cessera de tenter dans des aphorismes de combiner les deux. Plus encore : la philologie n'a pas seulement discrédité la philosophie (l'autre rival, les sciences naturelles, s'en chargeaient également), elle a tenté de dépasser la philosophie sur son propre terrain et de la supplanter.

L'*hermeneutica sacra*, le domaine dans lequel l'idée de la compréhension comme participation s'est maintenue le plus longtemps, permet de saisir à quel point cette tentative de dépasser la philosophie a été riche de conséquences. L'interprétation morale de l'Écriture sainte par Kant, partant de la conscience de la raison pratique, a conduit à un dépassement de l'interprétation historique et philologique : dans la démarche de cette dernière, l'effort portait de plus en plus sur une compréhension des Écritures à partir de leur contexte historique, comme témoignage purement humain d'un événement chrétien. Cette évolution s'accompagna du reproche de plus en plus fréquent d'une insuffisance des résultats obtenus par ce type de lecture sur un plan théologique. La philosophie est en concurrence avec la philologie : son projet de recyclage de l'Écriture sainte menace la légitimation de la *philologica sacra*.

L'herméneutique philosophique de Gadamer est une réponse aux problèmes de légitimité de la philosophie. J'ai indiqué où, d'un point de vue structural, pouvait être située dans l'histoire de la philosophie l'origine de cette réponse. La particularité de son discours de légitimation est qu'il définit (à l'encontre des sciences de la nature) la connaissance de la vérité comme participation et comme continuation d'une vérité originelle qui fait autorité, tout cela aux dépens de la philologie historique.

La philologie devient ainsi une esclave soumise aux humeurs changeantes de la philosophie. Il ne s'agit pas de conclure en plaidant pour une dissociation de la philosophie et de la philologie. Elles peuvent se rendre de multiples services, mais elles auraient avantage à chercher en elles-mêmes leur légitimité. On en vient ici aux dégâts que l'herméneutique philosophique a provoqués dans les études littéraires en Allemagne. Sa réception et son influence n'ont pas une mince responsabilité dans l'absence quasi générale d'écho rencontrée par la remarque critique de Peter Szondi parue d'abord en français il y a vingt-cinq ans et dénonçant « l'habitude de rester sur les sommets d'une philosophie de la compréhension » et le refus de « redescendre à la pratique terre à terre des interprétations et de leur méthodologie »[v], ainsi que dans l'extrême timidité avec laquelle il a été suivi lorsqu'il milite pour le développement d'une herméneutique matérielle. On retrouve cette même attitude négative chez beaucoup de ceux qui ont porté leur attention sur l'herméneutique philosophique, que leur rapport à elle soit positif ou négatif. J'ai le sentiment qu'au-delà des divergences d'appréciations sur son objet, sa valeur, et les objectifs qui doivent présider à son analyse et à sa lecture, tous les efforts devraient partager une même préoccupation : préserver les études littéraires de la dimension arbitraire de leur travail interprétatif. Mais cela ne sera possible que si celles-ci acceptent – au moins partiellement – la contrainte d'une méthode. C'est par un débat concerté, à l'intérieur de la discipline, qu'il conviendrait de la définir.

v. P. Szondi, « L'herméneutique de Schleiermacher » (paru dans *Poétique* 2, 1970), repris dans P. Szondi, *Poésie et poétique de l'idéalisme allemand* (1975), Paris, Gallimard, 1991, p. 293.

Peter Szondi

SUR LA CONNAISSANCE PHILOLOGIQUE*

S'interroger sur le mode de connaissance propre à la science de la littérature, c'est se situer sur un terrain où l'on ne voit guère le vieux Briest renoncer à sa formule favorite[1]. Ce « vaste champ », il convient de le limiter dès l'abord. Une phrase tirée de la *Présentation abrégée des études théologiques* de Schleiermacher précisera la façon dont le terme de « connaissance » doit ici être entendu, tout en indiquant le lieu où se dissimulent les problèmes qu'il pose à une science de la littérature : « La compréhension parfaite d'un discours ou d'un écrit est une œuvre de l'art et exige une doctrine de l'art ou une technique, que nous désignons par

* P. Szondi, « Zur Erkenntnisproblematik in der Literaturwissenschaft » (1962), rééd. « Über philologische Erkenntnis », dans *Hölderlin-Studien*, Frankfurt a.M., Surhkamp, 1967. La traduction française d'André Laks a paru dans P. Szondi, *Poésie et poétique de la modernité*, Lille-Paris, PUL-MSH, 1986, p. 11-29. La traduction révisée et abrégée ici paraîtra prochainement en entier dans P. Szondi, *Études célaniennes*, W. Woegerbauer (éd.), Villeneuve d'Ascq, Presses Universitaires du Septentrion.

1. Allusion au roman de Theodor Fontane, *Effi Briest*; impuissant et embarrassé, le père y répond régulièrement : *Das ist ein weites Feld* (« un vaste champ », ou « une bien vaste question ! »).

l'expression d'herméneutique »[a]. Il peut paraître surprenant de restreindre le concept de connaissance à la simple compréhension du texte au lieu de la référer aux idées et à la structure de l'œuvre ainsi qu'à la situation qu'elle occupe dans le contexte historique. En outre, le concept philosophique de connaissance dépayse en philologie. Mais cet effet ne révèle au fond pas moins l'existence des problèmes spécifiques à la connaissance philologique que la question spontanément provoquée par la citation : pourquoi la science de la littérature dont la tâche doit être « la compréhension parfaite d'un discours ou d'un écrit », loin de développer la doctrine que Schleiermacher réclamait, et dont il a esquissé les linéaments dans ses cours de théologie, s'est-elle à peu près totalement fermée aux problèmes de l'herméneutique ? Aucun manuel de littérature allemande n'initie l'étudiant aux questions fondamentales de la compréhension des textes ; les discussions des savants soulèvent d'ailleurs à peine ces questions, et ils ne reconnaissent guère que les divergences d'opinion y ont souvent leur origine.

Le statut réflexif de l'herméneutique théorique pourrait expliquer son absence des études littéraires. Avec l'herméneutique, la science n'interroge pas son objet, mais elle-même, pour savoir comment elle parvient à connaître son objet. Il peut aussi y avoir connaissance sans cette conscience herméneutique. Mais l'état d'irréflexion ne convient pas à la science, la discussion méthodologique qui se poursuit sans trêve depuis des décennies suffirait à le manifester. Cette situation doit donc être expliquée autrement, par la compréhension que la science de la littérature a d'elle-même. Si la problématique de la connaissance philologique n'est guère prise en considération par les études littéraires, cela

a. F. Schleiermacher, *Kurze Darstellung des theologischen Studiums, Présentation abrégée des études théologiques* (1830), § 132, trad. fr. B. Kaempf avec la collaboration de P. Bühler, *Le statut de la théologie. Bref exposé*, Paris-Genève, Le Cerf-Labor et Fides, 1994, p. 59.

semble tenir au fait qu'elles se comprennent comme une science [*Wissenschaft*], qu'elles voient leur caractéristique essentielle dans un savoir [*Wissen*], donc dans un état stable. Un coup d'œil sur la situation de la France et des pays anglo-saxons montre que cette conception ne va nullement de soi. Le danger que l'on prenne cette remarque à contresens pour un éloge de la non-scientificité n'est pas un prix trop haut à payer si l'on y gagne de comprendre que la science de la littérature, précisément pour sauvegarder sa scientificité, ne peut être la science qu'elle voudrait souvent être, à l'imitation de ses sœurs aînées.

L'approche savante d'œuvres littéraires se nomme en anglais *literary criticism*, ce n'est nullement une *science*. Le français offre un usage similaire. Même si le terme allemand de « Kritik » ne peut plus guère être sauvé en ce domaine, il serait présomptueux de vouloir taxer de non-scientificité ceux qui en Angleterre, en Amérique ou en France, pratiquent ce que le mot signifie dans leur langue. Le fait qu'ils ne considèrent pas leur activité comme une science témoigne de la conscience que la connaissance des œuvres d'art détermine et rend possible un type de savoir différent de celui des autres sciences. Depuis Dilthey, la différence fondamentale entre les sciences de la nature – celles du XIXe siècle – et les sciences humaines n'a plus besoin d'être explicitée, même si la science de la littérature peut bien ne pas encore avoir entièrement renoncé aux critères et aux méthodes qu'elle a jadis empruntés aux sciences de la nature, et qui sont inappropriés à son objet. Mais, précisément, la référence au travail de Dilthey oblige à dire que le savoir philologique se distingue tout aussi radicalement du savoir historique. Si différente est la façon de connaître la guerre de Trente Ans et un sonnet d'Andreas Gryphius[1] que la science de l'histoire semble sur ce point être plus proche des

1. Andreas Gryphius (1616-1664), poète baroque allemand, témoin de la Guerre de Trente ans.

sciences exactes que de la science de la littérature. Ce qui distingue la science de la littérature de l'historiographie, c'est que la contemporanéité des textes même les plus anciens ne décroît pas. Alors que l'histoire doit – et peut – ramener son objet, l'événement passé, du fond du temps jusqu'au présent du savoir, en dehors duquel il n'a aucune présence, la présence de l'œuvre d'art est toujours déjà donnée par avance au savoir philologique, qui ne cesse jamais de s'éprouver sur elle. Cette épreuve ne doit pas être confondue avec le contrôle du savoir auquel aucune science, y compris les sciences naturelles, ne peut renoncer. Un aspect dynamique est propre au savoir philologique, non seulement parce que, comme tout autre savoir, de nouveaux points de vue et de nouvelles connaissances viennent constamment le modifier, mais parce qu'il ne peut exister que dans une confrontation perpétuelle avec le texte, que dans une référence ininterrompue du savoir à la connaissance, c'est-à-dire à la compréhension de la parole poétique.

Le savoir philologique n'a jamais oublié son origine, la connaissance; le savoir est ici connaissance perpétuée ou du moins il devrait l'être. Naturellement, un tel retour sur soi n'est pas inconnu des autres sciences. Lors d'une expérience chimique, les propriétés des éléments et de leurs relations sont chaque fois démontrées à nouveau; l'étude critique des sources documentaires met toujours à nouveau en jeu la constitution du savoir historique. Mais ni la chimie ni l'histoire n'ont pour but cette reconstruction, qui possède une finalité pédagogique. La tâche de ces sciences est de procurer une connaissance de leur objet, de reproduire pour le savoir l'objet connu. Il en va autrement en science de la littérature. Aucun commentaire, aucune étude stylistique d'un poème ne peut se donner pour but de produire une description qui devrait être appréhendée pour elle-même. Le lecteur le plus dépourvu d'esprit critique voudra encore la confronter avec le poème, et ne la comprendra qu'après avoir ramené les affirmations qu'elle contient aux actes cognitifs d'où elles sont issues. Particulièrement clair à cet égard est le cas extrême du poème hermétique. Les interprétations sont ici des clefs. Mais leur tâche ne peut être de doubler le poème de son image décryptée. Bien que le poème hermétique exige lui aussi d'être compris et qu'il ne puisse souvent l'être en l'absence de clefs, il doit en effet être compris, lors du décryptage, *en tant que poème crypté*, car ce n'est qu'ainsi qu'il est le poème qu'il est. Le verrou se referme toujours, et l'explication ne doit pas vouloir le forcer. Si, cependant, le lecteur du commentaire remonte du savoir de l'interprète à l'acte cognitif initial, il parvient lui aussi à comprendre le poème hermétique comme hermétique.

Ainsi, en vertu de son objet précisément, le savoir philologique ne doit pas se figer en savoir. Le mot de Wittgenstein caractérisant le rapport de la philosophie aux sciences naturelles convient aussi curieusement à la science de la littérature. « La philosophie, écrit-il dans le *Tractatus logico-philosophicus*, n'est pas une doctrine, mais une activité. Une œuvre philosophique consiste essentiellement en élucidations »[b]. C'est ce que la façon dont l'anglais et le français désignent la science de la littérature semble refléter. Elles ne soulignent pas le moment du savoir, mais celui de l'activité critique, de l'analyse et de la décision. La critique décide non seulement de la qualité de l'œuvre d'art, mais aussi du vrai et du faux ; ou plus précisément : elle ne décide pas simplement *de* quelque chose, mais elle se décide elle-même, en étant une connaissance. Ce n'est donc pas par hasard que le *literary criticism* des anglo-saxons, à la différence de la science allemande, s'est toujours intéressé aux problèmes herméneutiques :

b. L. Wittgenstein, *Tractatus logico-philosophicus* 4.112, trad. fr. G.G. Granger, Paris, Gallimard, 2001.

The Philosophy of Rhetoric, de I.A. Richards, ou *Seven Types of Ambiguity*, de William Empson, en témoignent[c].

L'absence de conscience herméneutique dans la science littéraire allemande semble donc tenir à ce qu'elle ne prend pas suffisamment en considération la spécificité du savoir philologique, qu'elle ignore trop facilement le fossé qui le sépare des autres sciences, et en particulier de l'histoire. Cette impression s'accentue avec l'examen d'un second aspect de l'idée que la science littéraire a d'elle-même, à savoir la façon dont elle envisage sa croissance et son développement. L'activité qui enrichit et transforme le savoir se nomme recherche [« *Forschung* »]. L'existence d'une recherche en littérature, analogue à celle de toute autre discipline, ne contredit pas l'affirmation selon laquelle le savoir philologique a renoncé à se concevoir comme la connaissance perpétuée qu'il devrait être s'il se conformait à son objet. Car dans le mot allemand, le concept de recherche trahit lui aussi cette position, et les usages anglais et français révèlent à nouveau sur ce point une autre situation. « *Forschen* », d'après les dictionnaires, comme dans l'expression « *mit forschendem Blick* » [« interrogeant du regard »], signifiait autrefois questionner et chercher. Mais l'élément du questionnement, et en même temps celui de l'acte cognitif, n'a cessé de s'estomper, et la recherche ne consiste plus qu'à chercher. En parlant de ses recherches, la science de la littérature admet qu'elle conçoit son activité plus comme la poursuite d'un objet qui préexiste, et qu'il suffit de trouver, que comme acte cognitif et compréhension. Encore une fois, on accorde plus d'attention aux connaissances qu'à l'acte de connaître.

c. I.A. Richards, *The Philosophy of Rhetorics*, New York-Londres [Oxford UP], 1936; W. Empson, *Seven Types of Ambiguity* (1930), Londres [Chatto & Windus], 1949[2].

À coup sûr, cette situation peut s'expliquer historiquement. Les sciences modernes de l'histoire et de la littérature sont nées au XIXe siècle en réaction contre les systèmes spéculatifs de l'idéalisme allemand. Le mot de Hegel, « tant pis pour les faits », devait être expié, et la connaissance spéculative sacrifiée à la recherche des faits. Les résultats de l'option positiviste sont trop importants pour qu'on doive déplorer cette évolution. Aussi bien la gratitude à l'égard des recherches menées par les positivistes d'hier et d'aujourd'hui, qui offrent la possibilité de bâtir plus avant, est-elle l'un des sentiments les plus couramment exprimés par les théoriciens et les interprètes eux-mêmes. L'historien de la littérature Theodor Wilhelm Danzel, pesant les mérites respectifs des deux positions extrêmes, écrivait déjà en 1847 que « l'empirie sans esprit » présentait « toujours au moins l'avantage de fournir un matériau authentique, pouvant encore être transformé par l'esprit »; mais que « discourir avec esprit sur des choses qui ne sont pas données » était « parfaitement inutile : *ex nihilo nihil fit* »[d]. Laissons de côté la question de savoir si la catégorie de « donné » convient à l'esprit; la préférence accordée au positivisme n'en demeure pas moins une auto-illusion. Dans la mesure où la philologie étudie la langue et la littérature, *non* des faits extra-littéraires comme la biographie ou l'histoire de la transmission des textes, il n'y a pas pour elle d'« empirie sans esprit », dont Danzel attendait un matériau authentique. Le fossé qui sépare la recherche objective des faits de l'élucidation subjective est toujours plus étroit qu'aussi bien le positiviste que l'interprète voudraient admettre. L'interprète qui néglige les faits néglige aussi les lois de l'interprétation (il n'existe aucune « surinterprétation » qui ne soit par cela même fausse); le positiviste qui

d. Cité d'après E. Ermatinger, *Philosophie der Literaturwissenschaft*, Berlin [Junker und Dünnhaupt], 1930, p. 25.

se dérobe devant une connaissance décriée comme subjective renonce en même temps à la possibilité de chercher positivement. L'opposition établie par Dilthey, entre la compréhension dans les sciences humaines et l'explication dans les sciences de la nature, vaut aussi pour la recherche philologique des faits. Dès qu'elle tente de mettre entre parenthèses le sujet connaissant au nom d'une prétendue objectivité, elle court le danger de dénaturer, par le recours à des méthodes inappropriées, des faits empreints de subjectivité, sans être en mesure de percevoir son erreur. En s'abandonnant à l'empirie, elle se prive de tout recours à la connaissance subjective, ne serait-ce qu'en tant que simple instance de contrôle. [...]

Cette analyse[1] éclaire en passant la fonction des notes de bas de page. Elles passent pour un attribut du style philologique, garantissant la solidité des affirmations. Or ce qu'on relègue le plus souvent dans les notes, ce sont précisément ces témoignages, qu'on n'examine pas de plus près, et dont la force démonstrative est par conséquent encore tout à fait discutable. L'un des dangers du travail philologique est que la préférence fondamentale accordée au factuel sur l'interprétation tenue pour simplement subjective, conduise à attribuer à chaque témoignage, pour la seule raison qu'il est donné, ce qui lui revient par définition, mais dont on aurait dû prouver la présence effective dans chacun des passages, considérés isolément, à savoir : la force démonstrative. Un des dangers du travail philologique réside en ceci que la préférence de principe donnée au factuel contre l'interprétation, qui est tenue pour simplement subjective, conduise à attribuer à chaque

1. Nous avons laissé de côté la discussion sur la possibilité de lire métaphoriquement ou non une expression dans un poème de Hölderlin. Les études sur Hölderlin parues en 1967 avaient repris comme préface l'essai sur la connaissance philologique de 1962. Le lecteur peut les retrouver dans P. Szondi, *Poésie et poétique de l'idéalisme allemand* (1975), Paris, Gallimard, 1991.

témoignage, du seul fait qu'il est donné, une qualité qu'il possède certes par définition, mais dont chacun des passages particuliers considérés comme pièces justificatives aurait d'abord à rendre compte : à savoir, sa force de preuve. Il n'est pas rare que le témoignage joue, dans les argumentations philologiques, le même rôle que l'indice dans les tragédies de l'aveuglement d'un Shakespeare ou d'un Kleist : la preuve parvient à faire taire le doute parce qu'on ne doute pas d'elle-même. Si on le faisait plus souvent, les notes ne jouiraient guère de l'aura du bien fondé.

Même le témoignage irréprochable, cependant, n'est à sa place que dans les connaissances générales, à chaque fois qu'il s'agit d'établir une règle ou une loi. Dès que la science de la littérature conçoit sa tâche propre comme étant la compréhension des textes, le principe des sciences naturelles selon lequel le singulier n'est rien perd sa validité. Car les textes se présentent comme des individus, non comme des exemplaires. Leur interprétation doit s'appuyer d'abord sur le processus concret dont ils sont le résultat, et non sur une règle abstraite, dont l'énoncé même présuppose la compréhension des passages et des œuvres particulières.

Le principe des sciences naturelles a pénétré en philologie avec le point de vue de l'histoire de la littérature – un signe, là encore, de ce qui montre que la science de la littérature, et toute approche scientifique de l'art, sont séparées de l'histoire par le même fossé que des sciences naturelles. L'histoire littéraire aussi ne peut envisager le particulier que comme un exemplaire, non comme un individu ; ce qui est unique sort également de son champ de vision. Friedrich Schlegel s'est exprimé à ce propos de manière tranchante : il désigne comme l'un des « principes fondamentaux de ce qu'on appelle critique historique [...] le postulat de la platitude [...] : tout ce qui est véritablement grand, bon et beau est invraisemblable, car hors du commun et pour le moins suspect»[e]. Une telle critique de l'histoire littéraire n'implique nullement la thèse que l'individu, l'œuvre singulière, soit anhistorique. Ce serait bien plutôt que l'historicité est précisément un aspect de sa particularité, de sorte que la seule manière de rendre entièrement justice à l'œuvre d'art est celle qui permet de voir l'histoire dans l'œuvre, et non pas l'œuvre dans l'histoire. Que le second point de vue ait aussi sa justification n'est pas contestable. Parmi les tâches de la science de la littérature figure celle de s'abstraire des œuvres particulières pour parvenir à une vue d'ensemble couvrant une période plus ou moins unifiée de l'évolution historique. Et l'on ne peut pas non plus nier que la connaissance d'un passage ou d'une œuvre particulière puisse tirer profit de ce savoir général, pour problématique qu'il soit. Il convient pourtant de ne pas oublier que toute œuvre d'art possède en propre un trait monarchique, et qu'elle voudrait, selon une remarque de Valéry, anéantir par sa seule existence toutes les autres[1]. Ce n'est pas là l'expression d'une ambition personnelle du poète ou de l'artiste, dont il ne reviendrait pas à la science de s'occuper, ni d'une prétention à l'originalité et à l'unicité, qui ne résisterait que rarement au regard critique. Aucune œuvre d'art n'affirme être incomparable (si ce n'est dans la bouche de l'artiste ou du critique), mais elle exige de ne pas être comparée. Cette exigence, qui est prétention à l'absolu, appartient au caractère de toute œuvre d'art qui veut être une totalité, un microcosme, et la science de la littérature ne peut simplement passer outre si tant est que sa démarche doit être appropriée à son objet, c'est-à-dire scientifique. Elle devra certes s'y résigner dès qu'elle ne s'intéresse plus à la connaissance d'une œuvre particulière, mais à celle de l'ensemble des productions d'un auteur, au style d'une période

e. F. Schlegel, Fragment du *Lycée*, 25 (Minor).

1. Il n'a pas été possible de repérer jusqu'à présent la citation de Valéry.

ou à une évolution historique. Cette vue générale doit cependant résulter d'une somme de compréhensions singulières, et la connaissance du particulier ne saurait être confondue avec la subsomption sous un universel historique. La remarque serait superflue, si le mot féroce de Schlegel sur la critique historique, prononcé bien avant la naissance de la science littéraire, ne s'était si souvent vérifié par la suite. Car les travaux historiques donnent souvent l'impression que leur auteur a voulu éviter de s'immerger dans la profondeur de l'œuvre particulière, comme s'il rougissait de cette intimité et qu'au fondement de cette honte se trouvait l'angoisse de sacrifier, au contact du processus artistique, la distance que l'on prétend être un attribut de la science. Mais là semble résider le dilemme de la science de la littérature, qu'elle ne peut saisir l'œuvre d'art comme œuvre d'art que par une immersion de cette sorte, et qu'elle doit renoncer précisément en vertu de sa scientificité, c'est-à-dire de son adéquation à l'objet, à des critères empruntés à d'autres sciences, comme celui de la distance, et au principe, selon lequel « le singulier n'est rien ». Le désir d'éviter cette fausse apparence d'une généralité n'est pas la moindre raison pour laquelle la science de la littérature, dans les pays anglo-saxons et ailleurs, renonce à s'intituler « science ».

Voilà pour les problèmes de méthode que soulève l'objection selon laquelle la première strophe de la *Fête de la paix*, prise métaphoriquement, serait sans exemple dans toute l'œuvre de Hölderlin. L'inadéquation de l'argumentation peut évidemment ne pas affecter la justesse du propos; elle ébranle en tous cas la force démonstrative qui lui est prêtée. La question de la justesse, quant à elle, dépend de l'examen des prémisses relevant d'une théorie de la connaissance.

On conclut que la description de la salle de fête ne saurait être métaphorique de ce que l'ensemble de l'œuvre de Hölderlin ne contiendrait aucune métaphore où la relation référentielle ne reste pas clairement indiquée, que ce soit par le biais de comparaisons détaillées, d'équivalences explicites ou au moins de noms propres. La force démonstrative revient ici non à des témoignages, mais au fait qu'il n'existe pas de témoignages. Or, de même que la démonstration positive doit d'abord montrer que chacun des passages invoqués en témoignage possède bien le caractère d'un témoignage, de même l'argumentation négative doit établir que l'absence de témoignage ne tient pas à ce qu'aucun passage n'a été reconnu pour un témoignage, mais à ce qu'il n'en existe pas. Cette condition n'est justement pas remplie dans le cas examiné. Car en affirmant que toute l'œuvre de Hölderlin ne présente aucune métaphore analogue à celle qui a été postulée dans la strophe initiale de *Fête de la paix*, on oublie qu'il serait impossible, en faisant le tri des passages, de reconnaître ceux qui pourraient servir de pièces justificatives. Le caractère métaphorique de la strophe en question ne pourrait être confirmé que par des exemples dont le caractère métaphorique n'est pas plus apparent que le sien propre. Mais si l'on estime ce caractère insuffisamment marqué, il ne permet plus de distinguer entre les passages apparentés et le matériau non-métaphorique subsistant. Ainsi l'affirmation devient-elle insoutenable.

La démonstration qui prétend ne travailler qu'avec les faits échoue parce que les préalables découlant d'une théorie de la connaissance reçoivent trop peu d'attention, et cela parce qu'on accorde aux faits une confiance aveugle. Or, l'appel aux faits doit tout aussi peu négliger les conditions de leur connaissance que l'interprétation passer outre aux données que lui fournit le texte et l'histoire du texte. Emil Ermatinger faisait déjà remarquer ce point il y a plusieurs dizaines d'années, en reprochant au concept positiviste de l'induction pure d'être non une méthode, mais une illusion, car « réunir et observer un matériau suppose qu'on ait déjà tiré au clair les points de vue formels qui président à sa réunion »[f]. Cet avertissement semble avoir été trop peu pris en compte; mais on pourrait aller plus loin et se demander s'il est même possible pour une science de la littérature de séparer rigoureusement le matériau objectif de l'interprétation subjective, car l'utilisation du matériau est déjà en soi une interprétation. Pour la compréhension philologique des textes, il existe entre la preuve et l'intelligence une toute autre relation que celle qu'on avait jadis postulée à partir des sciences exactes.

L'analyse herméneutique de l'interprétation des leçons le confirme. Une des tâches les plus importantes de l'approche scientifique des textes consiste à reconstruire leur élaboration à l'aide de versions antérieures; c'est une tâche qui en même temps est au service de l'interprétation. On ne méconnaît nullement par là le postulat, d'ailleurs problématique, qu'une œuvre ne doit être interprétée qu'à partir d'elle-même; car les leçons appartiennent bien à l'œuvre en tant qu'ils matérialisent sa genèse, qui est relevée, au sens hégélien du terme, au stade de son achèvement. Seule la phénoménologie orthodoxe y renoncera sous prétexte qu'elles sont étrangères au phénomène, mais un tel renoncement semble plus profitable au contrôle de la méthode phénoménologique qu'à la compréhension du texte.

Ainsi, s'il ne parvient pas à saisir, dans le vers « embaumant de mille tables » de la version tardive de *Patmos*, le sens du mot « tables », l'interprète recourra à la version antérieure « embaumant de mille sommets ». La signification métaphorique de « tables », qu'il est désormais en mesure de proposer, s'appuie sur le texte de la première version. Car le fait qu'il y soit question de sommets à la place de tables prouve que dans la seconde version « tables » est une métaphore pour « sommets ». Mais le prouve-t-il réellement? Un autre hymne de Hölderlin débute par ces vers:

f. E. Ermatinger, *Philosophie der Literaturwissenschaft*, *op. cit.*, p. 334 *sq.*

« Comme quand au jour de fête voir le champ/un paysan va, le matin… ». Or l'esquisse en prose commençait ainsi : « Comme quand au jour de fête le paysan sort voir le champ, le soir… ». Personne ne conclurait de ce que la version primitive porte « soir » pour « matin » que la version métrique emploie « matin » pour signifier « soir » ; on supposera plutôt qu'entre les deux étapes une modification est intervenue dans la conception hölderlinienne du temps. Cet exemple montre qu'on ne peut parler non plus dans *Patmos* de preuve fournie par la première version. Car l'interprète vient lui-même à la rescousse de cette preuve, en reconstituant le changement de « sommet » en « table » sous la forme d'un processus métaphorique, ou transfert, et c'est ce qui lui permet de conclure à l'identité du sens. Ce n'est que dans ce cadre, fourni par la compréhension, que le fait devient une preuve.

La preuve philologique se rapporte donc à la compréhension d'une toute autre manière que, par exemple, la preuve mathématique. Car il ne suffit pas que la démonstration soit comprise : le caractère démonstratif du factuel lui-même n'est dévoilé que par l'interprétation, tandis qu'inversement l'interprétation est guidée par le factuel. Cette interdépendance de la preuve et de l'acte de connaissance est une des manifestations du cercle herméneutique. Si l'on ne veut pas admettre qu'un fait ne peut prouver la justesse d'une interprétation qu'en tant qu'il a lui-même été interprété, on déforme le cercle de la compréhension pour en faire une ligne droite idéale, censée mener sans détour des faits à la connaissance. Mais comme cette linéarité n'existe pas en philologie, les faits devraient plutôt être considérés comme des indications que comme des preuves. On ne prêche pas par là la résignation, ni à plus forte raison n'ouvre-t-on la porte à un arbitraire non-scientifique. Car l'arbitraire serait plutôt d'attribuer aux faits, au nom d'un idéal scientifique emprunté à d'autres disciplines, une force démonstrative objective qui ne leur revient pas en ce domaine. La démarche d'une science de la littérature, devenue consciente des prémisses de son mode de connaissance – prémisses qui ne donnent l'impression d'être des limites que du point de vue des autres disciplines –, n'en est pas moins, mais plus exacte ; ni moins contraignante, mais au contraire seule capable d'imposer une quelconque forme de contrainte.

Comment procède donc une exégèse pour qui les faits sont plutôt des indices que des preuves ? Elle tente, par la reconstruction du processus génétique, de reproduire dynamiquement l'ensemble statique des faits et de leurs relations, que l'éparpillement en témoignages met toujours en pièces. Lors de cette reconstruction, les faits servent aussi bien de guides que de mises en garde contre de fausses voies. Aucun fait ne peut être négligé si la reconstruction doit avoir force d'évidence. Or l'évidence est le critère adéquat auquel la connaissance philologique doit se soumettre. Dans l'évidence, on ne reste pas sourd au langage des faits, on ne se méprend pas non plus sur son aspect réifié, mais on le perçoit dans son conditionnement subjectif et dans la médiation subjective de la connaissance, et donc, à cette condition seulement, dans sa véritable objectivité.

La symbiose de la preuve et de la connaissance ressort aussi de l'analyse du procédé qu'on appelle la méthode des passages parallèles. Appartenant aux plus anciens instruments de l'herméneutique, elle consiste en un renversement de la méthode des leçons. On n'explique pas ici le sens d'un mot à l'aide d'autres mots qui se trouvent à la même place dans des versions antérieures, mais sur la base d'autres passages où le même mot apparaît. Le mot doit évidemment avoir partout la même signification, et les passages doivent être parallèles en ce sens rigoureux. Cette méthode est donc limitée, comme celle des leçons, par une condition, à savoir que la différence des passages ne doit pas correspondre à une différence de signification. C'est pourquoi la méthode des parallèles se heurte comme la première à la question de savoir quels faits peuvent démontrer le parallélisme. Dans le *Second discours académique* sur l'herméneutique datant de 1829, Schleiermacher écrit :

> La règle qui interdit d'expliquer différemment dans un même contexte deux occurrences d'un même mot, parce qu'il n'est pas vraisemblable que l'écrivain l'ait chaque fois utilisé différemment, ne vaut que dans la mesure où la phrase qui renferme la seconde occurrence peut encore être à bon droit considérée comme partie du même contexte. Car bien des circonstances justifient que d'autres significations trouvent place dans une nouvelle section, tout autant que dans une toute autre œuvre [g].

Par cet avertissement, Schleiermacher ne donne au problème aucune solution herméneutique, la mission en est plutôt déléguée à la rhétorique. Cette dernière cautionne l'herméneutique dans la mesure où la mise en œuvre de la méthode des parallèles se fonde sur la supposition que tout texte répond à l'exigence rhétorique selon laquelle, dans un même contexte, un mot ne saurait avoir deux significations, et qu'une nouvelle section doit toujours indiquer un nouveau contexte. La solution reposait, dès l'époque de Schleiermacher, sur une illusion, car établir dans un cas particulier si les règles de la rhétorique sont suivies ou non ramène toujours à l'herméneutique. Mais elle est entièrement caduque de nos jours, où la rhétorique n'oblige plus personne. Ni l'articulation du texte, ni toute autre donnée de fait, n'est à même de décider si un passage doit être considéré comme un parallèle ; cela ne peut être tiré exclusivement que du sens du passage. Le passage parallèle, comme *tout* autre témoignage, doit d'abord justifier de son caractère de témoignage. Or cela revient à l'interprétation. Quelque précieux que les passages parallèles soient pour l'interprétation, elle ne peut s'appuyer sur eux comme sur des

g. F. Schleiermacher, dans *Hermeneutik*, éd. Kimmerle, p. 142. *Cf.* trad. fr. Ch. Berner, *Herméneutique*, Paris-Lille [Le Cerf-PUL], 1989, p. 174.

preuves indépendantes, car ils lui doivent leur force démonstrative. Cette interdépendance est une des données fondamentales de la connaissance philologique, et aucun idéal scientifique ne saurait passer outre.

Schleiermacher, dans la phrase citée, n'évite pas entièrement un danger qui fait partie de la problématique de la connaissance en science de la littérature. En présumant que les règles de la rhétorique sont partout observées, il recouvre son objet d'une image idéale qui en masque le véritable état. La science de la littérature doit se garder de transformer son objet, la littérature, en la modelant d'après les prétendus critères de sa scientificité, sous peine précisément de cesser d'être scientifique. Le danger apparaît de façon particulièrement nette lorsqu'on envisage le problème de l'équivoque, de cette ambiguïté ou plurivocité que les méthodes des leçons et des parallèles élucident suivant les cas.

L'ambiguïté peut être sémantique mais aussi bien syntaxique; dans ce cas, elle touche la fonction dans la phrase d'un mot en soi univoque. À la question de son maître : « – Et l'ordre que je t'ai donné –? », Sosie répond dans l'*Amphitryon* de Kleist : « J'allai /dans une noirceur d'enfer, comme si /le jour avait été englouti par dix mille brasses, /à tous les diables vous donnant, et la mission, /sur la route de Thèbes, et le palais royal ». On a parlé ici de faute de grammaire, car il faudrait « sur la route de Thèbes et *du* palais royal », et on en a cherché la raison dans l'influence du français, qui ignore la déclinaison[1]. On pourrait répondre que le dernier membre « et le palais royal » n'appartient peut-être pas à « j'allai sur la route de… », mais à la participiale « vous donnant à

1. [N.d.T.] En allemand, « du palais royal » se distingue de « et le palais royal » par le cas : *nach Theben und der Königsburg*, au lieu de *nach Theben und die Königsburg*, dans le texte de Kleist. Szondi a consacré un essai à « L'Amphitryon de Kleist », repris dans P. Szondi, *Poésie et poétique de l'idéalisme allemand* (1975), Paris, Gallimard, 1991, p. 145-162.

tous les diables, et la mission». Sosie maudit aussi bien son maître et la mission qu'il lui a confiée que l'endroit où elle le fait se rendre. Mais il ne s'agit pas seulement de savoir quel est le plus vraisemblable, de la faute grammaticale ou de l'hyperbate audacieuse (on trouverait des exemples des deux dans l'œuvre de Kleist, et, en tout état de cause, la singularité ne fournirait pas d'argument). La véritable question est s'il convient de choisir ou si l'alternative ne tient pas à la chose même. Tout comme l'ajout de «et la mission», après «à tous les diables vous donnant», semble compter sur l'association «donner une mission» et la confusion qu'elle provoque, le troisième objet de la malédiction, le palais royal, pourrait être rattaché à l'expression «la route de Thèbes» pour mettre l'auditeur sur une fausse voie (comme s'il s'agissait d'indiquer une direction). Le philologue tient facilement une telle ambiguïté pour un scandale. Mais même si sa tâche est de connaître ce qu'il en est du texte et de résoudre le problème, la solution ne peut consister à éliminer une équivoque qui appartient au texte même. La solution philologique ne peut prendre la place du problème et la phrase de Sosie doit continuer de soulever la même question, toutes les fois qu'elle est entendue. C'est en ce sens qu'il faut entendre la thèse que le savoir philologique est connaissance perpétuée.

Les cas deviennent plus compliqués, dès qu'il faut renoncer à reconnaître l'intention de l'auteur. Bien que la philologie n'ait pas l'habitude de contourner le problème des équivoques, elle attend pourtant le plus souvent la solution d'une connaissance qui détermine la ou les significations visées par l'auteur, et celles qui n'ont pu l'être. Cette prétention est l'une de celles qui font souvent méconnaître plutôt que connaître l'objet. En effet, quand la science postule qu'il ne faut prendre en considération que la plurivocité qui répond à l'intention de l'auteur, elle ne semble rendre entièrement justice ni à la spécificité du processus poétique, ni à la spécificité d'une œuvre de création linguistique. Car elle suppose qu'un texte poétique reproduit des pensées ou des représentations. Si le mot est pour ainsi dire un véhicule au service de la pensée et de la représentation, on ne saurait prendre en considération, dans le cas d'une ambiguïté, que la ou les significations qui correspondent à la pensée ou à la représentation.

Le premier mot du poème *Prose* de Mallarmé est « Hyperbole ! » ; signifie-t-il la figure de l'hyperbole, l'acte d'exagérer ou bien les deux sont-ils vus en un, l'hyperbole figurant le mouvement d'un acte intellectuel ? Quelle est la pensée originaire ? La formule de Mallarmé, selon laquelle les poèmes ne sont pas faits de pensées, mais de mots, interdit de répondre à cette question. Au sens précis du terme, le poème débute *par le mot* « hyperbole », il n'est pas indispensable qu'aucune représentation indépendante du mot l'ait précédé. Or, dès que le mot n'est plus vu comme un simple moyen d'expression, il acquiert une puissance propre qui interdit de faire dépendre son interprétation du but visé par le poète. Même si l'œuvre menace par là d'échapper au poète, ce dernier n'est pas perdant, et la tâche de la philologie ne doit pas être d'enfermer la poésie contre la volonté et l'idée des poètes dans le filet imaginaire de l'intention.

On raconte de Stefan George qu'il a donné « aux poèmes le droit de subsister par eux-mêmes ; il pouvait peut-être leur trouver encore un sens dont il n'était pas conscient lors de la composition ; et peut-être plus tard des lecteurs en trouveront-ils aussi »[h]. Et Valéry écrit : « C'est une erreur contraire à la nature de la poésie, et qui lui serait même mortelle, que de prétendre qu'à tout poème correspond un sens véritable, unique, et conforme ou identique à quelque pensée de l'auteur »[i]. Une étude récente sur Kleist

h. K. Hildebrandt, *Das Werk Stefan Georges*, Hambourg [Hauswedell], 1960, p. 359.

i. Paul Valéry, « Commentaires de Charmes », dans *Variété III*, Paris [Gallimard], 1936, p. 80 (repris dans *Œuvres*, vol. I, Paris, Gallimard, 1957, p. 1509).

montre combien la science répugne à de pareilles idées; après avoir insisté sur l'art de l'ambiguïté, l'auteur ajoute : « Cet état de fait n'autorise pas l'ambiguïté des interprétations. Une œuvre prise dans son ensemble ne peut être interprétée à loisir, elle a une visée univoque »[j]. L'erreur de cette phrase ne réside pas seulement dans la supposition qu'une œuvre prise dans son ensemble est univoque, ce qui, entre parenthèses, pose la question de savoir comment se représenter la structure d'une œuvre dont l'ensemble est univoque en dépit de l'ambiguïté de ses parties. La fausseté tient surtout à l'alternative entre « univoque » et « pouvant être interprétée à loisir ». On y reconnaît, il est vrai, la raison de cette affirmation; il s'agit pour cette science de se défendre, chose justifiée, contre l'arbitraire de l'interprétation, et de réclamer, chose compréhensible, la possibilité de contrôler ses résultats. Mais ce contrôle ne peut recourir à un critère qui, au lieu de dévoiler les fausses interprétations, fausse son objet. Il fausse aussi les conditions de la connaissance philologique. Car la supposition qu'une œuvre n'est pas univoque, qu'un mot n'est pas seulement à entendre dans sa plurivocité quand cette plurivocité a été voulue par l'auteur, ne signifie nullement que *toutes* les interprétations soient justifiées. Il faut se situer au-delà de cette fausse alternative pour apercevoir la véritable difficulté, mais aussi la tâche qui incombe à la compréhension des textes : trancher entre le faux et le vrai, entre ce qui est étranger au sens et ce qui lui appartient, sans rien retrancher, au nom d'une prétendue univocité, au mot souvent objectivement plurivoque, ni au thème dont il n'arrive guère qu'il ne le soit pas.

Le problème de l'équivoque non intentionnelle, mais légitime paraît, il est vrai, se rattacher au développement du lyrisme moderne, comme le montrent les exemples – Mallarmé, George,

j. W. Müller-Seidel, *Versehen und Erkennen. Eine Studie über Heinrich von Kleist*, Cologne-Graz [Böhlau], 1961, p. 216.

Valéry. Mais des idées analogues sont attestées à une époque antérieure, comme dans l'*Introduction à l'exégèse correcte des paroles et écrits intelligibles* de Chladenius, de 1742. On y lit : « Parce que les hommes ne peuvent tout embrasser du regard, leurs mots, paroles et écrits peuvent signifier une chose qu'ils n'ont pas voulu dire ou écrire », et en conséquence, « on peut, quand on cherche à comprendre leurs écrits, penser, et non sans fondement, à ce dont les auteurs n'ont jamais eu l'idée »[k]. On ne saurait pourtant appliquer cette pensée de manière anhistorique aux époques passées. Mais la science doit aussi s'interdire de banaliser les acquis du Symbolisme, qu'on ne peut plus guère évacuer de la compréhension de la poésie du XXe siècle, en les réduisant quasiment à un phénomène historique qui ne modifierait pas les méthodes ou les critères qu'elle emploie. On devrait étudier si la conception de la langue chez Mallarmé et ses disciples n'a pas une importance heuristique à tout le moins pour les époques de l'histoire littéraire qu'on a coutume de désigner sous le concept de maniérisme, alors que la conception rationaliste de la langue, qui la réduit à un moyen d'expression, correspondrait aux œuvres classiques, dont le classicisme se constitue justement aux dépens du maniérisme.

On voit derechef que la problématique de la connaissance en science de la littérature tient à ce qu'elle est tentée de soumettre sa connaissance à des critères qui, au lieu de garantir sa scientificité, la mettent justement en question, parce qu'ils sont inadéquats à leurs objets. La science de la littérature ne doit pas oublier qu'elle est science d'un art; elle doit tirer sa méthode d'une analyse du processus poétique; elle ne peut espérer de connaissance effective qu'en s'immergeant dans l'œuvre et dans « la logique abou-

k. Cité d'après H.G. Gadamer, *Vérité et méthode*, trad. fr. P. Fruchon *et alii*, Paris, Seuil, 1996, p. 202.

tissant à sa production »[1]. Certes, elle devra démontrer dans chacun de ses travaux, toujours à nouveau, qu'elle n'est pas ainsi nécessairement livrée à l'arbitraire et à l'incontrôlable, à cette sphère qu'elle nomme souvent poétique – non sans un mépris étonnant pour l'objet qui est le sien. Elle devra pourtant affronter ce danger, au lieu de rechercher une protection auprès d'autres disciplines, si elle veut se prétendre une science.

1. Th.W. Adorno, « Valérys Abweichungen », dans *Noten zur Literatur* II, Frankfurt a.M. [Suhrkamp], 1961, p. 43 (trad. fr. *Notes sur la littérature*, Paris, Flammarion, 1999).

JEAN BOLLACK

L'ÉCRIT*

LE BLOCAGE PAR LA THÉORIE

La théorie poétique, s'attachant soit au genre, soit à la forme d'un genre, s'est souvent substituée au sens, en renonçant à étudier l'application dans des textes particuliers. Elle a fait abstraction du sens et s'est autonomisée. Le texte est pris dans une antériorité fournie par sa textualité. Aussi la théorie, tant qu'elle n'est pas philologiquement herméneutique, a-t-elle une propension naturelle à contester la pertinence de la recherche d'un sens. La primauté accordée aux vertus formelles, aux dépens de leur utilisation spécifique, prédispose l'option théorique à acclamer la souveraineté d'un signifiant libre.

L'interprétation en un sens dépasse la forme; elle la justifie après coup. Sans l'interprétation, l'approche théorique s'accroche à une forme et s'y perd. La théorie poétique ne peut pas être séparée de la connaissance des lois que s'est fixées une écriture, et donc de sa constitution. La pratique en dépend. Les figures ne s'épuisent pas dans leur vertu formelle; mais rien n'empêche pour autant qu'elles ne soient pas par elles-mêmes productrices

* J. Bollack, *L'Écrit. Une poétique dans l'œuvre de Celan*, Paris, PUF, 2003, p. 146, 150-152, 170-173, 174-175, 181, 184-185.

de sens. Les figures aussi sont des contre-figures ; elles transportent les mots et actualisent leur passage au sens.

L'approche théorique brute isole les formes particulières du discours du sens qu'elles produisent, et les insère dans une organisation esthétique générale, supra-individuelle. Or ce qui, d'un mouvement supposé, a été vraiment utilisé, s'est élargi et particularisé à la fois, réinvesti dans les figures de la contrariété.

Le cordon qui relie les lecteurs au monde consiste souvent dans des faits, petits et grands, des potins, et une étiologie intime de traverses et de malheurs que la signification peut ignorer. La science et la mémoire ordinaire de mille virtualités factuelles nourrit la haine de la signification réelle. Elle est considérée comme tyrannique. La violence de l'infirmité théorique n'a d'égale que son autocratie. La critique littéraire est plus ouverte quand elle referme, qu'elle distingue et qu'elle exclut. La recherche ne deviendra pas plus libre ou plus éclairée pour être restée inachevée.

Le poème se défend contre les mauvaises interprétations. L'art a ce recours. Le combat ultérieur qu'il livre, au cours du temps, contre ses déformations a, comme système de défense solide, le critère d'un jugement. En faire un élément soit secondaire soit arbitraire est l'une des armes de l'appropriation idéologique. L'écriture fixe une attitude devant l'histoire et devant la société. L'*intentio* est la forme donnée à la langue telle qu'elle est, façonnée par la société. Mais l'histoire est façonnée aussi, par l'écriture.

CONTRE L'HISTOIRE

Les reprises de textes antérieurs supposent de la part du lecteur la connaissance de ce qui est corrigé par la négation. Ce n'est pas une clé, pas plus qu'Homère n'est la « clé » d'Eschyle. Le poète a pu ne pas répondre à des questions. Il lui est pourtant arrivé de le faire. Quand il ne l'a pas fait, il savait qu'on ne reconnaîtrait pas la portée du jeu de la contradiction. On a dit que la poésie était « elle-même le secret que Celan tient à garder »[a], selon l'*a priori* du mystère de la langue de l'Être. Or les reprises sont claires, précises, elles se font voir. Le destinataire, où il s'en est trouvé, comprend – ou comprenait – parfaitement. Il est visé, il est l'initié, étant la personne impliquée à travers le dialogue que le poète conduit avec lui-même et la tradition comme avec un autre vis-à-vis.

Finalement les indications ne manquent pas. Elles incitent à rechercher un objet transformé. L'un se découvre, puis un autre. La poésie savante est récusée par les partisans du mystère, parce qu'ils lui reprochent d'être cryptique, passant à côté de sa nature. L'attente rejette violemment le principe de l'énigmatisation; le cadre n'est pas adéquat à l'idée que l'on se fait de la créativité. La tradition poétique est solidement constituée; elle ne souffre aucune mise en question. La redécouverte de Hölderlin par Norbert von Hellingrath dans l'entourage de Stefan George avant la guerre de 1914 est traitée par Gadamer comme une bataille qui a changé la face du monde : c'est le « grand événement » religieux, une annonciation porteuse de vérité dans l'ordre de l'art[b]. Comment s'attendre à ce qu'il vît que Celan ne s'y conformait pas et qu'un nouvel événement s'était, avant lui, substitué à celui-là ?

Comme les faits restent, et que les références sont là, on introduit le débordement d'une grammaire transformationnelle; la matière produit un nouveau texte, l'arrachant librement à ses impulsions premières. Celui-ci devrait donc être lu pour ce qu'il est devenu seulement, ou même au-delà si cela se peut. « C'est peut-être là le secret du poème, de s'être assimilé si profondément les impulsions de sa genèse, dans le statut de son existence que le

a. W. Menninghaus, « Wissen oder Nicht-wissen », dans Ch. Shoham et B. Witte (eds.), *Datum und Zitat bei Paul Celan*, Berne, P. Lang, 1987, p. 81-96, voir p. 92.

b. H.G. Gadamer, « Hölderlin und George » (1971), *Gesammelte Werke*, vol. 9, p. 229-244, voir p. 229-232.

chemin de retour ne peut plus être accompli qu'au prix de la poéticité même »[c]. Exacte négation d'une herméneutique critique ! Le devenir s'est perdu dans l'être de la chose. La « poéticité » s'y abrite. Ce sera une nouvelle victoire mythique du devenir sur le choix d'un individu.

Les arrières ne peuvent pas être coupés. Le lecteur est transféré de force dans l'horizon du scripteur. Le sens se loge dans la distance créée, parce que la contradiction est culturelle et historique. C'est le contraire d'un « jeu de devinettes » à rebours comme il est affirmé par dérision, lorsqu'on se moque avec cynisme de la recherche du sens et que la transformation linguistique est censée procéder d'une impasse, ou encore d'une impossibilité profonde. Les données récusées demandent à être restituées ; c'est la récusation qui fait le sens. On se refusera à annuler la contradiction et à réinstaurer, contre le sens, une vision considérée par l'auteur comme impossible en soi ou à cause de l'histoire.

Les dates sont contingentes[d], elles doivent l'être ; l'histoire l'est. Elles cessent de l'être quand elles sont traversées par une autre langue qui va à leur rencontre, et les éclaire. La contingence devient alors signifiante. Le brouillage lui-même a un sens. Le refus des interprètes conduit à faire du poète comme du lecteur-déchiffreur complices des attardés, attachés à une herméneutique dépassée, antimoderne et obscurantiste. Le lecteur savant est destitué ; sa faute est de reconnaître la difficulté, et de s'y accrocher comme à un critère de la précision.

Celan prétend à la vérité. On sait ou on ne sait pas de quoi il est question. Les mots conduisent à une identification. Ils ont le pouvoir de faire voir quelle est la matière qu'ils façonnent et

c. W. Menninghaus, « Wissen oder Nicht-wissen », art. cit., p. 92.

d. *Ibid.* J. Derrida insiste de son côté sur l'énigme de la date (*Schibboleth*, Paris, Galilée, 1986, p. 17). Il en fait une contingence qui rend le poème définitivement opaque. La date intérieure (p. 36) barre l'accès à la compréhension.

qu'ils refont, l'avant et l'après, avec la coupure entre les deux temps. Le lecteur est conduit à des faits et à une science de ces faits[e], dans le moindre phonème, au-delà des emprunts littéraires. Dans le cadre d'une distinction critique, l'intertexte se compose avec les figures de la négation. Le dépassement de la précision des allusions ou des citations, s'opère au profit de perceptions plus immédiates, telles qu'on les entend. La prolifération libre, réplique-t-on, est plus probable que le maintien d'éléments du savoir[f]. L'antithèse est factice. Les deux positions sont solidaires. Rien n'est laissé en place [*stehengelassen*], et, pourtant, tout reste désigné, à la merci de la contradiction. On voit quel est le dépassement, quelle conscience est écartée. Les éléments du savoir sont maintenus, en vertu d'un réemploi, ironique ou parodique ou tragique, tout ce qu'on veut. Le texte ne cesse de se défendre contre l'adversaire qui compromet la base de son existence. C'est la possibilité de s'affirmer qui lui est contestée par une mise en question des références positives, heideggérienne dans son essence. La critique objective et initiale, quand elle s'est écrite est aussi référentielle que devra l'être la lecture, si elle désire toucher au sens.

« C'est génial » : on se l'accorde universellement. Et si c'était d'autant plus difficile que ce génie-là est passé à côté de l'attente universelle ordinaire ? Celan redresse, à la lumière de l'histoire, qui rectifie ; ce redressement a été annulé par tant d'interprètes, en dépit de tous les blasphèmes et de toutes les dénégations explicites. La valeur, si elle est évoquée pour être abolie, est alors réinstituée, la contradiction levée, la cohérence perdue, dans tant et tant de cas. On pourra toujours répondre : « Il ne le dit pas », « ne le dit pas clairement », etc. Tel qu'on l'entend, c'est vrai. [...]

e. « Savoir factuel », W. Menninghaus, « Wissen oder Nicht-wissen », art. cit.
f. *Ibid.*

La fausse obscurité

L'obscurité a fait barrage, servant de prétexte pour ne pas lire. Le mystère à tout prix, a prévalu pour lui-même, pour la révélation de l'Être, pour l'ouverture, pour tout ce qu'on peut trouver qui va contre un sens précis, et la fermeture d'une prise de position particulière.

Les lois découlent de l'option hermétique. Gadamer, porte-parole d'une longue tradition de la critique, rejette les règles de l'art moderne. Reléguant l'obscur, il construit des passerelles hors lecture, menant à des clartés familières, mais factices, à partir de certains *mots* qui sont isolés du mouvement des ensembles et développées par association. Le principe de génération est hérité de Heidegger : la vérité s'éclaire en se concentrant dans certains mots, où s'incarne le langage. Il subsiste alors, en dehors de ces points d'ancrage, un « reste » ; il est considéré comme cryptique, abandonné à lui-même, indéchiffrable[g]. Ainsi on a supposé que le langage de la communication est présent, mais interrompu dans une partie au moins des poèmes[h]. Il n'y a pas de langue de la communication, ni donc d'interruption, mais une rupture initiale et totale, qui concerne le moindre élément phonique. On a pu aussi reprendre la définition de Böschenstein de l'« insolubilité sémantique »[i]. On pourrait peut-être avec plus de justesse parler

g. H.G. Gadamer ([*Wer bin Ich und wer bist Du ?*, Frankfurt a.M., Suhrkamp] 1973, 2e éd. 1986 ; trad. fr. *Qui suis je et qui es tu ? Commentaire de « Cristaux de souffle » de Paul Celan*, Arles, Actes Sud, 1987), p. 132-133 : Herméneutiquement, l'incompréhension, au lieu d'être taxée comme un signe d'incompréhensibilité essentielle, peut être considérée comme une étape nécessaire à la compréhension.

h. Ainsi M. Janz, *Vom Engagement absoluter Poesie*, Frankfurt a.M., Syndikat, 1976, p. 186.

i. Th. Sparr, *Celans Poetik des hermetischen Gedichts*, Heidelberg, Carl Winter, 1989, p. 88, d'après Böschenstein, « Die notwendige Unauflöslichkeit. Reflexionen über die Dunkelheit in der deutschen und französischen Dichtung » (« von Hölderlin bis Celan »), *Zeitwende*, 1975, p. 329-344.

d'une destitution sémantique intégrale de l'usage, préalable de l'énigmatisation et de sa résolution. C'est ce qu'il fallait entendre, quand Celan parlait de la clarté de ses poèmes, sachant qu'ils étaient *obscurs*[j]. Il se désolait quand il apprenait qu'on les jugeait inintelligibles. [...] Mais l'obscurité peut être claire, élucidable, et les prétendues clartés terriblement obscures, à savoir confuses. La véritable obscurité est en effet cathartique.

Quand on identifie approximativement les mots en rapprochant telle notion d'un horizon particulier où l'on croit la trouver décrite, comme l'a fait Gadamer, il ne reste que la chose, abandonnée aux intonations multiples, avec son mystère et son halo. La métamorphose du langage est effacée, la force de négation par avance reniée. L'opacité augmente lorsqu'elle s'installe dans un malentendu. « Une partie de l'effet déroutant repose peut-être sur l'obscurité de ce que le poète a cherché à dire »[k]. On a pu dire cela de la violence monstrueuse déposée dans les mots repris et éclairés. La non-compréhension reçoit alors une justification : le refus de l'intelligible est intentionnel ; l'auteur est associé à l'incapacité du lecteur.

Confronté aux attentes d'une vérité révélée, l'hermétisme a une apparence de gratuité. Mesurée à l'aune des valeurs transmises, la précision d'un langage autonomisé est imprécision. On suppose qu'il les rejoint et l'on constate (ou non) qu'il les manque, là où il les a désignées pour les délaisser.

Ceux qui combattaient la recherche d'une cohérence et l'idée d'une « unité de sens », parfois revendiquée[1], ont invoqué l'obscu-

j. H. Huppert, « Spirituell. Ein Gespräch mit Paul Celan », dans H. Huppert, *Sinnen und Trachten. Anmerkungen zur Poetologie*, Halle [Mitteldeutscher Verlag], 1973, p. 29-35, voir p. 31-32 (repris dans W. Hamacher et W. Menninghaus (eds.), *Paul Celan*, Frankfurt a.M., Suhrkamp, 1988, p. 319-324 ; voir p. 320-321).

k. P.H. Neumann, *Zur Lyrik Paul Celans*, Göttingen, V&R, 1968, p. 50.

l. Voir G.M. Schulz, « Fort aus Kannitverstan », *Text und Kritik* 53/54, 1977, p. 26-41, voir p. 26.

rité des textes comme un argument contre le déchiffrement : « pourquoi cette difficulté, la dureté, l'hétérogène, l'inassimilable, s'il s'agissait simplement de transmettre au lecteur l'unité d'une signification ? » [m]. L'unité faisait pauvre.

On attend tout du foisonnement, de la plongée dans l'indistinct dionysiaque. La prolifération des sens surgira du désordre. L'erreur, touchant le genre, atteint ici un point culminant. L'opinion renverse la doctrine classique de l'*obscuritas* [n], selon laquelle la différence créée entre les formes par l'arrangement est décisive. La clarté de l'idiome obscur sera d'autant plus éclatante et distincte. On sait ce que Celan a pu dire à ce sujet. Ainsi, dans *Le Méridien*, il a fait lui-même état de l'obscurité comme d'un grief adressé à la poésie. Il cite une phrase des *Pensées* de Pascal : « Ne nous reprochez pas notre manque de clarté puisque nous en faisons profession ». Il poursuit : « je pense que ce n'est pas là l'obscurité congénitale, mais celle qui est assignée à la poésie en vue d'une rencontre, à partir d'un éloignement ou d'une étrangeté qu'elle s'est peut-être à elle-même proposés » [o]. Il y a un moyen, une finalité. L'obscurité n'est ni innée, ni originaire, elle s'ajoute.

La destruction du sens procède du doute jeté sur l'existence et sur la justesse des lectures fermées qu'il réclame, à savoir ouvertes sur la structure inhabituelle des textes. L'acte de l'élucidation est déprécié par les théories récentes de la production. Il est présenté comme un travail de décodage, ce que partiellement il est, afin

m. Voir W. Menninghaus, « Wissen oder nicht-Wissen », art. cit., p. 89.

n. Voir H. Lausberg, *Handbuch der literarischen Rhetorik*, Munich [F. Steiner], 1960, vol. 1, p. 444 et 513-514; M. Fuhrmann, « Obscuritas (Das Problem der Dunkelheit in der rhetorischen und literarästhetischen Theorie der Antike) », dans *Poetik und Hermeneutik* II, *Immanente Ästhetik. Ästhetische Reflexion. Lyrik als Paradigma der Moderne*, W. Iser (ed.), Munich, Fink, 1966, p. 47-72.

o. GW III, p. 195.

d'être conduit à ce qu'il n'est pas, à l'absurdité de la découverte miraculeuse et inessentielle d'une clé.

Pour être lu ou compris et poussé vers la transparence d'une signification, le poème est sa propre clé et il doit être déchiffré à la lumière de sa langue nouvelle. L'outil est dans l'apprentissage des mots, d'abord, hors références. Familiarisé avec le mot « neige » ou avec le mot « rose », le lecteur parvient, à l'aide des développements et des retours, à reconnaître les transferts linguistiques et les néologismes sémantiques, s'appuyant souvent sur des nomenclatures techniques. La langue celanienne fait l'œuvre, elle la traverse, distincte des références que, nouvellement et secondairement, elle introduit. La constitution de l'idiome se perpétue et s'affermit dans l'application. Le poème intègre l'extension, et souvent la signale comme telle, comme une matière ouverte qu'il intègre. Les deux préalables se complètent, assignant deux ordres à la recherche; l'une reste interne, traverse les recueils et s'élargit; son apprentissage dépend des retours que fait le lecteur sur les textes, de lectures extensives et intensives; la connaissance des valeurs propres, liées aux réfections, en procède; l'autre s'ouvre au dehors, puis embrasse; elle est complémentaire, culturelle dans un sens plus large, en restant aussi personnelle que l'autre.

Ce travail risque toujours d'être remis en question; le décodage est rapporté à l'existence présumée d'informations non indispensables, dénichées par la passion d'universitaires fouineurs, bien que les antécédents du refus soient d'origine mondaine; pour le fond, à savoir la matière du texte, les appels à l'investigation qu'il exprime ne sont pas entendus. L'inintelligible, plus vite disponible, est joué contre la précision, alors qu'elle s'en arrache. La référence externe n'est pas une clé, elle n'est même pas une citation; l'élément nouveau est approprié et corrigé; sa transformation est une composante majeure de la texture sémantique.

La matière est deux fois précise, ésotérique par définition, pour ce qui ne s'entend que du dedans. L'approche est l'affaire du lecteur, allant à l'œuvre; elle ne vient pas à lui ni ne se poursuit selon la théorie de Barthes ou de Mukařovský. L'inconnu, que l'on présente comme « autre », dépend d'informations qui touchent l'horizon de l'époque de l'auteur dans son individualité, et de son passé. La nouveauté était là. Les intégrations sont des volontés de témoignage. L'horizon peut être reconstruit et préservé par un travail commun; on aura toujours à regretter qu'il ait été rendu si difficile par la négligence, largement dogmatique, des premiers éditeurs, chargés de communiquer le matériau utile à l'intelligence des œuvres; ils n'ont pas reconnu le caractère de l'art. Beaucoup d'incertitudes de la critique ont eu pour origine, jusqu'à présent, une désinformation, qui n'est pas innocente. Le manque a ses raisons; le postulat d'un texte se suffisant à lui-même a annulé le témoignage.

Le sens obscur

Ou bien le texte est *à déchiffrer*. Le sens fixé attend d'être lu et reconnu. Ou bien le texte est *disponible*. On en fait ce qu'on peut. S'il est à déchiffrer, c'est qu'il s'est chiffré, et donc aussi déchiffré par son écriture. En fait, dans le deuxième cas, on remonte aux conditions de sa constitution. On rapporte l'éventail des associations possibles à l'utilisation spécifique des mécanismes expressifs.

L'*autorité du sens* est provisoire s'il s'agit d'une étape sur le parcours méthodique de sa découverte. Le sens trouvé, on sera libre. On en pensera pour soi ce qu'on veut. Ce qui est combattu d'autorité sous ce nom, n'est pas le sens éventuel qui est au bout d'un travail, mais ce travail même et les procédés même d'autorité, interdits par la simple hypothèse de son existence. Ce qui est obscur ne peut pas se lire en clair. L'apparence obscure de l'énigme trompe. Fausses énigmes, fausses solutions.

Si l'on fait le détour en bonne logique herméneutique par l'apprentissage de la langue des poèmes, le celanien, pour apprendre à les lire, la part de l'encore-non-intelligible ne se définit pas par rapport à une autre forme d'expression, préexistant au-dehors, plus attendue ou plus immédiate. Cependant dans certains textes, l'exercice se révèle plus difficile ou plus désespéré que dans d'autres. La redéfinition de l'hermétisme permet aux initiés d'aborder le déchiffrement des énigmes. La structure est parfaitement intelligible, l'opération, rationnelle. Peut-être les progrès des spécialistes de la lecture sont-ils pour bientôt. Il faut avoir fait ses classes. La plupart des auteurs encore ne savent pas trop de quoi ils parlent lors même qu'ils traduisent. On peut encore nier que des informations soient requises. Même acquises, elles ne sont dans ce cas d'aucun secours.

La structure du langage ouvre un angle d'appropriation individuelle, qui exclut les réappropriations postérieures lorsqu'elles s'en écartent. L'écart initial est irrécupérable. Pour qu'il soit annulé quand même, les références ont dû être assimilées aux contenus identifiables de la tradition, connus par la lecture d'autres auteurs, et tels encore qu'on les lit.

L'obscurité s'enveloppe dans un réseau. Les différences se déchiffrent à la lecture par accoutumance, par une accommodation de l'œil aux valeurs nouvelles. L'écart est de nature plus culturelle quand l'emploi distinct se fait allusif; il dit alors expressément ce qu'il ne dit pas, désigne plus clairement ce dont il se démarque. Un tournant constant a produit tous les écarts.

Qu'il soit fréquemment fait référence à certains événements montre que les autres, plus littéraires, ne sont pas moins traités dans leur portée particulière, avec leurs effets historiques, comme des discours qui ont été tenus, et utilisés. La langue montre qu'elle s'applique à se dépouiller de toute aspiration prophétique; elle démythifie les mythes, les mythes juifs non moins que les autres; elle démystifie les mystères. Le « sens » des paroles transmises n'est pas mort, le « non-sens » n'est pas roi – le serait-il ailleurs – il s'éclaire et survit dans ce qui le contredit.

Les rencontres de la vie personnelle sont, ou paraissaient être fortuites parce que souvent elles n'étaient pas connues, et qu'elles sont plus difficiles à repérer. L'expérience a été traduite dans la langue, selon le même rythme que dans les autres poèmes ; elle reste souvent à trouver ; elle est indéchiffrable quand la référence fortuite n'est pas restituable. Un certain nombre d'entre elles ont été fixées – d'autres auraient pu ou auraient dû l'être et elles pourraient être identifiées sur la base de recherches et à partir des interrogations suscitées par le texte. La matière est souvent appelée privée, et rejetée pour cela. En un sens, elle l'est, liée à l'existence quotidienne, une manifestation ultime d'un critère de vérité. Elle se présente parfois comme des notes inscrites dans un journal poétique, applications presque anecdotiques d'un idiome, fragments d'un soliloque, confirmations de thèmes par d'ultimes variations. L'étrangeté du référent se mêle plus obstinément, et plus subtilement peut-être, à l'obscurité du langage. Transposée, condensée, l'histoire personnelle s'inscrit, comme elle le fait ailleurs ; qu'elle se rattache à une expérience privée prête au principe un caractère plus absolu.

Quand on ne reconnaît pas le système interne qui produit l'actualisation particulière, toutes les identifications fallacieuses de l'immédiateté, les fausses obscurités affluent, et tout ce qui reste incompréhensible prend de l'importance ; à défaut de reconnaître l'*obscurité*, le texte entier sera obscur. La plupart des articles qui sont publiés balancent entre deux approches ; la recherche d'une clarté introuvable, liée aux choses représentées d'ordinaire, n'est pas abandonnée, bien qu'elle tourne court, et l'impasse nourrit l'attrait de la fausse nuit du mystère, masquant la vraie clarté des visions nocturnes.

Le lecteur peut ne pas vouloir entrer dans un monde clos à constellations variables et à références fixes ; il ne nie pas pour autant le caractère différent du système. En fait, si l'existence en avait été simplement admise, l'univers poétique, pour idiomatique qu'il fût, aurait depuis longtemps été identifié et déchiffré ; il a été obscurci et retraduit en faux mystère par la résistance à l'*obscurité poétique*. Le codage répond à un jeu, à un mouvement de plaisir, le décodage aussi. Il se meut dans un va-et-vient, entre un affranchissement et un assemblage de part et d'autre.

Toutes les pistes, dans le décodage, ne mènent pas au but. Ce sont des hypothèses, et, comme telles, elles doivent être soit abandonnées soit retenues, selon la vraisemblance, d'abord confirmée par le contexte de l'œuvre entière, suivant la science des œuvres.

Le poème se redécouvre

Occulté, le texte se constitue comme tel pour un sens, pour être lu autrement qu'on ne lit. Il impose sa lecture – que les interprètes lui ont le plus souvent refusée. Reproduisant une composition, le travail du déchiffrement reconstitue ; il force à refaire l'expérience d'une découverte, par l'imposition d'un pouvoir magique. Sans lui, on ne comprendra pas – sans revivre ce mouvement en acte, sans entrer dans cette vie-là, déposée dans la lettre.

L'énigmatisation garantit l'intelligibilité plus que tout autre type d'énonciation, parce qu'elle projette dans le texte sa propre construction du sens. La précision qu'elle suppose est univoque par définition, du fait même qu'elle est implicite, mais explicitable, désignée sans être dite. C'est l'anti-mystère. Quand même le sens resterait introuvable, il n'a pas pour autant ni l'ambiguïté ni la polyvalence qui l'effaceraient. Ce qui est inexplicité le reste pour un temps dans son obscurité intrinsèque, en principe provisoire.

L'interprétation rejoint le poème tel qu'il s'est fait, le saisit au moment où il s'est fait. Le poème redevient lui-même en cessant de se dérober. Pourtant sa substance ne se confond pas avec le sens déchiffré. Entre la forme scellée et la cohérence du sens originel que l'on reconstitue, une distance demeure qui fait voir l'écart où la chose quand elle s'est faite s'est séparée d'elle-même. On saisit la tension interne, le mouvement de repli quand la difficulté a été vaincue.

Le poème appelle commentaire; lui-même il se commente. Presque tous à la fin montrent ce qu'ils transforment, à quoi ils se réfèrent. Aucun n'évoque la chose pour ce qu'elle est seulement. Pour la révoquer, plutôt. On peut toujours écrire qu'un poème ne parle pas *expressément* d'Auschwitz[p]. Cela se lit encore fréquemment. Il est vrai que la langue refaite ne parle pas ainsi d'une chose, elle la fait être. La distance se mesure, elle s'étend d'un dit à sa redite.

Le bonheur d'élucider ne dure pas; le texte se referme à un certain moment. Le mouvement pousse vers la découverte, et rejoint celui même qui avait conduit à la construction originelle. L'acte du déchiffrement est à recommencer à chaque lecture, la revitalisation n'est pas définitive.

Les références, c'est ce à partir de quoi et contre quoi une lecture-écriture s'est trouvée. Elles peuvent être connues et doivent en principe être identifiées par le lecteur qui ne récrit pas, mais refait une lecture, relit, redéchiffre du déchiffré. Virtuellement du moins, si l'événement, Hiroshima, ou l'alunissage, ou des rencontres plus personnelles et intimes font partie du domaine qui se lit, c'est-à-dire d'une matière pouvant accéder à une lisibilité. Le domaine est immense, et en partie introuvable, même pour la communauté actuelle et future de tous les lecteurs. Une masse considérable a été repérée – c'est une raison de plus de dépouiller la masse des critiques, toutes insuffisantes qu'elles sont par

p. Voir l'analyse de la controverse qui a opposé P. Szondi à H.E. Holthusen à propos du poème « Tard et profond » (GW I, p. 35), dans J. Bollack, *Pierre de cœur*, Cognac, Le temps qu'il fait, 1991, p. 11-15.

ailleurs. L'actualisation restera difficile pour le lecteur particulier; si large que soit son horizon livresque, il y aura un reste toujours, qu'il n'identifie pas, et un autre, peut-être non identifiable, là où l'expérience est plus absolument personnelle encore. Mais l'horizon se réduit de jour en jour. Or aucune expérience n'est consignée pour rester cachée, aussi privée soit-elle.

Les fausses pistes

La non-reconnaissance de la dimension linguistique a une série de conséquences, liées entre elles.

1. Les références visent les objets visibles comme une réalité immédiate.

2. Les événements historiques ne sont pas présentés comme l'objet d'une décision, mais, suivant une approche déterministe, comme un destin imposé au poète du dehors par une fatalité, dans une situation déplorable. Il n'a pu faire autrement que de le dire, forcément. La dimension événementielle est séparée du langage, qui pourtant en est teinté en profondeur.

3. Un sentiment prend alors le dessus. Il est placé à l'origine de la création et restera évoqué au cours de la lecture des phrases, accréditant l'idée que leur ordonnance a dû être inspirée par lui.

4. Les mots sont pris dans leur acception courante; ils restent accordés aux signifiés usuels dans le monde du sentiment (voir 3) ou de l'observation sensible (1), sans référence à des valeurs nouvelles.

5. Comme le transfert dans une autre sphère ne peut être méconnu, il est déconnecté de la langue au profit d'une coupure métaphysique traditionnelle et d'une vie d'outre-tombe.

L'INTERPRÉTATION DES RÉFORMES

L'identification avec le texte cité, ou « consensus préalable »[q], concerne la relation entre la langue idiomatique et la texture des éléments intégrés, qui ne sont pas au même titre des entités séparées de la langue commune. L'alchimie de l'intégration s'accomplit par des voies étonnantes. La pertinence de cette lecture, appelée de ce nom, a pourtant été contestée violemment par la critique postmoderne[r]. Le processus a été mis en question sous quatre chefs : l'identification des reprises, le statut de l'intention de l'auteur, la primauté du thématique dans l'analyse du contenu, et enfin l'unité de sens.

1. L'identification de la référence est requise si l'on considère l'effet que produit l'idiome en pénétrant la citation. Sauf dans le cas de très exceptionnels ralliements, une distance sera prise et s'exprime. L'emprunt est à la fois dit et renié. La référence est analysable à ces deux niveaux, un avant et un après, sans que l'unité de sens du texte soit mise en question.

L'intertextualité, prise pour modèle de la différence, pose un problème complexe. La signification du concept change si l'on accentue le caractère déterminé et réfléchi de la reprise. Le vocabulaire se modifie et s'approfondit dans le dialogue interne de la parole poétique avec elle-même, sur le mode d'une variation qui va de la confirmation à la mise en question.

Il est vrai que le terme de « consensus préalable » n'est pas heureux pour les citations. Elles sont intégrées et en cela, consonantes et dissonantes, très rarement consentantes ; l'intégration met à l'épreuve et creuse.

2. Le problème de l'intention, dont on n'acceptera que sous grande réserve qu'elle « est irréductiblement déviée par la

q. G.M. Schulz, « Fort aus Kannitverstan », art. cit., p. 27.

r. W. Menninghaus, « Wissen oder nicht Nichtwissen », art. cit., p. 88.

langue » – elle se définit comme maîtrise de la déviation – ne peut pas être posé dans les termes du poststructuralisme ou déconstructionnisme. L'utilisation d'une référence culturelle de quelque origine qu'elle soit recouvre une signification par le choix et par le sens donné à ce choix avant son intégration dans le texte. L'opération sélective a été mise en évidence dans les pages de Szondi sur « Tu es couché »[s]; la constitution de l'idiome interdit de récuser la notion d'intentionnalité par le recours aux mécanismes herméneutiques de nature immanente incontrôlée. Les éléments sont d'emblée orientés, la signification résulte d'une différenciation d'un ensemble; la citation est captée et intégrée dans le réseau de cette structure, nouvellement construite, et donc déchiffrable, qui règle le jeu des déviations d'abord arbitraires, puis intentionnelles.

3. L'élargissement des ressources formelles de la modernité ne permet pas de construire un conflit entre, d'une part, un rapport d'éléments non thématiques et, de l'autre, la recherche d'un contenu sémantique, aux dépens de la seconde. Le préjugé, toujours le même, dans l'herméneutique d'un Gadamer aussi bien qu'avec le déconstructionnisme, conduit à privilégier et à autonomiser les automatismes d'une subjectivité universelle et anonyme contre la détermination étudiée d'une production singulière. Le problème important de l'accord global des composantes, dans les limites de l'art, selon la nature d'une tonalité et d'un thème, n'est pas touché. Il n'entame en rien la légitimité de la recherche sémantique individuelle.

Les exemples de reprises rythmiques, d'avance fortement marquées par leur provenance culturelle et rituelle, illustrent bien l'accord entre la parodie des formes et le coefficient subversif, s'unissant à un système sémantique autonome. La polyvalence,

s. Dans P. Szondi, *Poésie et poétique de la modernité*, M. Bollack (éd.), Lille-Paris, PUL-MSH, 1987.

illimitée en soi, a ses limites. L'ouverture se délimite dans l'emploi qui en est fait. Une forme vient s'inscrire dans une autre qui lui préexiste; la différence du réemploi produit le sens.

4. La cohérence sémantique ne repose pas sur « des hiérarchies métaphysiques »[t], loin de là. On ne saurait les prêter à Celan, ni supposer non plus que l'utilisation des théories du signe, actuellement en vigueur, l'ait empêché d'organiser des structures sémantiques, qui, pour ne pas être « métaphysiques », fussent moins rigoureuses, au contraire. Le malentendu est important.

La lecture-déchiffrement est rejetée par principe. Le sens est d'avance banni; la lutte, qui s'exprime au dedans, est annulée. La recherche du sens étant décriée, on prend prétexte de l'existence d'une herméneutique inadaptée et restrictive pour empêcher d'établir les préalables esthétiques qui conviendraient herméneutiquement à l'objet. On préfère la décomposition érigée en principe, sans finalité. Une définition théorique plus solide aurait fondé une pratique appropriée. Si l'on ne veut pas entrer dans l'œuvre, c'est que sans doute l'on n'accepte pas d'y être pris.

Il y aurait lieu, si le débat n'était pas bloqué par l'absence de recherche d'un consensus scientifique et philologique, de mesurer le degré de cohérence d'un texte, de reconnaître ce qui entre dans la logique d'un déchiffrement plausible. On distinguerait alors cette part de l'autre, qui procéderait d'un excès d'interprétation. Le texte a déjà pris ses libertés; le lecteur les ignore et il procède au mépris des règles que celui-ci s'est si visiblement fixées. C'est un dialogue de sourds.

t. Voir W. Menninghaus, « Wissen oder nicht Nichtwissen », art. cit., p. 89.

AXEL BÜHLER

LA FONCTION DE L'INTENTION DE L'AUTEUR DANS L'INTERPRÉTATION*

Quel rôle doivent jouer les intentions de l'auteur dans l'interprétation d'expressions ou de texte? Je discute ici trois conceptions différentes du rôle méthodologique de l'intention de l'auteur dans l'interprétation.

I. L'INTENTION[1] DE L'AUTEUR COMME MOYEN DE CONNAISSANCE

Selon la première de ces conceptions, l'intention de l'auteur est un moyen pour recouvrer la signification du texte. Le recouvrement de la signification du texte est identifié au but proprement dit de l'interprétation.

* A. Bühler, « Die Funktion der Autorintention bei der Interpretation », dans J. Schönert et F. Vollhardt (eds.), *Geschichte der Hermeneutik und die Methodik der textinterpretierenden Disziplinen*, Berlin, de Gruyter, 2005, p. 463-472. Traduction par Denis Thouard.

1. Bühler emploie indifféremment « Intention » ou « Absicht » où l'on traduit « intention ». Le style oral du texte a été préservé.

Pour que l'établissement de l'intention de l'auteur puisse servir au recouvrement de la signification du texte, on suppose un lien étroit entre l'intention et la signification du texte. Le concept d'intention de l'auteur est utilisé par les partisans de cette conception pour expliciter le « concept de la signification d'une œuvre littéraire »[a]. Cet essai d'explication est lié à l'idée que « la signification d'une œuvre littéraire s'établit par l'intention de l'auteur »[b]. On suppose l'existence d'un lien conceptuel entre le concept d'intention de l'auteur et celui de signification de l'œuvre. La présupposition implicite est alors l'existence de quelque chose comme la signification d'un texte, qui serait univoque et unitaire. On suppose par ailleurs que cette signification réside dans les intentions de l'auteur. L'intention de l'auteur constituerait ainsi la signification du texte; elle est au fondement, et non l'inverse. L'affirmation que l'intention de l'auteur est la signification du texte est également connue comme la « thèse de l'identité »[c].

La thèse de l'identité peut être étendue à d'autres textes que purement littéraires, quand on suppose qu'ils ont une signification textuelle.

Quelle est la pertinence méthodologique de la thèse de l'identité? Selon elle, quand on a affaire à des textes, établir l'intention de l'auteur est nécessaire à la découverte de la « signification » du texte. L'établissement de l'intention de l'auteur semble valoir comme l'unique moyen d'établir la signification textuelle. Les partisans de cette position se préoccupent d'ailleurs

a. P.D. Juhl, *Interpretation. An Essay in the Philosophy of Literary Criticism*, Princeton (NJ) [Princeton UP], 1980, p. 5 – « Expliciter » est pris ici au sens technique d'une explication conceptuelle.

b. *Ibid.*, p. 9.

c. Voir L. Danneberg et H.-H. Müller, « "Der intentionale Fehlschluss" – ein Dogma? Systematischer Forschungsbericht zur Kontroverse um eine intentionalistische Konzeption in den Textwissenschaften », I & II, *Zeitschrift für allgemeine Wissenschaftstheorie* 14, 1983, p. 103-137 et 376-411, *cf.* p. 118.

essentiellement de la signification de textes entiers, pas tellement à la signification de phrases ou de mots comme éléments de textes.

Pour ce qui regarde (1) la présupposition implicite de la position ici esquissée, il s'agira de demander quelle est la signification unitaire qui peut être attribuée à un texte en totalité, en quoi peut consister la signification d'œuvres littéraires entières. Il convient de demander plus précisément : est-ce que des unités linguistiques de niveau supérieur à la phrase peuvent recevoir une signification au sens d'une des conceptions courantes de la signification qui ont été élaborées pour les phrases et les unités infraphrastiques ? Est-ce que les significations d'unités linguistiques de niveau inférieur à la phrase de même que les significations des phrases elles-mêmes sont de même espèce que les « significations » des textes, c'est-à-dire d'unités supérieures au niveau phrastique ? On est loin de s'accorder sur le fait de savoir si de telles significations unitaires d'œuvres entières sont bien des significations d'espèce semblable tant aux extensions qu'aux intensions de phrase ou de mots, cela ne paraît pas du tout réglé d'avance. Quelle est la « signification » d'un roman entier comme de la *Montagne magique* de Thomas Mann ou de *Jurassic Park* de Michael Crichthon ? Les partisans de cette sorte d'intentionnalisme textuel évitent malheureusement d'établir des déterminations plus précises du concept de « signification du texte ». Et les tentatives d'élaborer de tels concepts pour la linguistique textuelle en sont encore, à ce qu'il me semble, aux commencements.

Cependant, on peut faire une brève remarque quant aux possibles conceptions de la signification d'un texte. On pourra sans doute distinguer entre des concepts intensionnels et extensionnels de la signification d'un texte. Pour l'aspect intensionnel, on a des explications, comme on les trouve chez Busse. Étant très peu spécifiques, elles ne sont pas bien utiles : la signification serait « la potentialité de faire survenir une activation ciblée de savoir par le récepteur du texte »[d]. On peut se demander dans quelle mesure le concept forgé par la linguistique textuelle de « contenu essentiel, qui ne doit pas être perdu lors d'une réduction radicale du texte, et que nous visons quand nous demandons de quoi il "s'agit" dans le texte »[e] a à voir avec un concept intensionnel de la signification du texte. Est-ce que le contenu d'une paraphrase résumante est la signification du texte? Une théorie représentationaliste de la signification pourrait sans doute saisir l'aspect extensionnel de la signification du texte, qui distingue entre des états de choses et des situations de choses plus complexes, et stipule qu'une phrase représente un état de chose et un texte une situation de chose. Il me semble que la théorie de von Kamp et Reyle développe une telle conception en ordonnant les textes aux « Discourse Representation Structures » [structures de représentation du discours][f]. De telles structures consistent en des référents discursifs et en certaines conditions auxquelles doivent satisfaire ces référents. Coseriu distingue entre ce qu'un texte représente et le sens de ce qui est représenté par le texte[g]. Ce dernier concept de sens ne paraît relever ni d'un concept intensionnel ni d'un concept extensionnel de la signification du texte. D'autres candidats pour la signification des textes sont encore le message éventuel ou l'énoncé qu'un texte doit communiquer comme les allusions qu'un auteur fait avec le texte. Quelle espèce

d. D. Busse, *Textinterpretation. Sprachtheoretische Grundlagen einer explikativen Semantik*, Opladen [Westdeutscher Verlag], 1992, p. 101.

e. A. Linke *et alii*, *Studienbuch Linguistik*, Tübingen [Niemeyer], 1996, p. 237.

f. H. Kamp et U. Reyle, *From Discourse to Logic. Introduction to Modeltheoretic Semantics of Natural Language, Formal Logic and Discourse Representation Theory*, Dordrecht [Kluwer], 1993.

g. E. Coseriu, *Textlinguistik*, Tübingen-Bâle [Narr], 1994.

de signification est-elle visée quand on dit que l'interprétation doit établir la signification du texte ?

Pour ce qui concerne (2) la thèse de l'identité, il convient de rappeler d'abord qu'il y a des significations linguistiques qui ne peuvent pas sans plus être identifiées avec des intentions, avant tout les significations conventionnelles d'expressions ou de formes grammaticales. Puisque ces significations (de phrases, d'expressions particulières) ne coïncident cependant pas avec la signification du texte, cette objection peut être levée. Mais inversement il y a de nombreuses intentions que les auteurs associent à l'élaboration d'un texte qui n'entrent pas dans la signification du texte quelle que soit la façon dont on la prend. L'intention de Michael Crichton d'exploiter financièrement avec le roman *Lost World* le succès de *Jurassic Park* n'est sûrement pas une composante de la signification de *Lost World*. On peut donc douter que le lien affirmé entre l'intention de l'auteur et la signification du texte soit effectivement donné. Deuxièmement, comme il ressort de l'exemple précédent, toutes les espèces d'intention de l'auteur ne sont pas pertinentes pour la « signification » de l'œuvre. C'est pourquoi les partisans de la thèse de l'identité devraient en dire plus quant aux espèces d'intention auctoriale qui peuvent être pertinentes pour la signification d'une œuvre en général. Et tant que l'on ne donne pas plus d'indication à ce sujet, la portée spécifique de la thèse de l'identité demeure obscure.

De cette façon, on peut mettre en doute les présupposés de la conception de l'intention de l'auteur comme moyen pour connaître la signification des textes. Cette conception elle-même devra elle aussi être rejetée. Si la thèse de l'identité est rejetée, alors le recours à l'intention auctoriale ne suffira pas le plus souvent à fournir la signification du texte. Et si l'on doute ainsi de l'unicité et de l'univocité de la signification du texte, alors il n'est plus évident de voir le but de l'interprétation dans la saisie de la signification du texte. Quelle espèce de signification du texte s'agit-il donc d'établir à proprement parler? Et est-ce que les intentions de l'auteur sont pertinentes pour toutes les espèces de signification de texte? On ne sait plus clairement pourquoi on devrait en général recourir à des intentions auctoriales [h].

Je voudrais encore brièvement commenter une légitimation souvent invoquée de cette conception tirée de la littérature anglo-saxonne sur le sujet. Irwin par exemple a écrit pour fonder la thèse de l'établissement de l'intention auctoriale comme moyen de découvrir la signification des textes, les lignes suivantes :

> Les textes ne signifient rien d'eux-mêmes en dehors de la signification qu'un auteur indique; il n'y a rien de tel que la « signification littérale », il n'y a que la signification auctoriale – c'est-à-dire la signification visée par l'auteur [*texts apart from the meaning an author indicates by them mean nothing; there is no such thing as verbal meaning, only authorial meaning – which is the meaning the author intended*] [i].

Ce mode de fondation reçoit quelque plausibilité essentiellement de ce que le substantif anglais *meaning* est utilisé. Mais ce mot est ambigu et peut aussi bien valoir en français pour « signification » que pour « intention », de même que le verbe « to mean » peut valoir tant pour « signifier » que pour « avoir l'intention de ». Dans le passage cité, on trouve une ambiguïté entre les deux

h. S. Knapp et W.B. Michaels ont indiqué une difficulté supplémentaire liée à la conception de l'intention de l'auteur comme moyen de connaissance : « Si la signification et l'intention sont bien inséparables, il n'y a aucun sens à considérer l'intention comme un ingrédient qu'il conviendrait d'ajouter; elle doit être présente d'emblée [*But if meaning and intention really are inseparable, then it makes no sense to think of intention as an ingredient that needs to be added; it must be present from the start*]. », « Against Theory », *Critical Inquiry* 8, 1982, p. 726.

i. W. Irwin, *Intentionalist Interpretation. A philosophical Explanation and Defence*, Westport-Londres [Grennwood Press], 1999, p. 60.

significations du mot[j]; c'est pourquoi on ne peut pas asseoir sur elle la conception de l'intention de l'auteur comme moyen de connaissance. L'ambiguïté du mot « meaning » est utilisée de façon pareillement équivoque par Hirsch, comme dans ces lignes :

> La signification, c'est ce qui est représenté par un texte; c'est ce que dit l'auteur en recourant à une suite particulière de signes [*Meaning* [...] *is that which is represented by a text; it is what the author means by his use of a particular sign sequence*][k].

II. L'INTENTION DE L'AUTEUR COMME GARANT DE L'OBJECTIVITÉ

Selon la deuxième conception, l'intention de l'auteur reçoit la fonction de contrôler dans l'interprétation la validité des hypothèses interprétatives et de rendre possible leur éventuelle confirmation[1]. On considère comme des hypothèses interprétatives (comme dans la conception déjà discutée de l'intentionnalisme auctorial) des hypothèses portant avant tout sur la « signification » d'un texte entier plutôt que sur la signification de ses parties constitutives. Pour pouvoir contrôler des hypothèses interprétatives,

j. La première occurrence de « meaning » doit être comprise comme « intention », la suivante comme « signification ».

k. E.D. Jr Hirsch, *Validity in Interpretation*, New Haven-Londres, Yale UP, 1967, p. 8.

1. E.D. Jr Hirsch s'exprime souvent comme s'il défendait cette conception, comme quand il dit que la reconstruction des buts et des dispositifs de l'auteur sert à développer des critères et des normes pour construire les signification textuelle, voir p. 124. En tout cas, Hirsch a souvent été compris ainsi (par exemple par S. Knapp et W.B. Michaels, « Against Theory », art. cit., p. 725, comme S. Winko, « Einführung. Autor und Intention », dans F. Jannidis, G. Lauer, M. Martinez, S. Winko (eds.), *Rückkehr des Autors. Zur Erneuerung eines umstrittenen Begriffs*, Tübingen, Niemeyer, 1999, p. 39).

elles doivent être confrontées avec les intentions de l'auteur, suppose-t-on. Cette confrontation rendrait ainsi possible un énoncé fiable sur la signification du texte. Les intentions de l'auteur pourraient être mobilisées comme critère objectif de jugement fondant la décision entre des hypothèses interprétatives en concurrence et produisant dans un cas favorable un consensus. Les intentions auctoriales servent ainsi avant tout à la confortation méthodique des résultats de la recherche. La référence à l'intention de l'auteur est donc ce qui assurerait l'objectivité des résultats des recherches dans les sciences de l'esprit et les sciences sociales.

Lutz Danneberg est un représentant de cette conception. Il souligne particulièrement le problème de la gratuité des interprétations et pense que le recours à l'intention de l'auteur pourrait réduire cette gratuité. Danneberg insiste d'abord sur le fait qu'« un texte peut être en principe relié à tout ce qui peut venir à l'esprit de l'interprète »[m]. Une interprétation qui n'est soumise à aucune restriction serait gratuite. Cette gratuité, pense sans doute Danneberg, doit être évitée. En recourant à l'intention de l'auteur, on est en mesure de réduire cette gratuité.

Une détermination minimale du concept d'intention de l'auteur, qui peut à peine réduire cette gratuité, serait pour Danneberg la suivante : « Les textes reçoivent un caractère intentionnel en étant placés dans un contexte qui, eu égard à leur genèse, permettent de les relier avec des "intentions" »[n]. Danneberg souligne en outre que la supposition d'un auteur et d'une intention auctoriale ne peut devenir pertinente sur le plan méthodologique que lorsqu'elle est reliée à une « conception de la

m. L. Danneberg, « Zum Autorkonstrukt und zu einem methodologischen Konzept der Autorintention », dans *Rückkehr des Autors*, *op. cit.*, p. 101.

n. *Ibid.*, p. 84.

signification et de l'interprétation» spécifique[o]. Ce n'est qu'en ajoutant de telles suppositions relatives à la liaison de la signification et de l'intention que l'on parvient selon lui à dépasser le risque de gratuité dans l'interprétation.

Il me semble en fait que l'on peut parler de la gratuité dans l'interprétation dans deux situations, et que dans les deux cas on n'a pas affaire à un problème sérieux. Premièrement, il y a des buts de l'interprétation que l'on peut appréhender de façon gratuite. Cela vaut avant tout de l'interprétation comme libre association à l'occasion d'un texte, où l'on rapproche de certains mots ou contenus du texte d'autres mots ou contenus comme étant leur « signification », comme cela vient à l'esprit de la personne qui procède à ces associations[p]. Mais il n'y a dans ce cas aucun problème méthodologique, puisque de telles associations libres ne se soumettent à aucune restriction. Les associations libres sont précisément gratuites. On ne rencontre d'ailleurs la gratuité comme problème méthodologique que lorsque l'on a bien d'un côté des buts de connaissance fixes pour l'interprétation, que de l'autre des hypothèses alternatives sont proposées eu égard à ces buts, et que l'on ne peut décider entre ces hypothèses sur le fondement des données ou des sources. À supposer que nous voulions obtenir la signification de la phrase. Et supposé que nous ne puissions d'après les sources décider entre deux hypothèses alternatives sur la signification de la phrase. Le choix d'une hypothèse n'est-il pas alors gratuit? Je ne le crois pas. Plutôt que de se décider arbitrairement en un tel cas pour l'une des hypothèses, il conviendrait de retenir son jugement. Les intentions de l'auteur ne peuvent être d'aucun secours pour décider entre des hypothèses conformes aux présuppositions, puisque l'état des sources

o. *Ibid.*, p. 85.

p. Sur le concept de la libre association à l'occasion d'un texte, voir A. Bühler, « Die Vielfalt des Interpretierens », *Analyse und Kritik* 21, 1999, p. 117-137, ici p. 128.

ne pré-juge la décision en faveur d'aucune des hypothèses. Je ne vois donc pas bien dans quelle mesure l'intention auctoriale pourrait prévenir la gratuité lors de l'interprétation. Dans le premier cas, elle n'est pas pertinente. Dans le second cas, elle n'est pas suffisante eu égard à la situation des sources pour réduire l'indétermination de la situation décisoire.

Mais il se peut que je comprenne mal ce que Danneberg veut dire par « gratuité ». La « gratuité » pourrait se rapporter au fait qu'on peut faire correspondre à une phrase donnée une infinité d'hypothèses alternatives, comme on peut saisir une quantité finie donnée de résultats mesurés par une infinité de fonctions de complexité différente. Le recours à l'intention de l'auteur servirait alors à réduire cette indétermination. Mais avec l'intention de l'auteur, on ne fait que prendre quelques faits supplémentaires en compte, sans que pour cela la situation soit transformée du tout au tout. Par ailleurs, la sous-détermination due à la possibilité théorique de générer une infinité d'hypothèses confirmées par les mêmes faits semble ne jouer aucun rôle pratique dans la recherche empirique. Car nous pouvons partir du fait que nous disposons d'une conception de la validation des hypothèses empiriques pour laquelle une telle sous-détermination par les données serait exclue.

En général, on peut dire que l'objectivité et la réduction de la gratuité ne sont pas des valeurs en elles-mêmes qui seraient supérieures à toutes les autres valeurs qui sont poursuivies dans l'activité de connaissance. L'objectivité et la réduction de la gratuité ne deviennent intéressantes pour la méthodologie que lorsque des buts de connaissance déterminés ont déjà été posés et que nous souhaitons y parvenir de manière fiable. Ce n'est que lorsque l'on dispose de tels buts de connaissance qu'il y a du sens à se demander s'ils peuvent être atteints de telle façon que l'objectivité et l'intersubjectivité peuvent être attribuées aux résultats de la recherche. Dans ce contexte, il faudrait bien sûr se demander ce qui rend l'intention de l'auteur particulièrement propre à garantir l'objectivité des attributions de signification.

III. L'INTENTION DE L'AUTEUR COMME BUT DE CONNAISSANCE

Selon une troisième conception, les intentions auctoriales liées aux textes sont un important objet de connaissance en soi et leur identification n'est pas seulement un moyen pour obtenir d'autres buts de connaissance par ailleurs[q]. Un but de connaissance propre de l'interprétation peut précisément être de retrouver les intentions que les auteurs cherchent à réaliser dans leurs expressions orales ou écrites. Nous sommes en effet souvent intéressés de savoir quelles intentions ont les gens. Dans la vie quotidienne, la connaissance des intérêts des autres est d'un intérêt vital parce que nous voulons expliquer et prévoir le comportement des autres. Au quotidien, les intentions des autres nous intéressent souvent par pure curiosité ou par goût pour le conflit. Mais on s'intéresse aussi aux intentions des personnes dans la recherche historique. Nous voulons ainsi connaître les intentions des acteurs dans l'histoire politique événementielle. Dans les différentes disciplines des sciences humaines, les intentions de diverses sortes que les gens ont associées à leurs textes nous intéressent[r]. Pour éviter une mécompréhension de ce point de

q. Voir sur ce point A. Bühler, « Der Hermeneutische Intentionalismus als Konzeption von den Zielen der Interpretation », *Ethik und Sozialwissenschaften* 4, 1993, p. 511-518; et « Replik : "Jetzt verstehe ich meine Absichten besser" », *Ethik und Sozialwissenschaften* 4, 1993, p. 574-585.

r. Sur la stratégie argumentative pour exhiber les intentions auctoriales prise comme but de connaissance, voir aussi A. Bühler, « Autorabsicht und fiktionale Rede », dans *Rückkehr des Autors*, *op. cit.*, p. 62-66.

vue, il faudrait souligner que les activités interprétatives liées aux buts cognitifs ne se limitent pas dans l'ensemble à établir les intentions des auteurs. Il existe des buts de connaissance différents de l'interprétation qui sont tout à fait défendables et envisageables, parmi lesquels on peut compter l'explication de la genèse d'intentions auctoriales, l'établissement de la signification conventionnelle d'expressions, la mise au net de certains effets produits par les textes, mais aussi précisément l'établissement des intentions de l'auteur[s]. En raison de la diversité des buts de l'interprétation, l'établissement de l'intention de l'auteur ne peut être que l'un des buts de l'interprétation. Du reste je ne veux aucunement nier que pour beaucoup des buts de la recherche, l'établissement des intentions ne soit qu'un moyen. Ainsi, nous voulons souvent obtenir la conviction des personnes et nous devons à cette fin prendre en compte différentes intentions que les personnes ont.

La position de l'intentionnalisme auctorial ou de l'intentionnalisme herméneutique que je voudrais défendre peut se caractériser comme suit : l'intentionnalisme herméneutique est la conception des buts de connaissance de l'interprétation selon laquelle c'est une tâche importante, quand on a affaire avec des expressions orales ou écrites (entre autres) d'identifier des intentions de différentes espèces que l'auteur du texte avait associées à la production des expressions. En cela il s'agit autant d'établir des intentions orientées en fonction du récepteur, qu'elles soient ou non de nature communicative, que des intentions de l'accomplissement des expressions langagières[t]. Pour l'intentionnalisme

s. Sur la multiplicité de l'interprétation, voir A. Bühler, « Die Vielfalt des Interpretierens », *Analyse und Kritik* 21, 1999, p. 117-137.

t. Dans A. Bühler, « Replik… », art. cit., p. 578-581, d'autres positions théoriques que l'on pourrait désigner comme « intentionnalisme auctorial » ou « intentionnalisme herméneutique » sont distinguées et discutées.

auctorial ainsi caractérisé, l'établissement des significations n'est plus primordial. Les intentions auctoriales ne garantissent pas non plus pour cette position l'objectivité de la connaissance dans les sciences de l'esprit. Mais pour ce point de vue, il est souhaitable de pouvoir appliquer des méthodes fiables susceptibles de permettre l'identification des intentions de l'auteur. L'élaboration de telles méthodes est du ressort de la méthodologie des disciplines particulières des sciences sociales et humaines.

Du reste, les différentes disciplines des sciences sociales et humaines s'intéressent à différentes sortes d'intention. On s'intéresse aux intentions de la mise en forme langagière dans la critique textuelle, là où nous cherchons quelle forme textuelle l'auteur a visée, avant tout quelles intentions lexicales il avait. En critique littéraire, on essaie d'établir des intentions esthétiques orientées en fonction de la réception. En critique littéraire, on cherche à identifier les allusions qu'un auteur a pu faire intentionnellement. L'identification des intentions pour elles-mêmes joue avant tout un rôle lorsque nous voulons expliquer certaines propriétés d'un texte, par exemple quand nous voulons trouver quels problèmes l'auteur a voulu résoudre.

Relativement au but de l'établissement des intentions auctoriales, on peut avant tout identifier les trois problèmes suivants que je ne fais ici que mentionner sans pouvoir les traiter de façon adéquate : 1) le problème de l'autorité multiple ; 2) le problème de l'inflation d'intentions ; 3) le problème de la prise en compte de concepts de la psychologie quotidienne.

Le problème de l'autorité multiple consiste en ceci : quand un texte est rédigé par plusieurs auteurs, il paraît que nous ne sommes pas en mesure d'attribuer à une certaine personne de façon univoque des intentions, ce qui signifie qu'il est impossible d'établir en général les intentions d'une personne. Ce problème peut être selon moi résolu si l'on suppose qu'il y a des contenus intentionnels et que l'on attribue à différents auteurs des intentions de même contenu[u]. Il faut aussi considérer que le problème de l'autorité plurielle se pose de façon différente relativement à différentes sortes d'intention. Prenons les pièces de Shakespeare. Alors que nous pouvons attribuer à la personne de Shakespeare de nombreuses intentions spécifiques concernant la macrostructure d'une pièce et partiellement aussi ses microstructures, cela n'est plus possible s'agissant de la forme ultime du texte. Savoir si un certain choix lexical était dû à Shakespeare lui-même ou bien à d'autres membres de sa compagnie théâtrale qui ont établi la version scénique de la pièce n'est plus possible aujourd'hui.

Le problème de l'inflation auctoriale consiste en ce qu'il y a apparemment trop d'intentions auctoriales associées à une expression langagière, voire à un texte entier. Ne résulte-t-il pas de ceci que nous devons être profondément troublés au moment de devoir identifier les intentions? Michael Baxandall a décrit ainsi la problématique au sujet de la peinture :

> Il n'y a pas seulement une intention, mais une série innombrable de moments de l'intention qui se déploient en I1 – I2 – I3 – […]. En outre, ce processus ne contient pas seulement des moments innombrables de décision et d'action, mais consiste aussi en de nombreuses actions et décisions interrompues ou annulées de ne pas faire quelque chose […] ce qui eut des conséquences pour la peinture que nous voyons finalement[v].

Est-il effectivement possible de décrire adéquatement un tel procès ? En général il y a différents niveaux de précision descriptive et pour chaque niveau il peut y avoir une présentation fausse et une représentation vraie. Même la présentation des intentions

u. Pour un traitement exhaustif de la problématique, voir *ibid.*, p. 577 *sq.*

v. M. Baxandall, *Patterns of Intention. On the Historical Explanation of Pictures*, New Haven-Londres [Yale UP], 1985, p. 62 *sq.*

qui passent dans la production d'une expression langagière ou d'un texte, peut se produire à différents niveaux de précision et de détail, et le plus souvent, des présentations excessivement précises ne nous intéressent pas du tout. Il ne paraît pas là y avoir la moindre impossibilité de principe de la description des intentions auctoriales des expressions langagières.

Pour le problème de la référence à la psychologie quotidienne : le concept d'intention ressortit de la psychologie quotidienne. Est-ce qu'avec le progrès des « sciences cognitives » la psychologie quotidienne ne s'est pas périmée ? Et ne devons-nous pas remplacer les concepts imparfaits de celle-ci par d'autres, plus adéquats, empruntés à la neurophysiologie par exemple ? Est-ce que par conséquent le concept d'intention n'est pas finalement inapproprié à la description des états psychiques ? C'est une problématique compliquée que je ne peux ici discuter de façon appropriée[w]. Je me contente de prendre position comme suit : le rôle important que la psychologie quotidienne joue dans la pratique de l'entente réciproque entre les hommes paraît indiquer que certains concepts centraux de la psychologie quotidienne renvoient à des données psychiques effectives. C'est pourquoi nous devrions supposer que les convictions, les souhaits et même les intentions sont des dispositifs intellectuels pouvant être causalement efficaces et qu'ils existent effectivement.

w. Voir sur ce point l'évaluation de O.R. Scholz, « Wie versteht man eine Person ? Zum Streit über die Form der Alltagspsychologie », *Analyse und Kritik* 21, 1999, p. 80-83.

LOGIQUES DE L'INTERPRÉTATION

INTRODUCTION

Prenant l'interprétation comme le mode selon lequel nous pouvons éventuellement connaître certaines informations qui ne sont pas directement accessibles, mais nécessitent une reconstruction hypothétique, la question se pose de savoir selon quelle méthode nous devons procéder et quels sont les principes qui nous peuvent guider. La situation des sciences historiques les assigne à des sources, des expériences, des données qu'elles ne peuvent pas produire elles-mêmes. Elles ne peuvent procéder par déduction à partir de concepts qu'elles se donneraient, mais ont affaire à une source extérieure et antérieure, qui peut être un document, un ensemble de signes, de traces, ou bien un texte. Ces « données » ont bien un aspect sensible (graphique, sonore, physionomique, etc.), mais doivent en même temps être reconstitués dans leur signification, dans certains cas dans leur intention de signification. Cette forme particulière d'objectivité caractérise les sciences interprétatives comme étant à la fois empiriques et spéculatives. Mais leur dimension empirique même n'est pas séparable d'un travail de reconstruction, lequel s'opère dans la dépendance des données. Bien qu'il soit fréquemment question de « cercle herméneutique » comme d'une opération mystérieuse, l'expérience de la construction des significations peut s'appuyer sur des paliers d'objectivité. Comme la grammaire pour un texte dans une langue donnée, ou bien l'identification du « jeu de langage » réglant à la formation des énoncés que l'on cherche à comprendre. Reconstituer des paliers d'objectivité ne signifie pas que l'on puisse dans tous les cas parvenir à l'univocité de façon apodictique, mais que des procédés contrôlables permettent de privilégier en principe certaines hypothèses au détriment d'autres, dans la postulation d'un sens univoque. La question de « l'objectivité du sens textuel »[1] peut ainsi être posée depuis une perspective qui peut être philologique, linguistique ou logique.

En excluant les prétentions symétriques de la déduction formelle et de l'intuition de l'individuel, Gerhard Frey avait plaidé naguère pour une réflexion sur les règles qui régissent la pratique herméneutique orientée à la visée de connaissance[2]. Or ces règles font l'objet d'un très large consensus dans la tradition herméneutique. Ainsi, la règle de ne tirer le sens que des données et de ne pas l'importer du dehors. Emilio Betti avait forgé le principe « sensus non est inferendus, sed efferendus »[3], mais ce principe rationnel se rencontre aussi bien au centre de la pratique de la Réforme avec le « textus interpres sui », à savoir que la Bible est à interpréter d'abord à partir d'elle-même et non d'une instance extérieure, chez les philologues de la Renaissance qui « interprètent Aristote à partir d'Aristote »[4] et déjà chez les Alexandrins sous la forme « Éclairer Homère à partir d'Homère »[5]. La règle de l'accord interne et de la totalisation, qui renvoie aux contextes logiques et objectifs, mais aussi à des affirmations empiriques, à

1. F. Rastier, *Sens et textualité*, Paris, Hachette, 1989.

2. G. Frey, « Hermeneutische und hypothetisch-deduktive Methode », *Zeitschrift für allgemeine Wissenschaftstheorie* 1, 1970, p. 23-40.

3. E. Betti, *Teoria generale della Interpretazione*, Milan, Giuffre, 1955.

4. L. Bianchi, « Interpréter Aristote par Aristote », *Methodos* 2, 2002, p. 267-288.

5. J.I. Porter, « Hermeneutic Lines and Circles : Aristarchus and Crates on the Exegesis of Homer », dans R. Lamburton et J.J. Keaney (eds.), *Homer's Ancient Readers. The Hermeneutics of Greek Epic's earliest Exegetes*, Princeton, Princeton UP, 1992, p. 67-133.

des légalités comme la causalité ou incluant l'accord entre le détail et la totalité de l'interprétation, fait l'objet de spécifications qui rencontrent de même un large consensus (recours aux « passages parallèles », contextualisation ou « cercle herméneutique »), quand même celles-ci seraient orchestrées différemment selon les approches théoriques. Ces deux règles principales que l'on peut désigner comme d'*immanence* et de *contexte* ne permettent pas de « vérifier » une interprétation, mais d'éliminer (au sens de « falsifier ») des hypothèses erronées, sans pouvoir prétendre supprimer un reste inaccessible à la connaissance interprétative et lié à l'individualité. La non-contradiction ou cohérence, la fécondité, la pertinence, la maximalisation esthétique ou cognitive sont en général convoquées comme les critères recevables de la « meilleure » interprétation. Que ces règles aient une pertinence se montre a contrario par leur absence d'originalité : elles sont en partage des interprètes et reconnues au-delà des conflits d'interprétation qui scandent l'histoire.

À côté de ces règles, des principes fondamentaux viennent supporter la démarche, dont deux des principaux sont ici évoqués. Il s'agit : d'une part du pari de rationalité de l'interprétation relevant du principe d'équité, qui a connu un intérêt renouvelé ces dernières années dans la discussion anglo-saxonne sous la désignation de « principe de charité » (chez Quine, Grice, Davidson, David Lewis) comme assomption générale de signifiance (voir *infra*, les textes de P. Engel et D. Føllesdal), lesté, comme « principe de bienveillance »[1], parfois d'une dimension éthique voire juridique; d'autre part, du principe de « présomption », d'inspiration leibnizienne, développé par Oliver Scholz, qui entend lui

1. Günter Abel, *Interpretationswelten : Gegenwartsphilosophie jenseits von Essentialismus und Relativismus*, Frankfurt a.M., Suhrkamp, 1993; J.-P. Wils, *Nachsicht. Studien zu einer ethisch-hermeneutischen Basiskategorie*, Paderborn, Schöningh, 2006.

aussi ordonner la mise en œuvre des règles interprétatives autour de l'anticipation de rationalité.

Dagfinn Føllesdal (né en 1932) est un philosophe norvégien, professeur à Stanford University. Ses domaines privilégiés sont la philosophie du langage et de la logique, la phénoménologie et l'argumentation [1].

Mark Hunyadi est un philosophe né en Suisse (en 1960), ayant accompli sa formation à Genève, Paris et Francfort, notamment avec J. Habermas et J.-M. Ferry. Professeur à Louvain après avoir enseigné à Genève et Québec, il est spécialiste d'éthique [2].

Pascal Engel (né en 1954) est un philosophe français, professeur à Caen et Paris avant de l'être à Genève. Ses travaux couvrent les questions de la connaissance, du langage, de la philosophie de l'esprit et de la logique, et il a traduit de nombreux auteurs contemporains (Davidson, Dennet, Walzer) [3].

Oliver Robert Scholz (né en 1960) est spécialiste de logique et d'esthétique. Professeur de philosophie à l'Université de Münster, il est l'auteur de *Bild, Darstellung, Zeichen. Philosophische Theorien bildhafter Darstellung* [4] et *Verstehen und Rationalität* [5].

1. Voir son essai « The Status of Rationality Assumption in Interpretation and in the Explanation of Actions » (1982), dans M. Martin et L.C. Mac Intyre (eds.), *Readings in the Philosophy of Social Science*, Cambridge (Mass.), MIT Press, 1994, p. 299-310.

2. *La vertu du conflit*, Paris, Le Cerf, 1995; *Je est un clone*, Paris, Seuil, 2004; *Morales contextuelles*, Laval, PUL, 2008.

3. Ses principaux livres sont *La norme du vrai*, Paris, Gallimard, 1989; *Psychologie et philosophie*, Paris, Gallimard, 1996; *La dispute : une introduction à la philosophie analytique*, Paris, Minuit, 1997; *Philosophie de la connaissance*, avec J. Dutant, Paris, Vrin, 2005.

4. Frankfurt a.M., Klostermann, 2004[2].

5. Frankfurt a.M., Klostermann, 2001[2].

DAGFINN FØLLESDAL

L'HERMÉNEUTIQUE ET LA MÉTHODE HYPOTHÉTICO-DÉDUCTIVE *

1. L'HERMÉNEUTIQUE

À l'origine, l'herméneutique était la méthode utilisée pour interpréter les textes théologiques et légaux. Ces deux sortes de textes avaient deux caractéristiques dont la combinaison rendait les problèmes d'interprétation sensibles. Les textes avaient été écrits à des époques et dans des circonstances souvent très différentes de celles dans lesquelles ils devaient être appliqués. Par ailleurs, on considérait qu'il était important de donner une interprétation correcte de ces textes.

Grâce aux œuvres de Ast, Schleiermacher, Dilthey et bien d'autres, les méthodes de l'herméneutique furent améliorées, et sa portée élargie pour être appliquée à l'interprétation de toutes sortes de textes jusqu'à finalement « toutes les manifestations de l'esprit humain », pour reprendre les termes de Dilthey, incluant

* D. Føllesdal, « Hermeneutics and the hypothetico-deductive method », *Dialectica* 33, 1979, p. 319-336; trad. all. D. Cohnitz, dans A. Bühler (ed.), *Hermeneutik. Basistexte zur Einführung in die wissenschaftstheoretischen Grundlagen von Verstehen und Interpretation*, Heidelberg, Synchron, 2003, p. 157-167. Traduction inédite par Philippe Lacour.

non seulement les textes, mais aussi les peintures, les sculptures, les institutions sociales, les actions humaines, etc.

Dans cet article, je prendrai l'herméneutique au sens large comme la méthode générale d'interprétation des actions humaines et de tous les produits de telles actions.

Pendant le développement de l'herméneutique, et notamment à travers le travail de Dilthey, apparut peu à peu l'idée que l'herméneutique est une méthode spécifique aux humanités et complètement différente de la méthode hypothético-déductive utilisée dans les sciences de la nature. Certains philosophes ont tiré un argument décisif de cette opposition présumée entre la méthode de compréhension [*understanding*] de l'herméneutique et la méthode d'explication [*explanation*] des sciences naturelles. Ainsi, par exemple, Jürgen Habermas affirme dans *Connaissance et intérêt*[a] que chacun des trois principaux domaines de recherche scientifique, les sciences de la nature, les humanités et les sciences sociales, a sa méthode spécifique, les sciences de la nature faisant appel à la méthode hypothético-déductive, les humanités à la méthode herméneutique, et les sciences sociales à la méthode dite « critique ». Je ne traiterai pas ici la dernière méthode, mais me concentrerai sur les deux premières. Ma thèse sera la suivante :

– la méthode herméneutique est la méthode hypothético-déductive appliquée à un matériau signifiant (c'est-à-dire à des textes, des œuvres d'art, des actions, etc.).

Par matériau signifiant, j'entends tout ce qui exprime les croyances et/ou les valeurs d'un agent. Ce que cela signifie à son tour devra être clarifié pour chaque type de matériau. La relation entre actions, croyances et valeurs sera précisée dans la section 6.

a. J. Habermas, *Connaissance et intérêt* (1968), trad. fr. G. Clémençon, Paris, Gallimard, 1976.

2. La méthode hypothético-déductive

Habermas et ceux qui restreignent la méthode hypothético-déductive à la science naturelle n'expliquent pas en général ce qu'ils entendent par méthode hypothético-déductive. Lorsque j'ai essayé d'examiner dans le détail leurs arguments, il m'a été très difficile d'identifier quoi que ce soit qui présente une quelconque ressemblance avec la méthode hypothético-déductive.

Pour cette raison, je commencerai par présenter brièvement la méthode hypothético-déductive. Je m'efforcerai ensuite de montrer, au moyen d'un exemple, que la méthode herméneutique est la méthode hypothético-déductive appliquée à un matériau signifiant.

Dans les dernières parties de cet article, j'utiliserai donc cette subsomption de la méthode herméneutique sous la méthode hypothético-déductive afin de souligner certains aspects de la méthode herméneutique qui ne sont pas toujours bien pris en compte.

Premièrement, donc : qu'est-ce que la méthode hypothético-déductive ?

Comme son nom l'indique, c'est une application de deux opérations : la formation d'hypothèses et la déduction de conséquences à partir de ces hypothèses, dans le but de parvenir à des croyances qui – bien qu'elles soient hypothétiques – sont bien fondées, de par la manière dont leurs conséquences déductives s'accordent avec nos expériences et nos autres croyances bien fondées.

La méthode hypothético-déductive vise à établir un ensemble d'hypothèses concernant les sujets que nous étudions. Avec nos croyances, ces hypothèses forment un système hypothético-déductif complet qui est logiquement cohérent et s'accorde avec l'ensemble de notre expérience.

Les croyances qui constituent un tel système hypothético-déductif ne sont pas justifiées « par en haut », comme elles le sont dans un système axiomatique où les axiomes sont censés être justifiés par quelque évidence ou nécessité spéciale. Au contraire, elles sont justifiées par en bas, par leurs conséquences. Dans un système hypothético-déductif, les hypothèses ne sont jamais connues avec certitude. D'un système d'hypothèses découle un nombre infini de conséquences, et il y a toujours un risque que de telles conséquences ne correspondent pas, en fin de compte, à notre expérience. Certaines conséquences se rapportent, par exemple, à nos expériences futures; ce sont les prédictions de la théorie et seul le temps peut montrer si elles s'avèrent. De plus, même si les conséquences s'accordent effectivement avec notre expérience, les mêmes conséquences peuvent aussi découler d'autres hypothèses, comme l'ont observé de nombreux philosophes de l'Antiquité et du Moyen Âge, comme par exemple Simplicius et Thomas d'Aquin. Se pose alors la question de savoir laquelle de ces hypothèses nous devons croire. Comme on sait, la simplicité de l'ensemble complet des hypothèses, c'est-à-dire notre théorie, est généralement considérée comme décisive. La notion de simplicité inclut plusieurs facteurs différents que nous considérons comme importants pour l'évaluation de la théorie, comme par exemple la variété des différentes données qui sont expliquées par le même ensemble d'hypothèses.

Les questions importantes de la philosophie des sciences sont donc :

1) que voulons-nous dire quand nous disons qu'une théorie est plus simple qu'une autre ?

et

2) pourquoi une théorie plus simple est-elle plus digne de confiance qu'une théorie plus complexe ?

Ces deux questions importantes ne seront pas traitées dans cet article. Toutefois, la notion de simplicité interviendra plus loin, en relation avec l'interprétation des textes, car, comme nous le verrons, la simplicité semble cruciale aussi dans le choix entre des interprétations rivales, comme nous devrions nous y attendre si nous partons du principe que l'herméneutique procède de manière hypothético-déductive.

3. Un exemple tiré de l'interprétation de la littérature

Ayant fourni cet aperçu de la méthode hypothético-déductive, je vais à présent montrer, au moyen d'un exemple emprunté à l'interprétation de la littérature, comment on utilise la méthode hypothético-déductive dans cette discipline. Dans un manuel sur la théorie de l'argumentation qui a été publié en Norvège il y a quelques années et qui est paru en Allemagne[b], mon co-auteur, Lars Walløe, et moi-même avons donné un certain nombre d'autres exemples similaires tirés de l'étude de l'histoire, des sciences sociales, de la grammaire et de l'éthique. Par souci de concision, je n'inclurai ici qu'un unique exemple tiré de l'interprétation de la littérature.

L'exemple que j'ai choisi concerne l'interprétation de l'Étranger dans *Peer Gynt* d'Henrik Ibsen[1].

Cet étrange personnage apparaît deux fois dans *Peter Gynt*, les deux fois dans le cinquième acte. La première fois, il s'approche de Peer lorsque Peer se tient nerveusement à l'arrière

b. D. Føllesdal, L. Walløe, J. Elster, *Rationale Argumentation. Ein Grundkurs*, Berlin-New York, de Gruyter, 1986.

1. Nous suivons ici la traduction de R. Boyer (*Peer Gynt*, Paris, GF-Flammarion, 1994), en maintenant toutefois « L'étranger » et non « Le passager », conformément au choix de D. Føllesdal.

du bateau durant l'orage. Ensuite, la deuxième fois, il nage à côté du canot de sauvetage renversé sur lequel Peer est perché.

Cinq interprétations différentes ont été proposées concernant l'étranger.

i) La première, et la plus ancienne, est que l'étranger représente l'anxiété. Il y a en particulier deux observations qui ont été faites à l'appui de cette interprétation : l'une est que l'étranger apparaît invariablement dans des situations où Peer est angoissé (à l'idée de devoir mourir). L'autre observation en faveur de cette interprétation est qu'Ibsen était très intéressé et influencé par Kierkegaard, le philosophe de l'angoisse.

À l'origine, cette interprétation a été avancée comme une critique; on considérait que c'était une faiblesse de faire représenter des idées abstraites par des personnes. Ibsen se défendait en disant que cette interprétation ne lui était jamais venue à l'esprit. Ce démenti n'est pertinent que si l'on veut comprendre les intentions de l'auteur, pas si l'on veut parvenir à l'interprétation la plus raisonnable de l'œuvre per se. Nous n'entrerons pas ici dans ce débat; une objection décisive contre l'interprétation étant qu'elle explique très peu ce qui est dit sur l'étranger dans la pièce, et qu'il y a d'autres interprétations qui le font mieux que celle-ci.

ii) Une interprétation un peu meilleure est que l'étranger représente la mort. Cela correspond au fait que l'angoisse qui frappe Peer quand l'étranger apparaît est l'angoisse de sa mort imminente. Toutefois, cette interprétation explique, elle aussi, trop peu de ce qui est dit à propos de l'étrange passager dans la pièce.

iii) Une troisième interprétation, proposée par Martin Svendsen en 1922, était que l'étrange passager est Ibsen lui-même. Cette interprétation a obtenu une large approbation. Martin Svendsen a répertorié huit considérations qui jouent en sa faveur.

1) Le passager, qui est « blanc comme un linge », reste à l'intérieur pendant la journée. Ibsen qui, selon le poème de

Bjørnson « Old Heltberg » était « tendu et maigre, de la couleur du gypse, restait le plus souvent à travailler à l'intérieur pendant l'écriture de *Brand* et de *Peer Gynt*. 2) Le passager aime la tempête et le naufrage. Ibsen avait un goût similaire pour ce qui bouleverse le jeu. 3) Le passager a un intérêt scientifique pour l'anatomie et souhaite obtenir de Peer l'autorisation de pratiquer une autopsie sur un « cadavre ». Ibsen utilise à plusieurs endroits des termes comme disséquer et anatomie concernant son travail. 4) Le passager veut être un guide moral pour Peer; Ibsen entend éveiller la conscience du peuple norvégien. 5) Le passager affirme que « le temps altère souvent les choses »; Ibsen parle dans plusieurs lettres de la façon dont ses opinions ont évolué. 6) Selon Peer, l'étranger est une sorte de libre penseur; Ibsen a souvent entendu des jugements similaires le concernant. 7) Là d'où vient le passager, on pense qu'un sourire vaut autant que n'importe quel pathos; on pourrait dire la même chose de l'atelier du poète où *Peer Gynt* a été créé; dans sa pièce, Ibsen pouvait utiliser à la fois des éléments tragiques et comiques. 8) Le passager dit pour réconforter Peer qu'on ne meurt pas au milieu du cinquième acte; par quoi il utilise une terminologie qui, dans la nature des choses, est d'habitude celle réservée au seul dramaturge – il n'y a que lui qui puisse avoir à sa disposition les personnes du poème et leur avenir. De plus, laisser la vie de Peer se terminer ainsi ne convenait pas à Ibsen; la pièce devait se terminer par une réconciliation. Outre ces similitudes, Svendsen soutient qu'un poète est en fait toujours un peu le compagnon de voyage de ses personnages [c].

D'autres arguments ont été ajoutés à la liste par d'autres spécialistes d'Ibsen. Par exemple, on a souligné que d'autres auteurs ont joué des rôles semblables dans leurs œuvres.

c. Citation tirée du résumé fait par A. Aarseth, *Dyret i mennesket : et bidrag til tolkning av Henrik Ibsens « Peer Gynt »*, Oslo, Oslo UP, 1975.

La modèle de cette interprétation est clairement hypothético-déductif. On avance une hypothèse, selon laquelle le passager étranger est Ibsen, et on en déduit ensuite un certain nombre de conséquences, dont on montre qu'elles correspondent au texte. Outre l'hypothèse, on utilise aussi, comme prémisses de la déduction, d'autres informations et théories, comme par exemple des informations concernant l'apparence d'Ibsen, ses intérêts et ses expériences, et une théorie suivant laquelle, quand un personnage d'une œuvre littéraire expose ce qui va se passer dans l'œuvre, ce personnage doit être l'auteur lui-même, étant le seul qui puisse avoir à sa disposition les personnages de l'œuvre et leur avenir (point 8 de l'argumentation de Svendsen).

Comme dans les sciences de la nature, les facteurs suivants sont décisifs pour notre évaluation de l'hypothèse.

a) À quel point l'hypothèse s'accorde-t-elle avec les données mentionnées ? Par exemple, les suppositions et les théories qu'on utilise quand on déduit les conséquences des hypothèses sont-elles raisonnables, ou bien paraissent-elles ad hoc, autrement dit ressemblent-elles à des « épicycles » introduits dans le but de « sauver » les hypothèses, ou bien peuvent-elles être étayées par des arguments et des preuves ?

b) À quel point l'hypothèse s'accorde-t-elle avec les données non mentionnées, par exemple d'autres passages du texte ?

c) Même quand les hypothèses s'accordent avec l'ensemble des données, on devrait aussi demander : y a-t-il d'autres hypothèses et théories qui s'accordent au moins aussi bien avec les données et qui sont plus simples ?

En ce qui concerne le point (a), la théorie avancée par Svendsen au point 8 ci-dessus paraît douteuse. Il existe plusieurs œuvres littéraires dans lesquelles un personnage fait des remarques du même type que celle mentionnée ci-dessus concernant l'œuvre, mais où il est parfaitement clair que le personnage ne représente pas l'auteur de l'œuvre. Comme nous le verrons dans un instant, cette espèce d'« ironie romantique » est très courante, par exemple chez Byron.

En ce qui concerne le point (b), il y a un certain nombre d'informations très spécifiques dans le texte que Svendsen ne mentionne pas et qu'il est difficile de rendre compatible avec ses hypothèses. Par exemple, l'étranger dit : « Je nage assez bien avec ma jambe gauche », etc.

Ce qui affaiblit considérablement l'interprétation de Svendsen, c'est que plusieurs des passages du texte qu'il énumère à l'appui de son interprétation sont considérablement moins spécifiques que ceux qu'il n'inclut pas. Par exemple, le passage numéro 5 est si peu spécifique qu'il est compatible avec presque n'importe quelle interprétation.

Ces faiblesses suffisent à rendre cette interprétation très insatisfaisante, au moins jusqu'à ce qu'elle ait été complétée par des hypothèses raisonnables supplémentaires la rendant également compatible avec d'autres passages.

iv) En conséquence, considérons, conformément au point (c), quelques unes des autres interprétations qui ont été proposées. Une interprétation a été avancée par Albert Morey Sturtevant en 1914, selon laquelle l'étranger est le Diable. De nombreuses personnes ont souscrit à cette interprétation, qui peut être soutenue par de nombreux arguments.

1) Avant tout, l'affirmation de l'étranger : « Je nage assez bien avec ma jambe gauche » s'accorde bien avec le fait que le diable a traditionnellement un sabot de cheval à la place du pied droit.

2) La réponse du marin à la question de Peer pour savoir qui est entré dans la cabine : « Le chien du bateau, Monsieur ! » s'accorde avec le fait que le diable, suivant la croyance populaire et plusieurs œuvres littéraires, apparaît souvent sous la forme d'un chien.

3) L'exclamation que lance Peer à l'étranger : « Sors d'ici ! » et « Sors d'ici, épouvantail ! » rappellent les mots que Jésus

prononce à l'encontre du diable lorsqu'il est tenté (mais bien sûr, ceci indique seulement que Peer a pris l'étranger pour le diable, et il est possible qu'il se soit trompé).

4) L'expression de l'étranger: « Si seulement je réussis à glisser le bout de mon doigt dans cette fissure, je pourrai flotter » pourrait être une allusion à l'adage : « Si vous donnez le bout de votre doigt au diable, il prendra bientôt la main toute entière ». Cela peut aussi être une allusion au fait que le diable est souvent pourvu de griffes et non de doigts. Dans ce cas, un lien est créé avec la scène plus loin dans le cinquième acte, dans laquelle Peer dit au personnage mince : « Vos ongles semblent particulièrement développés » et qui, d'ailleurs, a aussi un sabot. Une relation entre ces deux scènes augmente les possibilités de trouver une « interprétation unitaire » de l'œuvre. Une « interprétation unitaire » semble correspondre approximativement à ce que nous avons appelé auparavant une théorie « simple », qui met en relation d'une façon unique toutes les données les unes avec les autres. Nous avons certaines intuitions concernant ce que c'est, mais il n'est pas facile de les clarifier. Il n'est pas déraisonnable de croire que l'effort de l'analyste littéraire pour clarifier ce qu'il entend par « interprétation unitaire » et celui du philosophe des sciences pour clarifier ce qu'il entend par « simplicité » puissent venir à l'appui l'un de l'autre.

Ces interprétations posent toutefois plusieurs difficultés, par exemple l'échange suivant :

> L'Étranger — Qu'est-ce que vous croyez ?
> Vous en connaissez un qui me ressemble ?
> Peer Gynt — Oh ! je sais, le diable... !
> L'Étranger (à voix basse) — A-t-il coutume de nous éclairer de sa lanterne sur le chemin nocturne de la vie, lorsque nous sommes emplis de crainte ?

On a suggéré que la réponse de l'étranger vise à tromper Peer, et des raisons ont été données pour montrer qu'il s'agit d'une proposition raisonnable et pas seulement ad hoc, conçue pour « sauver » l'interprétation.

v) Une cinquième interprétation a été proposée par Daniel Haakonsen, professeur de littérature norvégienne à l'université d'Oslo, dans son livre sur Peer Gynt[d] afin, comme le dit ironiquement Jaakonsen, de « trouver tous les éléments, nombreux ou pas, qui peuvent correspondre au texte si on choisit un point de départ complètement arbitraire ». Haakonsen suggère que l'étrange passager est le fantôme de Lord Byron. Haakonsen montre que cette interprétation, qui peut paraître au début assez déraisonnable, s'accorde remarquablement bien avec plusieurs détails du texte.

Par exemple, Byron, bien que boitant du pied droit, est un bon nageur, il s'adonne avec passion à l'ironie romantique, etc. De plus, Ibsen était très influencé par Byron et son œuvre. Haakonsen souligne aussi qu'il existe un parallèle à la procédure qu'Ibsen utilise quand – ou si – il insère un portrait camouflé mais néanmoins reconnaissable de Byron dans *Peer Gynt* : Goethe confirme dans ses conversations avec Eckermann que Euphorion dans *Faust* a été créé à l'image de Byron.

On pourrait penser que même si l'hypothèse sur Byron correspond à ce qui a été dit à propos de l'étrange passager, elle ne nous aide pas à comprendre la fonction de l'étranger dans la pièce. L'hypothèse devrait alors bien aussi avec d'autres se trouver dans une position faible par rapport au désir d'une interprétation unitaire. Haakonsen soutient toutefois que l'hypothèse sur Byron s'accorde avec d'autres parties de la pièce. Entre autre, il voit l'ensemble du 4e acte comme une référence au fait que Byron est le modèle qui défie Peer et le vainc. Ainsi, l'idée d'Ibsen du

d. D. Haakonsen, *Henrik Ibsens « Peer Gynt »*, Oslo, Gyldendal, 1961.

fantôme de Byron devient plus compréhensible, et le lien entre le 4e et le 5e actes est plus clair, ce qui aide à renforcer un 4e acte sujet à débat.

Haakosen souligne toutefois que le byronisme est assez éphémère et vite oublié, et qu'il devient donc un élément étranger dans *Peer Gynt*. Il en conclut que « Ibsen avait probablement fait un mauvais calcul qui affaiblit cette partie de la pièce ».

Notons que ce type de critique d'une œuvre littéraire vaut contre une interprétation si l'on accepte comme hypothèse de travail dans l'interprétation d'une œuvre d'art qu'on doive préférer l'interprétation qui rend l'œuvre plus intéressante et artistiquement plus satisfaisante. Si l'on a le choix entre l'interprétation de Byron et une autre interprétation qui est également satisfaisante, par exemple en ce qui concerne le 4e acte, mais qui n'est pas aussi éphémère que l'interprétation de Byron, il convient d'abandonner l'interprétation de Byron. En l'absence d'une telle interprétation, l'interprétation de Byron peut avoir un certain intérêt psychologique. Elle explique pourquoi Ibsen, du fait de son intérêt pour Byron, a été induit en erreur et conduit à écrire une pièce avec un quatrième acte que nous trouvons aujourd'hui faible.

On ne confrontera pas ces hypothèses les unes aux autres, ni à d'autres. L'exemple avait pour but de montrer comment, lorsqu'on interprète un texte comme celui-ci, on procède de façon hypothético-déductive. On avance une hypothèse concernant le texte ou peut-être l'œuvre dans son ensemble, et on met l'hypothèse à l'épreuve en vérifiant si ses conséquences sont compatibles avec les différents détails du texte. Ces détails peuvent être les rimes, le rythme ou d'autres procédés littéraires. Si par exemple une œuvre suit rigoureusement un certain rythme qui est soudain rompu, une interprétation satisfaisante du texte, liée à une théorie stylistique du rythme, devrait nous permettre de tirer une conclusion qui s'accorde avec la rupture du rythme.

Si j'ai raison et que la méthode d'interprétation est la méthode hypothético-déductive, nous savons à présent ce qu'on devrait faire dans le but d'évaluer les interprétations d'œuvres littéraires : nous posons les trois questions (a), (b) et (c) que j'ai formulées ci-dessus. Dans le but d'éviter les malentendus, il convient de noter que l'énumération des différents aspects du texte qui correspondent aux diverses hypothèses ne signifie pas que c'est le *nombre* de ces aspects qui compte. La *nature* des aspects est encore plus importante. Nous avons noté, par exemple, que plus les aspects dont les hypothèses rendent compte sont spécifiques, mieux c'est. Toutefois, le plus important est surtout de trouver une interprétation unitaire mettant « à leur place » un grand nombre d'aspects différents et spécifiques de toutes les parties de l'œuvre.

Notons aussi que les théories de la littérature et du style sont requises lorsque nous devons dériver des conséquences des hypothèses qui seront mises à l'épreuve par le texte. Ces théories doivent être testées comme toutes les autres théories, en évaluant leurs conséquences. Les théories ne sont pas toujours explicitement formulées, mais interviennent sous la forme de prémisses tacites dans la dérivation des diverses conséquences. Pour tester des théories, la première étape consiste à les formuler explicitement.

Quelques réserves pour finir : en interprétant des textes littéraires, on peut bien sûr ne pas considérer l'existence d'une interprétation correspondant raisonnablement aux données comme allant de soi. Il n'est pas du tout évident que la valeur littéraire d'un texte dépende de l'existence d'une interprétation cohérente de l'ensemble du texte. De plus, dans le cas de certains textes, une ou plusieurs interprétations peuvent sembler également plausibles. Dans de telles situations, on se sent convaincu que l'auteur a aussi voulu que le texte soit interprétable de plusieurs façons différentes, et produise ainsi des associations d'idées allant dans plusieurs directions. On a par exemple proposé (Daniel

Haakonsen) que l'étrange passager dans *Peer Gynt* soit interprété comme étant à la fois le diable et Lord Byron. Les deux interprétations sont dans ce cas liées : Byron était le mouton noir du romantisme et était craint comme le Malin dans certains cercles.

4. TOUTES LES MÉTHODES SONT-ELLES DES VARIANTES DE LA MÉTHODE HYPOTHÉTICO-DÉDUCTIVE ?

L'exemple de *Peer Gynt* que j'ai utilisé correspond à un schéma hypothético-déductif. Dans cet exemple, le problème était d'identifier un des personnages de la pièce. L'interprétation d'une œuvre littéraire peut avoir de nombreux autres buts. Toutefois, mon opinion, fondée sur de nombreux exemples que je ne développerai pas ici, est que la méthode hypothético-déductive est utilisée chaque fois qu'intervient une interprétation. On peut trouver de nombreux exemples d'interprétations réalisées au moyen de la méthode hypothético-déductive dans le reste des humanités et dans les sciences sociales. Cela démontre que la méthode hypothético-déductive est utilisée dans toutes ces sciences. Cela ne prouve pas, cependant, que la méthode hypothético-déductive soit la seule méthode utilisée dans ces sciences. On ne peut tirer une telle conclusion des seuls exemples. Pas plus que je ne connais d'argument montrant que tout savoir humain est hypothético-déductif. On ne peut bien sûr avancer aucun argument montrant que le savoir doit être hypothético-déductif : cela serait incompatible avec l'idée centrale de la méthode, à savoir que notre compréhension toute entière est hypothétique et provisoire.

On peut bien entendu essayer d'argumenter dans une direction opposée et de soutenir que la méthode hypothético-déductive ne peut pas être universelle. Nous allons à présent considérer rapidement certains arguments de ce type qui sont parfois avancés.

i) La méthode hypothético-déductive est spécifique aux sciences de la nature.

Cette assertion, qui n'est qu'une affirmation et non un argument, est réfutée par l'exemple que j'ai donné à propos de *Peer Gynt*.

ii) La méthode hypothético-déductive ne peut être utilisée que dans les sciences expérimentales.

Ce point est souvent avancé pour justifier (i). Cette opinion est probablement issue du fait que la méthode hypothético-déductive est utilisée dans les sciences expérimentales naturelles. Toutefois, cette méthode est également utilisée dans les sciences non expérimentales, comme l'astronomie ou, comme on l'a vu, dans l'interprétation littéraire.

iii) Les systèmes hypothético-déductifs consistent en phrases en « si... alors... ».

Cette affirmation est parfois utilisée pour étayer le point (ii) ci-dessus. L'idée est que, pour découvrir si une phrase en « si...alors » est vraie, on doit d'une manière ou d'une autre faire en sorte de rendre l'antécédent vrai et voir ce qui advient du conséquent. Par exemple, « Si on mélange deux tiers d'hydrogène et un tiers d'oxygène et qu'on y met le feu, une explosion a lieu ». C'est peut-être là l'idée suggérée par l'affirmation de Habermas, selon laquelle la méthode hypothético-déductive est guidée par un intérêt manipulateur. On ne peut guère accorder une certaine cohérence aux arguments de Habermas en faveur de cette affirmation sans lui attribuer une conception de ce genre. Il est cependant difficile de dire ce que Habermas entend par méthode hypothético-déductive parce que ses arguments ne sont pas excessivement clairs. Quoi qu'il en soit, le collègue de Habermas à l'École de Francfort, Max Horkheimer, semble assez explicitement soutenir quelque chose comme la position (iii). Ainsi, dans « Théorie traditionnelle et théorie critique », par exemple, Horkheimer dit que les sciences sont caractérisées par leur nature hypothétique, et il ajoute :

> Il existe entre les formes de jugement et les époques de la société des liens sur lesquels je me permettrai de donner une brève indication. Le jugement catégorique est caractéristique de la société pré-bourgeoise ; ainsi en est-il, et l'on ne peut rien y faire. La forme hypothétique et également disjonctive de jugement relève particulièrement du monde bourgeois ; cet effet peut avoir lieu dans certaines circonstances : il peut ou non en être ainsi. La Théorie Critique déclare : il ne doit pas en être ainsi, on peut changer ce qui est ; les circonstances sont à présent réunies pour cela [e].

Si Horkheimer peut glisser aussi facilement d'une affirmation qui a le statut épistémologique d'une hypothèse à une affirmation qui a une forme en « si… alors », et réciproquement, c'est parce que la même expression de « hypothetischer Satz » [proposition hypothétique] est utilisée dans les deux cas. Comme pour Habermas, toutefois, il est difficile de savoir ce qu'est sa position. C'est en grande partie à cause de l'influence de l'école de Francfort que la méthode hypothético-déductive est devenue antipathique à de nombreux étudiants de pays germanophones et de certaines parties de la Scandinavie ; ce qui oblige à expliquer non seulement ce qu'est cette méthode, mais aussi ce qu'elle n'est pas, et m'a conduit dans cet article à élaborer des points qui paraîtront sans doute évidents aux philosophes de la tradition « analytique » et à d'autres pour qui la méthode est familière.

Comme il résulte clairement de la section 2, il n'y a aucune restriction à la forme des phrases dans un système hypothético-

e. M. Horkheimer, « Traditionelle und kritische Theorie » (1937). La présente citation est tirée de M. Horkheimer, *Die gesellschaftliche Funktion der Philosophie*, Frankfurt a.M., Suhrkamp, 1974, p. 184, note.

déductif. Elles peuvent être existentielles (« il y a une planète en-dehors de Neptune »), ou universelles (« tous les mammifères ont le sang chaud »), et elles peuvent bien entendu être des phrases en « si… alors ». Lorsqu'on applique la méthode hypothético-déductive dans les sciences expérimentales, on essaie souvent de dériver à l'intérieur du système des phrases qui ont une forme en « si… alors », puis d'établir une expérience qui rende l'antécédent vrai. Toutefois, on ferait la même chose avec n'importe quelle phrase qu'on voudrait tester expérimentalement, qu'elle relève ou non d'un système hypothético-déductif.

iv) La méthode hypothético-déductive présuppose que l'objet d'étude est considéré comme une chose, et la méthode ne peut donc pas s'appliquer à l'étude de l'homme.

En guise de justification pour (iv), on avance souvent l'argument suivant :

v) La méthode hypothético-déductive présuppose que le chercheur qui l'applique n'a pas d'influence sur l'objet de l'enquête, comme c'est le cas, par exemple, dans les sciences sociales,

et/ou :

vi) La méthode hypothétivo-déductive ne devrait pas être appliquée dans les sciences sociales puisqu'elle ne prévoit pas la possibilité que le chercheur lui-même fasse partie de la société qu'il étudie.

Toutefois, les hypothèses qu'on utilise lorsqu'on applique la méthode hypothético-déductive peuvent parfaitement être compatibles avec le fait que l'objet étudié soit une personne, que le chercheur ait une influence sur l'objet d'étude, que la personne ou la société étudiée ait à son tour une influence sur le chercheur, que le chercheur fasse partie de la société étudiée, et ainsi de suite. Ces hypothèses seront reliées à d'autres hypothèses, peut-être à propos de la manière dont se déroulent ces influences, *i.e.* la manière dont l'activité et la théorisation du chercheur affectent l'objet d'étude et la société, etc. C'est en observant à quel point elles s'accordent les unes avec les autres, avec nos autres opinions et avec notre expérience, que ces hypothèses sont testées et confirmées ou infirmées.

vii) La méthode hypothético-déductive ne laisse pas de place à l'autoréflexion et n'est pas compatible avec elle.

Il semble à nouveau que rien n'empêche d'inclure dans les phrases d'un système hypothético déductif des phrases à propos de soi et de sa propre activité. Si l'on est holiste, il semble inévitable d'inclure de telles phrases, puisque toutes les opinions personnelles, y compris les opinions personnelles concernant soi-même, font partie du tout et doivent s'adapter aux opinions propres des autres. On peut bien entendu réfléchir sur sa propre réflexion, etc. Un système hypothético-déductif est toujours ouvert, au sens où il est toujours susceptible d'être complété par des hypothèses toujours nouvelles, que l'on acquiert par l'expérience sensorielle, par la réflexion sur le système hypothético-déductif et sur la manière dont on peut le rendre plus simple et cohérent, par l'autoréflexion, la réflexion sur l'autoréflexion, et ainsi de suite.

Pour finir :

viii) Tandis que la méthode hypothético-déductive ou « explicative » est utilisée dans les sciences de la nature, on utilise la méthode « herméneutique » ou « compréhensive » dans les humanités, et également en partie dans les sciences sociales.

Cependant, comme on l'a vu avec l'exemple tiré de *Peer Gynt*, on procède d'une manière hypothético-déductive quand on utilise la méthode herméneutique ; et au lieu de différencier les deux méthodes, on a trouvé naturel de dire que la méthode herméneutique est la méthode hypothético-déductive appliquée à un matériau signifiant.

Bien entendu, on n'a pas montré par là que toutes les méthodes acceptables dans tous les domaines sont des variantes de la méthode hypothético-déductive. Sans aucun doute existe-t-il dans la plupart des sciences des théories et des arguments avancés qui s'adaptent mal au modèle hypothético-déductif. Comme je l'ai mentionné plus haut, il importe de les aborder avec ouverture d'esprit. Dans la mesure où ils semblent nous donner des raisons de croire aux opinions avancées, on devrait se demander : quelles sont ces raisons ? Que représentent exactement les arguments ? Peut-on discerner dans ces arguments un type d'argument général, que nous devrions considérer plus attentivement, et qui conduit peut-être à des méthodes différentes de la méthode hypothético-déductive, mais néanmoins parfaitement acceptables ?

5. Différences entre les sciences naturelles et les humanités et les sciences sociales

Le fait que la méthode hypothético-déductive soit utilisée dans les humanités et les sciences sociales comme dans les sciences naturelles ne signifie pas que la distinction entre l'homme et la nature disparaisse ou s'assouplisse. Il y a plusieurs différences importantes, mais elles concernent l'objet d'étude : l'homme et ses actions et créations. Lorsqu'on observe clairement les ressemblances entre les méthodes des sciences de la nature et des sciences sociales, on voit alors mieux ce que sont les différences entre l'homme et la nature, et entre l'étude de l'homme et de la société, d'un côté, et de la nature, de l'autre.

Nous avons déjà remarqué de telles différences, par exemple l'influence de l'observateur sur le sujet qui est étudié, et également l'influence du sujet sur le chercheur. Ajoutons la capacité de l'homme à l'autoréflexion.

Il y a plusieurs autres différences importantes; je n'en mentionnerai que deux.

i) Nous avons déjà appris des sciences de la nature comment nos théories influencent nos observations dont nous tirons nos données, d'une telle façon que des changements dans les théories impliquent de légers changements dans les données. Cela vaut non seulement pour notre description des données, mais aussi pour ce qu'on décrit, à savoir ce qu'on voit ou qu'on observe. C'est aussi le cas dans les humanités et les sciences sociales, et dans une mesure bien supérieure. Ainsi, en grammaire et en morale par exemple, nos intuitions grammaticales et morales, qui constituent nos données, sont fortement influencées par nos théories. Quand nos théories changent, beaucoup de nos intuitions changent aussi, de sorte que nous devons faire plusieurs allers-retours entre nos intuitions et nos théories avant de parvenir à un équilibre réfléchi, comme disait Rawls[f], au sein duquel nos théories et nos intuitions s'ajustent.

C'est aussi le cas lorsque nous interprétons des textes littéraires. Notre interprétation des mots et des phrases est influencée par notre interprétation de l'ensemble de l'œuvre, mais l'interprétation de l'œuvre dans son ensemble dépend bien entendu de l'interprétation des parties individuelles. De sorte que nous devons souvent passer beaucoup de temps à faire des allers-retours entre le tout et les parties avant d'arriver à un « équilibre réfléchi », c'est-à-dire une interprétation satisfaisante, où l'interprétation du tout et l'interprétation des parties s'accordent. Ce va-et-vient, qui est si évident dans les humanités et les sciences sociales, est ce qu'on appelle habituellement le « cercle herméneutique ». Cela est particulièrement frappant dans les humanités mais, comme nous l'avons remarqué, c'est également le cas dans les sciences de la nature.

f. J. Rawls, *Théorie de la justice*, Paris, Seuil, 1987, surtout p. 17-22, 46-53 et 577-587.

ii) Une autre différence, plus importante, entre les sciences de la nature et la partie des humanités qui s'occupe de l'interprétation des textes littéraires tient au fait que la nature est inépuisable, tandis qu'un texte littéraire est un ensemble fini de données. Lorsqu'on a construit une théorie scientifique, on peut l'éprouver de façon répétée, et on peut toujours faire de nouvelles observations. Quand on doit choisir entre deux interprétations rivales d'une œuvre littéraire, on ne peut généralement trouver aucune nouvelle donnée falsifiant l'une des interprétations. Toutes les données sont déjà là. On doit faire un choix sur la base de la simplicité des interprétations, de l'étendue de l'œuvre qu'elles couvrent, de leur spécificité, etc.

Il est très aisé de trouver plusieurs interprétations qui correspondent aux données, particulièrement quand on dispose de très peu de données, par exemple quelques fragments seulement, et l'on considère alors avec scepticisme les affirmations soutenant que l'une de ces interprétations en particulier est *la* bonne. Ceci permet de comprendre pourquoi le désormais célèbre déchiffrement du Linéaire B par Michael Ventris n'a pas été accepté immédiatement comme solution définitive. C'est seulement lorsque furent découvertes d'autres inscriptions qui s'accordaient avec son déchiffrement qu'il a été admis généralement comme *la* solution correcte. Dans de nombreux domaines des humanités, on n'est pas en situation de trouver de nouvelles données après la présentation de l'interprétation. Lorsqu'on interprète un roman ou un poème, le texte intégral est en général donné, et chaque interprétation élaborée avec assez d'attention correspondra aux données, puisque c'est une exigence de toute interprétation acceptable. Tout ce qu'on peut faire pour distinguer les bonnes interprétations des mauvaises consiste, comme on l'a remarqué, à utiliser les critères de la simplicité, de la richesse, etc.

6. Herméneutique et rationalité

Pour finir, je mentionnerai certaines différences entre les sciences de la nature et les humanités et les sciences sociales qui tiennent à la rationalité des êtres humains. Je discuterai brièvement du rôle que jouent les suppositions concernant la rationalité lorsqu'on applique la méthode hypothético-déductive dans les humanités et les sciences sociales.

Je commencerai par l'explication des actions. Comme je l'ai soutenu dans un article sur les raisons et les causes de l'action qui a été publié en allemand en 1979[g], il paraît naturel d'expliquer l'action d'une personne à l'aide d'une théorie de la décision. C'est-à-dire que nous utilisons une hypothèse selon laquelle, lorsque, sur la base de nos théories psychologiques, physiologiques ou autres de l'homme, nous n'avons pas de raison de croire que le comportement d'une personne surgit de causes qui ne sont pas des raisons ou des motifs inconscients, on doit supposer qu'il agit comme un agent rationnel au sens de la théorie de la décision. Cela signifie qu'il passe par une procédure en deux temps. D'abord, il considère les alternatives qu'il croit possible dans la situation qui se présente. Ensuite, il choisit entre ces alternatives celle qui, relativement à ses valeurs et à ses croyances concernant les probabilités, maximise l'utilité qu'il en attend. Il y a un grand nombre d'études de psychologues, Amos Tversky et d'autres[h], qui montrent qu'un tel modèle de théorie de la décision convient pour expliquer des situations qui se présentent dans la vie pratique.

Toutefois, le modèle de décision théorique n'est pas tout ce dont nous avons besoin pour expliquer et comprendre l'action.

g. « Handlungen, ihre Gründe und Ursachen », dans H. Lenk (ed.), *Handlungstheorien-interdisziplinär*. München, Fink, 1979, vol. 2, p. 431-444.

h. A. Tversky, « A critique of expected utility theory : descriptive and normative considerations », *Erkenntnis* 9 (1975), p. 163-174, et plusieurs autres articles.

Nous devons aussi faire d'autres hypothèses concernant la rationalité de l'agent. Je vais maintenant mentionner quatre de ces hypothèses[i].

i) Cohérence synchronique

Bien que le schéma d'explication des théories de la décision soit souvent appelé la théorie du choix rationnel du comportement humain, on pourrait faire correspondre presque n'importe quel agent à ce schéma sans paraître très rationnel.

En essayant de déterminer les préférences d'une personne, on peut par exemple découvrir qu'il préfère a à b, et b à c, mais c à a. Cela peut paraître irrationnel – et aussi difficile à comprendre, comme on doit s'y attendre si les hypothèses concernant la rationalité paraissent requises pour la compréhension. Il est donc courant d'exiger pour la rationalité la condition suivante : un individu rationnel qui est confronté à plusieurs alternatives qui doivent se réaliser en un temps t, choisit en fonction de préférences transitives en t. Si une personne remplit cette condition ainsi que les nombreuses autres dont nous avons discuté et discuterons, nous sentons alors que nous le comprenons ; sinon, nous ne le comprenons pas encore et nous devons continuer à chercher une explication de son comportement, peut-être en ne considérant plus le comportement comme une action, mais comme quelque chose qui surgit en fait de causes psychologiques ou neurologiques et requiert une explication physique.

Cela me semble être la différence la plus importante entre la compréhension et l'explication causale : la compréhension présuppose des hypothèses de rationalité. Compréhension et

i. Pour ce qui va suivre, je suis redevable à plusieurs articles et livres de J. Elster, particulièrement « Ulysse et les sirènes », dans *Le laboureur et ses enfants. Deux essais sur les limites de la rationalité*, Paris, Minuit, 1987.

explication causale procèdent toutefois toutes deux de façon hypothético-déductive.

ii) Cohérence diachronique

Pour comprendre, nous devons aussi faire des hypothèses concernant la cohérence diachronique. La condition de rationalité que je viens de mentionner concerne seulement la préférence d'une personne à un certain instant t du temps. Il pourrait remplir une telle condition à chaque instant du temps et pourtant sembler tout à fait irrationnel et donc difficile à comprendre. Ainsi, par exemple, étant donné un choix entre trois options, a, b et c, il préférera peut-être d'abord a, b au moment suivant, puis c immédiatement après. Ce type d'incohérence tendrait à nous incommoder. On s'attend à ce que les préférences d'une personne ne soit pas seulement cohérentes à un certain moment, mais aussi dans la durée. Cela ne signifie pas qu'on s'attend à ce qu'une personne ne change jamais ses préférences, mais nous aimerions comprendre pourquoi elle les change. Nous aimerions avoir des explications, par des raisons ou des causes, de tels changements, tandis que, d'autres fois, nous pouvons vouloir des explications de l'absence de changements. Ceci, au fait, est un exemple illustrant à quel point un appel au raisonnement et à l'acquisition d'information, par exemple par la perception, influence l'explication et la compréhension de l'action. Il existe plusieurs liens de cette sorte entre les actions d'une personne et les autres traits d'une personne que nous voulons comprendre, comme ses idées, ses croyances, ses sentiments, ses peurs et autres états mentaux.

iii) Souci de l'avenir

En outre, on s'attend à ce que les préférences d'une personne rationnelle ne se laissent pas simplement guider par ses désirs présents, mais aussi par ses désirs futurs. Un certain souci de notre propre avenir semble faire partie de la rationalité. Cela signifie qu'il serait irrationnel d'ignorer complètement notre futur. Il serait toutefois aussi irrationnel de ne pas l'ignorer du tout, étant donné la mortalité humaine et les incertitudes de la vie. L'ignorance rapide et l'ignorance lente de l'avenir sont donc toutes deux des phénomènes qui peuvent mettre la compréhension au défi et exiger des explications particulières.

iv) L'interaction entre les agents

Pour comprendre l'action humaine, on doit prendre en considération le fait que plusieurs des croyances qui guident notre action sont des croyances concernant les croyances et valeurs des autres personnes et la manière dont elles vont agir en conséquence de nos actes. Le cadre d'étude normal d'une telle interaction entre agents est la théorie des jeux. Puisque la plupart des actions humaines que nous cherchons à comprendre sont simplement des cas de ce genre d'interaction, il me semble qu'aucune étude satisfaisante de l'homme ne peut être réalisée sans théorie des jeux. La théorie des jeux est l'un des outils importants de l'herméneutique. Plusieurs cas de comportement de groupe qui peuvent au début paraître déconcertants et irrationnels, par exemple des gens qui jettent leurs poubelles et des paysans chinois qui abattent les forêts en favorisant ainsi l'érosion, reçoivent des explications rationnelles simples dans le cadre de la théorie des jeux, et nous sommes par là amenés à les comprendre.

La théorie des jeux me semble donc être un excellent modèle pour analyser les actes de langage et pour déterminer les différentes croyances et valeurs qui pourraient être impliquées dans de tels actes. Ceci est toutefois un sujet à part entière, que je ne traiterai pas ici.

7. Compréhension et prédiction

Il est à noter que le modèle de théorie de la décision fait bien comprendre ce que nous pouvons prédire et ce que nous ne pouvons pas prédire dans le domaine des humanités.

Il y a, je pense, des difficultés de principe dans le fait de prédire en général quelle alternative une personne va considérer lorsqu'elle est en train de délibérer sur ce qu'elle doit faire. Ainsi, lorsque Ibsen écrivit *Peer Gynt*, il était par exemple difficile, même pour lui, de prédire qu'il aurait l'idée de l'étrange passager, qu'il allait écrire tel ou tel vers, et ainsi de suite. Si toutefois on sait quelles idées, *i.e.* alternatives une personne a considéré, il est plus facile de juger lesquelles de ces idées sont bonnes et lesquelles ne le sont pas. La méthode hypothético-déductive elle-même peut servir à illustrer ce point. On a souvent observé que l'invention de nouvelles hypothèses et théories requiert des idées et un pouvoir créateur, et ne peut normalement être prédit, tandis que lorsqu'une hypothèse a été avancée, sa mise à l'épreuve est une tâche beaucoup plus simple.

Dans la nature physique, il n'y a apparemment rien qui ressemble au fait d'avancer et de considérer des possibilités qui ne sont pas actualisées. L'explication dans les sciences naturelles n'utilise donc pas le modèle de théorie de la décision. La possibilité de la prédiction dans les sciences de la nature est donc beaucoup plus proche de la deuxième étape du modèle de théorie de la décision : étant donné certaines tendances, que va-t-il arriver à présent ? Pour cette raison, on ne peut normalement pas prédire le résultat exact dans les humanités et les sciences sociales.

8. CONCLUSION

Après avoir tracé cette esquisse, bien trop rapide, de la méthode compréhensive et montré comment elle constitue une application de la méthode hypothético-déductive, je vais finalement évoquer le fait que certains des principaux éléments qui interviennent dans la méthode compréhensive ont déjà fait l'objet d'études assez exhaustives. Des économistes et aussi certains philosophes ont par exemple beaucoup fait pour développer la théorie de la décision et la théorie des jeux. Les différentes conditions rationnelles que j'ai mentionnées ont été discutées dans plusieurs articles et livres par des économistes.

Des philosophes comme Quine[j] et Davidson[k] ont continué à traiter le problème de la manière dont la compréhension est basée sur des hypothèses de rationalité. Le « principe de charité » de Quine et la « maxime de maximisation de l'accord » de Davidson[1] expriment cette idée. Les philosophes qui se nomment eux-mêmes herméneutes n'ont pas discuté aussi clairement et complètement que ces deux philosophes ce qu'est la compréhension et la manière dont elle est reliée à la rationalité. On trouve toutefois des

j. W.v.O. Quine, *Le mot et la chose* (1960), trad. fr.. Paris, Flammarion, 1977.

k. D. Davidson, « Vérité et signification » (1967), dans D. Davidson, *Inquiries into Truth and Interpretation*, Oxford[-New York, Clarendon Press-Oxford UP], 1984; trad. fr. P. Engel, *Enquête sur la vérité et l'interprétation*, Nîmes, J. Chambon, 1993.

1. [N.d.T.] Davidson a infléchi sa conception. À partir de 1973, l'objectif véritable du principe de charité (tel qu'il le réinterprète après Quine) n'est pas tant de maximiser l'accord, en attribuant à l'interprété le maximum de croyances vraies, que d'optimiser l'accord, en rendant aussi similaires que possibles l'ensemble de croyances de l'interprète et de l'interprété, que celles-ci soient vraies ou fausses. *Cf.* « Pensée et discours » (1975), dans *Enquête sur la vérité et l'interprétation*, *op. cit.* Dans ses textes plus récents (à partir de 1991), Davidson a modifié sa terminologie et préféré parler de « Principe de Correspondance ».

idées similaires chez de nombreux herméneutes. Ainsi, Gadamer dans *Vérité et Méthode*[1], par exemple, dit que l'accord est à la base de la compréhension. Wittgenstein également a souligné ce point. Il semble que des philosophes appartenant à des traditions très diverses travaillent ici sur les mêmes problèmes et aient beaucoup à apprendre les uns des autres.

1. H.G. Gadamer, *Vérité et méthode*, trad. fr. P. Fruchon, Paris, Seuil, 1996.

MARK HUNYADI

EXPLIQUER/COMPRENDRE AUTOUR DE WITTGENSTEIN*

Dans un dossier récent de la revue de vulgarisation scientifique *La Recherche* intitulé « Expliquer et comprendre », on prête au célèbre physicien Steven Weinberg le projet d'un jour pouvoir « comprendre toutes les régularités de la nature »[a]. Dans le langage courant, cette manière de dire ne fait pas contresens, alors que l'on sait bien que la rigueur philosophique voudrait que l'on rejetât pareille manière de s'exprimer. C'est dire qu'il y a une sorte de volontarisme linguistique savant qui adhère à la fameuse formule de Dilthey selon laquelle « Nous expliquons la nature, nous comprenons la vie psychique »[b], un volontarisme d'ailleurs aujourd'hui constamment battu en brèche par le projet – scientifique cette fois – d'*expliquer*, précisément, la vie psychique sur des bases strictement neurobiologiques, à la manière de Jean-Pierre Changeux dans son dialogue de sourds avec Paul Ricœur

* M. Hunyadi, « Expliquer/Comprendre. Autour de Wittgenstein », dans *Expliquer-comprendre*, N. Zaccaïe-Reyners (éd.), Bruxelles, Presses de l'Université Libre, 2003, p. 51-66.

a. *La Recherche*, 349, janvier 2002, p. 87.
b. W. Dilthey, *Le monde de l'esprit* I, Paris, Aubier, 1947, p. 149.

dans *La nature et la règle*[c]. La distinction est donc à la fois inopérante dans le langage courant, et contestée dans le domaine savant. Tout se passe comme si les philosophes ou certains d'entres eux opéraient une stratégie de coupure à l'égard du langage ordinaire, stratégie dont la légitimité peut être contestée sur des bases à la fois philosophiques et scientifiques. C'est d'ailleurs le même Weinberg qui déclare dans ce sens que « les philosophes, ni qui que ce soit d'autre, n'ont pas à imposer que les mots prennent un sens différent de leur sens commun »[d].

Face donc au caractère philosophico-philosophique de cette distinction, deux voies d'investigation possibles se proposent à nous : 1) restituer, de manière interne à l'histoire de la philosophie et des sciences, le sens de cette distinction au yeux de ceux qui l'ont défendue, afin d'en dégager les enjeux conceptuels et stratégiques, par exemple, ici, dans la croisade contre le positivisme à laquelle elle fournit une arme précieuse; telle est exactement la voie qu'a suivie Sylvie Mesure dans son livre consacré à Dilthey[e]; 2) examiner si cette stratégie de coupure à l'égard du langage ordinaire a, au-delà de ses justification stratégiques internes, de bonnes raisons pour elle, et si elle recouvre bel et bien une différence d'objet et/ou de méthode qu'il vaut la peine de maintenir, quand bien même tout porte à croire qu'on ne pourra jamais la faire valoir hors des cercles académiques.

Dans ce qui suit, c'est cette deuxième voie que je choisirai, en défendant la thèse de la pertinence de la distinction que j'essaierai de justifier sur la base d'une autre distinction, héritée, comme on le verra, de Wittgenstein. Mais avant d'y venir directement,

c. J.-P. Changeux et P. Ricœur, *Ce qui nous fait penser. La nature et la règle*, Paris, Odile Jacob, 1998.

d. *La Recherche*, 349, janvier 2002, p. 26.

e. S. Mesure, *Dilthey et la fondation des sciences historiques*, Paris, PUF, 1990.

j'aimerais faire quelques remarques préalables sur la notion même d'*explication*.

Bien que les différents sens de la question « pourquoi ? » circonscrivent assurément différents types d'explications possibles, toutes les explications possibles ne sont pas pour autant en pourquoi. Les « parce que » n'épuisent pas l'extension de la notion d'explication. Je pense ici bien sûr aux explications *sémantiques* du type « Que signifie x ? », dans le cas le plus simple où x est un mot. Dans ce cas, que signifie « que signifie ? », et en quoi consistera l'explication sémantique d'un mot ? Dans le cas standard d'explication sémantique – celui où l'on donne la signification d'un mot inconnu –, l'explication consistera à se référer à ce que j'appelle l'« intentionnalité objective » du mot telle qu'elle s'exprime dans des règles ou conventions socialement codifiées – objective, donc, au sens de publiquement établie. C'est précisément cet élément objectif que Mikhail Bakhtine appelle très exactement la « *signification* » (qu'il distingue du « thème », acte d'énonciation individuel), c'est-à-dire « les éléments de l'énonciation qui sont réitérables et identiques chaque fois qu'ils sont réitérés »[f]. Je parle ici d'*intentionnalité objective*, parce que d'une part, dans la mesure où la question de l'explication sémantique questionne ce que tel mot *veut dire*, il s'agit bien d'une *intentionnalité* – l'intentionnalité propre au langage qui, bien que *dérivée*[g] de l'intentionnalité intrinsèque ou originaire de l'esprit humain, a acquis une intentionnalité quasi autonome stabilisée supra-individuellement dans des significations sociales. C'est pourquoi je parle d'autre part d'intentionnalité *objective* (ou *universelle*, au sens d'indépendant du particulier) : ce niveau de

f. M. Bakhtine [Volochinov], *Le marxisme et la philosophie du langage*, trad. fr. M. Yaguello, Paris, Minuit, 1977, p. 143.

g. Selon l'expression de John Searle. Voir notamment *La redécouverte de l'esprit*, trad. fr. Cl. Tiercelin, Paris, Gallimard, 1995, p. 119.

l'explication sémantique concerne la signification de ce que le *langage* (en l'occurrence le mot) veut dire, et non ce que tel ou tel *locuteur* veut dire. L'explication sémantique standard se réfère donc à l'intentionnalité objective du langage tel qu'elle s'exprime par exemple dans les définitions du dictionnaire, alors que l'explication du vouloir-dire du locuteur se réfère à l'intentionnalité individuelle ou subjective de celui-ci, la compréhension de l'intentionnalité objective du médium langagier étant pour ainsi dire présupposée, puisqu'il faut bien savoir ce que les mots veulent dire pour savoir ce que *quelqu'un* veut dire.

Ceci indique simplement que toute explication ne répond pas nécessairement à la question « pourquoi ? », puisque l'explication peut consister en une indication de l'intentionnalité objective de significations publiquement codifiées. J'aimerais maintenant montrer que les explications-pourquoi ne sont elles-mêmes pas toujours causales. Si je demande par exemple « Pourquoi Mozart est-il un génie ? » et qu'on me réponde « Parce que la richesse de son langage musical est incomparable », il apparaît clairement que son langage musical n'est pas la *cause* de son génie, mais une *définition* de celui-ci : il s'agit d'une explication de ce que « génie » veut dire. De même pour la liquidité de l'eau : si je demande pourquoi l'eau est liquide et qu'on me dise que c'est parce qu'elle est composée de molécules de H_2O, on n'a pas tant donné, me semble-t-il, la cause de la liquidité que sa définition. C'est également ainsi que j'interpréterais la thèse de Socrate pour qui, s'il y a des choses belles en dehors du beau en soi, « la seule raison pour laquelle cette chose est belle est qu'elle participe à ce beau en soi »[h]. Pour Socrate, il s'agit certes ici d'un type particulier de *cause* – la même cause qui lui fait dire que « la cause qui rend [un objet] petit, c'est sa petitesse »[i] –, et même d'une

h. Platon, *Phédon*, 100c.
i. *Phédon*, 101a.

causalité bien plus assurée que toutes les causes savantes (en fait, celles de la philosophie de la nature des Présocratiques) que l'on peut produire eu égard à ce genre d'explication recherchée. Personnellement, j'incline à croire que si ce type de causalité paraît aux yeux de Socrate comme étant la moins susceptible de controverse, c'est qu'en réalité ce n'est pas du tout de causalité qu'il s'agit, mais d'une *redéfinition*, en l'occurrence d'une redéfinition de la beauté : est dit beau ce qui participe de l'Idée de beauté, la beauté étant cette participation même. Le *dia ti*, le « en raison de quoi » relève donc lui aussi, malgré ses apparences causales, d'une explication sémantique.

Malgré donc leur forme en « pourquoi ? », ces trois explications (le génie de Mozart, la liquidité de l'eau et la beauté socratique) ne sont pas causales. L'apparence de causalité est pourtant renforcée par le fait que dans chacun des trois cas, on peut produire l'analogue d'une « loi de couverture », c'est-à-dire une explication par subsomption d'un cas particulier sous une loi générale. On sait que c'est là, aux yeux de Hempel et de Popper par exemple, un réquisit nécessaire des explications causales. « Est génial le musicien dont la richesse du langage musical surpasse celui de ses prédécesseurs » ; « est liquide ce qui a telle structure moléculaire » ; « est beau ce qui participe de la Beauté » sont des exemples de lois de couverture de ce genre. Ce que montrent toutefois à mes yeux ces trois exemples, c'est qu'une loi de couverture n'est pas *suffisante* à produire une explication causale ; pour que la loi de couverture fournisse une explication causale au sens des sciences de la nature, il faut déjà en quelque manière que la loi de couverture soit énoncée en termes causaux (en termes de succession nécessaire d'événements, par exemple), ce qui n'est pas le cas dans les cas de définition ou de redéfinition que j'ai considérés. Je serais donc enclin à considérer ce type d'explications-pourquoi non pas simplement comme des explications sémantiques, car elles ne se réfèrent pas à l'intentionnalité objective de significations publiquement codifiées, mais comme une explication qu'il faudrait appeler redéfinitionnelle, car il s'agit d'y redécrire son objet sous un jour nouveau. Je ne veux évidemment pas suggérer par là que toutes les explications scientifiques sont de ce type, ce qui serait absurde, je veux simplement dire que certaines explications-pourquoi sont plus redéfinitionnelles que causales *stricto sensu*.

Le paradigme explication/compréhension est évidemment né sur le sol des sciences humaines, et concerne donc prioritairement, sinon exclusivement, les *productions symboliques et les actions humaines*, autrement dit tout ce qui résulte d'une intentionnalité humaine. Mais ce que j'ai dit à propos de l'explication en général vaut pour ce domaine également. On peut donc redoubler l'analyse précédente, et affirmer d'une part que toute explication d'une action ne répondra pas forcément à la question « pourquoi ? », et d'autre part que toute explication-pourquoi d'une action ne sera pas forcément causale. Ce sont ces deux points que j'aimerais maintenant éclaircir, et qui vont m'amener sur la voie d'une caractérisation possible de la distinction expliquer/comprendre dans les sciences humaines.

Comme pour l'exemple langagier que j'évoquais plus haut, on peut à bon droit interroger la signification d'une action humaine, et donc parler à son propos d'une explication sémantique. Prenons l'exemple d'une action institutionnelle pure telle que lever son bras lors d'un vote. « Que signifie son action de lever le bras ? », pourra-t-on alors demander – ce qui est évidemment très différent de la question de savoir *pourquoi* il a levé son bras, quand bien même les deux questions relèvent identiquement d'une *demande d'explication* –, et l'on pourra se voir répondre « Cela veut dire qu'il a donné son approbation à ce projet de loi ». Comme dans l'exemple standard de l'explication d'un mot, on se référera ici à l'intentionnalité objective de règles institutionnelles socialement codifiées : l'explication consistera à décrire l'action considérée conformément à la signification que lui confère le cadre institutionnel dans lequel elle s'insère. (Et on notera que la définition bakhtinienne de la signification langagière s'applique à l'identique à la signification d'une action.) Ce niveau sémantique opère au fond au niveau d'une explicitation des *critères d'intelligibilité* qui ne requiert au fond qu'un savoir de premier degré, celui de la maîtrise pratique de significations communes.

C'est pourquoi je rangerais analogiquement aux côtés de ce type d'explications sémantiques exemplifié par les actions institutionnelles cet autre type d'explication, plus fondamental sans doute du point de vue de la performance communicationnelle, qu'est l'explicitation réflexive du savoir préthéorique d'arrière-plan commun à des acteurs capables de parler et d'agir. Mais précisément : il s'agit d'un savoir nomologique qu'une *crise* dans le processus de compréhension ou d'intercompréhension exige de mettre au jour, pour que la mécompréhension s'aplanisse, sinon se résorbe. Cela veut dire que comme pour la signification d'un mot, il adhère à ce savoir préthéorique une forme d'intentionnalité objective qui est présupposée dans le commerce entre des acteurs capables de parler et d'agir, et que dans la communication naturelle, on dégage réflexivement à l'occasion d'un conflit. Cette intentionnalité objective de l'arrière-plan s'exprime elle aussi dans un système complexe de règles qui permet de démarquer la compréhension correcte de la compréhension incorrecte, d'où le caractère nomologique du savoir d'arrière-plan ; et là aussi, comme dans le cas des règles institutionnelles évoquées à l'instant, il s'agit de rétablir des critères d'intelligibilité, mais plus profondément enracinés que ceux des règles institutionnelles, dans une strate que l'on peut à bon droit appeler culturelle. Mais si des auteurs comme Husserl, Wittgenstein, Habermas ou Searle peuvent faire de la maîtrise du savoir d'arrière-plan la condition originaire de toute interaction réussie possible, c'est précisément parce que ce savoir est principiellement disponible aux participants d'une interaction – même s'il n'est habituellement pas actualisé – et qu'il constitue à ce titre un ensemble de significations partagées qui définissent la participation à une interaction commune. L'explicitation du savoir d'arrière-plan apparaît donc comme la mise au jour de significations communes – ce que j'appelle l'intentionnalité objective, parce que socialement accessible – dont la maîtrise est requise tout aussi bien que celle de la signification d'un mot.

Maintenant, pour en revenir à l'exemple précédent, on notera que la *même* question – « Que signifie son action de lever le bras ? », qui n'est toujours pas une demande d'explication en pourquoi – peut prendre une tournure toute différente dès lors que la signification interrogée n'est pas celle de l'action prise en elle-même, dans sa dimension sémantique précisément, mais la signification de l'action considérée *dans son rapport à un certain horizon d'interprétation*. C'est à dessein que j'emploie ici ce vocabulaire gadamérien, parce qu'on quitte ici le niveau de l'intentionnalité objective de l'explication sémantique pour se déplacer vers le niveau proprement *herméneutique* de l'interprétation, et le type de réponses explicatives fournies dépendra étroitement de l'horizon d'interprétation choisi par l'interprète. Ainsi, à la question posée, l'optique herméneutique choisie pourra-t-elle susciter des réponses très différentes, selon que l'interprète situe la signification de l'action au niveau, par exemple, de la signification personnelle ou psychologique de l'acte (« son bras levé montre qu'il ne s'est toujours pas libéré de son allégeance au parti »), de sa signification politique (« la liberté de la presse sera désormais restreinte ») ou historique (« la fin de la République »). Ce ne sont évidemment pas les circonstances de l'action qui déterminent sa signification, c'est au contraire le choix de l'horizon d'interprétation qui accorde aux circonstances la signification que privilégie l'interprète. Charles Taylor, à la suite de Gadamer, a donné un sens emphatique à cet horizon d'interprétation, en en faisant une condition transcendantale de toute compréhension possible, y compris de la compréhension de soi.

J'en viens maintenant aux demandes d'explication des actions qui ne sont ni sémantiques, ni herméneutiques, mais qui sont à proprement parler des demandes d'explication-pourquoi. « Pourquoi a-t-il levé son bras ? », telle est donc la question. C'est ici que l'on rencontre la fameuse distinction wittgensteinienne des causes et des raisons, « Raison et cause correspond[a]nt aux deux significations de l'expression "suivre une règle" »[j]. Je reviendrai à l'instant sur les causes et les raisons et leur rapport aux règles, mais j'aimerais d'emblée indiquer l'orientation générale de ma thèse, qui sera d'affirmer que la distinction des causes et des raisons est un cas particulier d'une distinction plus générale qui se révélera pertinente lorsqu'il s'agira de distinguer l'expliquer du comprendre ; en d'autres termes, la ligne de partage entre expliquer et comprendre n'est pas simplement celle qui démarque les causes et les raisons (selon laquelle expliquer serait expliquer par les causes, et comprendre, comprendre les raisons) ; c'est toutefois la distinction entre causes et raisons telle que la fait Wittgenstein qui servira de point d'appui préalable à la distinction élargie que j'ai en vue.

Dans l'une de ses discussions sur les règles, et conformément à la méthode descriptive qui est la sienne, Wittgenstein se met en quête de ce qu'il appelle « les marques caractéristiques » qui distinguent les causes et les raisons. La marque caractéristique principale qui retiendra ici mon attention est qu'*un énoncé causal est par nature conjectural*, alors que l'énoncé des raisons ne l'est pas. « Toute explication est une hypothèse »[k], dit lapidairement

j. A. Soulez (dir.), *Dictées de Wittgenstein à Waismann et pour Schlick*, 1, *Textes inédits (années 1930)*, Paris, PUF, 1997, p. 56 (dorénavant cité D).

k. *Remarques sur le Rameau d'or de Frazer*, trad. fr. J. Lacoste, Lausanne, L'Âge d'Homme, 1982, p. 15.

Wittgenstein, par quoi il entend prioritairement marquer non pas le caractère *incertain* des explications causales (encore que celles-ci puissent être formulées, dans les sciences humaines notamment, en dépit du bon sens, comme c'est le cas par exemple chez Frazer, à l'occasion de la critique duquel il fait cette remarque, précisément), que leur différence de *nature* d'avec des propositions qui n'ont pas le statut d'hypothèses, tout simplement parce qu'elles ne disent pas quelque chose sur le monde.

Telles sont par exemple, pour Wittgenstein, les propositions du genre «Rouge est le nom de cette couleur», qu'aucun fait d'expérience, passé ou futur, ne permet ni ne permettra de vérifier, au sens où l'on vérifie une proposition des sciences de la nature. C'est dire que dans un premier temps, Wittgenstein rapporte la distinction des causes et des raisons à une différence de nature entre les règles invoquées en réponse. Dans les cas de l'explication du mot « rouge », la règle « rouge est le nom de cette couleur » n'entend nullement dire un lien empirique entre deux événements, mais, comme le dit Wittgenstein, de fournir une « explication du signe "rouge" »[1]. En apprenant à un enfant que « rouge » est le signe de cette couleur, je ne formule aucune hypothèse qui attendrait d'être confirmée, j'énonce une convention [*Abmachung*] à laquelle je me réfère et qui en tant que telle ne relève tout simplement pas de l'expérience. Le lien qui s'exprime entre le signe et sa signification est un lien *logique* ou *grammatical* au lieu d'être, comme pour les propositions d'expérience, hypothétique et empirique. La même chose vaut par exemple pour les règles d'un jeu – qui, contrairement aux règles causales, ne sont pas des *prévisions* sur ce que le joueur va faire, mais l'énoncé de la manière correcte de faire –, ainsi qu'au sens large de toutes les règles institutionnelles; toutes règles qui ne disent

1. D, p. 44.

rien du monde au sens de l'observation empirique, mais qui ont le sens normatif de prescriptions permettant de démarquer les manières correctes des manières incorrectes de faire.

C'est dire que dans cette caractérisation des règles que propose Wittgenstein, nous sommes au niveau de ce que j'appelais tout à l'heure l'intentionnalité objective de significations codifiées et stabilisées dans des règles d'usage. Cette distinction entre deux types de règles – les règles hypothético-observationnelles des sciences de la nature, qui disent quelque chose de la nature, et les règles conventionnelles grammaticales qui disent quelque chose non du monde, mais de ce qu'elles constituent – cette distinction est encore, comme j'aimerais le montrer, *préalable* à la distinction des causes et des raisons. Pour l'heure, retenons que ce qui distingue les règles observationnelles des règles grammaticales, ce sont essentiellement deux marques distinctives : 1) les premières décrivent quelque chose du monde alors que les deuxièmes prescrivent des manières de faire, d'où il découle : 2) les premières sont hypothétiques parce que c'est leur nature même d'être vérifiables, donc falsifiables, alors que les deuxièmes sont non-hypothétiques parce que leur rôle n'est pas d'établir des faits, mais de fixer des usages. Remarquons que cette manière de caractériser les règles observationnelles laisse ouverte la variété des types d'explications possibles en science, selon que celle-ci essaie, à l'instar de la physique, d'expliquer des régularités ou qu'elle tente de le faire pour un événement isolé comme la disparition des dinosaures ; quelle que soit la démarche scientifique adoptée, les énoncés obtenus restent à la fois descriptifs et hypothétiques. Cette double marque distinctive se trouve en quelque sorte condensée – comme l'ADN dans son noyau – dans cette caractéristique unique que les règles observationnelles sont *descriptives*, alors que les règles grammaticales sont *prescriptives* : telle est leur principale différence de nature.

À cette simple différence de nature caractérisée en ces termes se superpose toutefois une autre distinction – elle s'y superpose mais ne la recoupe pas, comme nous allons le voir. C'est ici que j'aimerais en quelque sorte recomposer les réflexions de Wittgenstein sur ce point, qui ne les présente pas exactement dans cet ordre logique. Il s'agit de la *différence d'accès* que l'on peut avoir aux explications des actions, *selon que l'on adopte le point de vue de l'observateur extérieur ou le point de vue performatif de l'acteur*. Cette distinction dans l'accès est rien moins qu'essentielle, mais – j'insiste sur ce point – elle ne recoupe pas la distinction entre les règles observationnelles et les règles grammaticales, contrairement à ce que suggère parfois Wittgenstein. Il est en effet important de voir que l'on peut bien évidemment adopter la position de l'observateur tant à l'égard des règles causales que des règles conventionnelles : de même que l'on décrit le parcours des astres dans une position qui est nécessairement celle de l'observateur, il est parfaitement possible et légitime de décrire une règle grammaticale ou un système de règles grammaticales du point de vue extérieur de l'anthropologue, comme lorsque l'on veut apprendre les règles d'un jeu uniquement en regardant les joueurs jouer. Cette posture à la troisième personne n'est certes pas sans conséquences, mais reste parfaitement possible et légitime pour le cas des règles grammaticales. La conséquence qui résulte de l'adoption du point de vue de l'observateur est en réalité double.

1) L'adoption du point de vue de l'observateur sur des règles grammaticales instituées est, par principe, incapable de rendre compte de la force normative spécifique qu'exerce la règle sur ceux qui l'utilisent. L'observateur ne peut qu'enregistrer des régularités effectives, non rendre compte de la contrainte qu'exerce à chaque fois la règle sur son utilisateur. En d'autres termes, la position de l'observateur contraint à ne considérer ces règles que sous une forme *normativement désactivée*, c'est-à-dire sans

pouvoir rendre compte de leur force normative telle qu'elle s'exerce sur les acteurs. Comme le note Jacques Bouveresse à propos des règles mathématiques :

> C'est seulement pour quelqu'un qui accorde à la nécessité le genre de reconnaissance purement externe qui se réduit à la constatation d'un simple fait anthropologique (les hommes (ou tels ou tels hommes) ont adopté comme règle « 2 + 2 = 4 »), que la nécessité s'évanouit. Du point de vue de la reconnaissance interne, c'est-à-dire pour quelqu'un qui a adopté effectivement la règle, la nécessité existe bel et bien et elle est aussi stricte que possible [m].

C'est exactement dans ce sens me semble-t-il que Wittgenstein lui-même note qu'un juge « n'utilise pas le code comme un manuel d'anthropologie » [n], c'est-à-dire comme un simple relevé des pratiques en usage au sein de tel groupe humain; ce qui veut dire que *lui* au moins doit lui accorder le sens normatif de prescriptions à suivre. Mis dans la position performative de celui qui doit l'appliquer, le juge l'utilise nécessairement dans un sens normatif. J'aimerais pour ma part insister sur le fait que cette distinction repose non pas tant sur une différence de *nature* entre les propositions considérées – généralisation empirique vs preuve mathématique ou code juridique – qu'au *point de vue* adopté pour les dire [o] : le point de vue de la troisième personne désactive cette

m. J. Bouveresse, *La force de la règle*, Paris, Minuit, 1987, p. 50.

n. L. Wittgenstein, *Remarques sur les fondements des mathématiques*, trad. fr. M.A. Lescourret, Paris, Gallimard, 1983, p. 174.

o. Il est à noter en effet que dans cette remarque, Crispin Wright, en essayant d'expliciter la différence entre une proposition mathématique et une proposition d'expérience, se réfère essentiellement à la *nature* desdites propositions, et non au *point de vue* à partir duquel elle sont exhibées (point de vue de l'observateur ou de l'utilisateur) : « Il n'y a pas d'infraction à une généralisation empirique; on montre simplement qu'elle est fausse. Mais ce n'est pas de cette manière que ni les codes de lois, ni les propositions de la logique et des mathématiques sont utilisées; le juge excentrique n'est pas une exception – il est coupable d'incurie professionnelle » normativité et fait au fond de toutes les règles grammaticales un fait anthropologique neutre du point de vue de l'obligation.

2) La deuxième conséquence résulte de ce que nous a déjà appris l'analyse des règles observationnelles : quelle que soit le type de règle considéré, l'adoption de la perspective de la troisième personne contraint insurmontablement à ne pouvoir formuler que des conjectures. On aurait là aussi fondamentalement tort, me semble-t-il, de lier le caractère hypothétique des règles exhibées à la *nature* de la règle considérée, comme si seules les régularités causales donnaient lieu à des hypothèses d'observateur, non les règles grammaticales. C'est ce que fait pourtant le commentateur Crispin Wright lorsqu'il déclare que les généralisations empiriques propres aux sciences de la nature ne connaissent que des exceptions, pas des infractions, alors que les propositions grammaticales (mathématiques ou juridiques) déterminent au contraire ce qu'infraction veut dire. Cette manière de dire est, à mes yeux, impropre, comme le montre le fait que la description à la troisième personne d'un système de règles grammaticales ne peut elle aussi donner lieu qu'à des hypothèses. Il est certes vrai que les règles observationnelles sont toutes hypothétiques ; mais ce n'est pas tant parce qu'elles sont observationnelles que parce qu'elles

(C. Wright, *Wittgenstein on the Foundation of Mathematics*, London, Gerald Duckworth & Co., 1980, p. 324.) Pour lui donc, la normativité dont il essaie de rendre compte tient à la nature des propositions : pour le dire dans un autre vocabulaire, il y a dans les généralisations empiriques une « direction d'ajustement » qui va des règles aux choses, parce que ce sont les règles qui doivent en quelque sorte épouser la réalité du monde extérieur, alors que dans les propositions grammaticales, la direction d'ajustement va du monde aux règles, parce que c'est le monde qui doit s'ajuster aux règles que l'on institue. Mais de quelque manière que l'on détermine la nature de ces différents types de propositions, il me semble que le fait même de s'attacher à la *nature* des propositions plutôt qu'au point de vue à partir duquel elles sont énoncées occulte ce qui me semble être le point vraiment nodal de cette discussion.

sont nécessairement énoncées au point de vue de la troisième personne. Dans la mesure où les tentatives d'explication portent sur les actions d'autrui, et quel que soit le type de règles qui les régule, ma position d'observateur me confine principiellement à énoncer des hypothèses. Toute règle énoncée du point de vue de la troisième personne est par principe hypothétique.

Tel n'est pas le cas des énoncés à la première personne, et c'est ici – et ici seulement – que s'impose à nous la distinction wittgensteinienne des causes et des raisons. « Lorsqu'il s'agit de la cause d'un acte, dit Wittgenstein, un observateur étranger pourra souvent plus facilement l'établir; la raison, seul l'agent peut la dire »[p]. En effet, Wittgenstein note

> [qu']il est remarquable qu'il ne puisse pas se tromper dans l'indication de la raison. Bien plus il est au contraire le seul qui connaisse la raison. Ce qui veut dire que nous appelons raison ce qu'il indique comme raison. La cause d'un acte résulte de l'observation, à la vérité hypothétique, c'est-à-dire telle que des expériences complémentaires peuvent la confirmer ou lui opposer un démenti. Lorsqu'il s'agit de la cause d'un acte, un observateur étranger pourra souvent plus facilement l'établir; la raison, seul l'agent peut la dire[q].

Contrairement donc à ce qui se passe lors de l'établissement de causes, l'établissement par l'acteur de ses raisons n'est pas conjectural, du fait même qu'il se situe non plus dans une position d'observateur, mais dans la perspective performative de la première personne. Wittgenstein accorde à cette perspective, selon la citation précédente, un double privilège: un privilège d'infaillibilité (« il est remarquable qu'il *ne puisse se tromper* dans l'indication de la raison »), et un privilège d'exclusivité (« il

p. D, p. 57.
q. *Ibid.*

est le *seul* qui connaisse la raison »). De ce double privilège suit immédiatement la conséquence : « Ce qui veut dire que nous appelons raison ce qu'il indique comme raison » : seul l'acteur pouvant indiquer ce qu'il indique, nous ne sommes pas dans la situation où nous pourrions débattre d'hypothèses concurrentes, avec force arguments et expériences complémentaires. D'où il suit que nous devons admettre au titre de raison ce que *lui* indique comme raison.

À propos de ce double privilège, il faut prendre garde à ne pas l'interpréter dans un sens mentaliste qui dévoierait ce que Wittgenstein a en vue. L'un des piliers de la philosophie mentaliste consistait précisément, à l'image du cogito cartésien, à faire de l'irréductible mienneté d'un état mental la source même du savoir apodictique. Or, on sait que l'un des thèmes anti-mentalistes majeurs de *De la certitude* était d'attirer l'attention sur le fait qu'« on ne voit pas à quel point l'emploi de "Je sais" est spécialisé »[r] – qu'il implique notamment, entre autres choses, que le savoir « doit pouvoir être confirmé de façon objective »[s]. Comme le dit E.G. Anscombe, « il n'y a lieu de parler de savoir que là où il existe un contraste entre "il sait" et "il pense (simplement) qu'il sait" »[t]. Or, c'est précisément ce contraste qui est absent dans l'énoncé par l'acteur de ses raisons d'agir : lorsque l'acteur dit ses raisons d'agir, il ne formule pas une hypothèse, il dit ce qu'il fait, et il le dit, pour Wittgenstein, sans doute possible. Il le dit donc, en d'autres termes, de manière *catégorique*. C'est pourquoi il est à la fois vrai qu'il n'y a pas d'hésitation épistémique possible, et que pour cette raison même, il serait fondamentalement inadéquat de décrire cette absence d'hésitation en

r. L. Wittgenstein, *De la Certitude*, trad. fr. J. Fauve, Paris, Gallimard, 1965, rééd. 1976, prop. 11.

s. L. Wittgenstein, *De la Certitude*, *op. cit.*, p. 15.

t. E. Anscombe, *Intention*, Oxford, Basil Blackwell, 1979, p. 14.

termes *épistémiques*. Car pour *savoir* quelle raison je suis, je devrais avoir des raisons justificatrices – mais « les raisons feront vite défaut. Et alors, j'agirai sans raison »[u]. Mais j'agirai ! Par conséquent, l'absence de doute qui caractérise le recours performatif aux raisons ne doit pas tant être interprété dans le sens de *l'apodicticité épistémique* que dans celui de *l'automaticité mécanique* : le privilège que confère la position performative à l'accès à ses raisons, loin d'être un privilège épistémique, est tout au contraire celui d'*abolir* la relation épistémique entre l'acteur et ses raisons, dans un sens exactement analogue à ce que Wittgenstein dit de la relation à sa propre douleur qui n'a rien d'apodictique parce qu'elle n'est pas *du tout* épistémique.

Quoi qu'il en soit, s'il y a un accès performatif aux raisons, il n'y a pas d'accès performatif aux causes : car même si je pars en quête des causes de ma propre action, ce qui est bien évidemment possible, je reste alors nécessairement dans la position d'un observateur qui dit quelque chose du monde, en l'occurrence de moi, et qui ce faisant peut se tromper : ce que j'appelle la cause de mon action n'est pas nécessairement la cause de mon action, alors que, une fois encore, ce que j'indique comme raison de mon action est précisément ce que nous appelons sa raison. On notera ici que ce pourquoi de mon action, cette raison de mon action, n'est pas forcément une règle : « Pourquoi as-tu sauté dans l'eau ? – Parce que je voulais voir l'effet que ça faisait » – voilà une explication par les raisons qui ne se réfère à aucune règle grammaticale d'aucune sorte. C'est là l'une des raisons pour lesquelles la distinction des causes et des raisons ne recoupe pas celle des règles causales et des règles grammaticales, contrairement à ce que suggère parfois le texte wittgensteinien – lorsqu'il dit par exemple : « Raison et cause correspondent aux deux significations de

u. L. Wittgenstein, *Philosophische Untersuchungen*, Oxford, Blackwell, 1958, § 211.

l'expression "suivre une règle" »[v], ces deux significations définissant précisément les deux types de règles, causales et grammaticales, que Wittgenstein a exemplifiées au moyen des régularités naturelles d'une part et des règles d'un jeu de l'autre. Mais il semble pourtant évident qu'une raison n'est pas toujours une règle.

Ce caractère d'automaticité mécanique nous livre de précieux indices sur ce qu'est l'obéissance aux raisons dont, encore une fois, l'obéissance à des règles n'est qu'un cas particulier. L'obéissance aux raisons me semble relever de ce que j'appellerais volontiers un *régime de conscience*[w] particulier – régime au sens du régime d'un moteur, où différents rapports produisent différents effets de puissance –, régime caractérisé me semble-t-il par au moins deux traits majeurs : le caractère à la fois catégorique de la relation des raisons à l'action, comme nous venons de le voir, et son caractère *électif*, c'est-à-dire choisi. Le terme de catégorique désigne en réalité, comme il a été dit, un régime de conscience d'où est absente toute inférence, tout jugement ou toute interprétation : « C'est pour cela que j'agis » désigne précisément une raison qui n'est ni inférée, ni observée, ni interprétée, mais qui est catégoriquement affirmée parce qu'elle est la détermination *praxique* (et non pas causale, précisément) de mon action. Tout catégorique qu'il soit, le mode d'action des raisons est praxique, et non efficient ou empirique : elles ne provoquent pas mon action comme la hausse de la température la montée du thermomètre, car elles n'exercent pas leur contrainte à la manière d'un événement. Elles sont ce qui me détermine à agir comme je

v. D, p. 56.

w. Cette expression m'a été suggérée par la lecture de J.-F. Billeter, *Leçons sur Tchouang-tseu*, Paris, Allia, 2002, p. 43, qui parle de « régimes d'activités » pour distinguer, sur la base de sa lecture de Tchouang-tseu (IIIᵉ s. av. J.-C.), mais en citant aussi Wittgenstein, les activités intentionnelles et conscientes des activités spontanées et inconscientes (ce que nous appelons le savoir-faire).

le fais, dès lors que j'ai choisi d'agir ainsi; d'où leur caractère fondamentalement électif. Par *électif*, j'entends précisément qu'une raison n'est pas ce qui nous contraint à agir, mais ce pourquoi nous agissons dès lors que nous avons choisi d'agir comme nous agissons. La raison est ce qui est obéi, dès lors que l'on choisit de s'y soumettre. En ce sens, elle est bien le *déclencheur* de l'action, mais cela n'en fait pas pour autant une *cause* de mon action.

Et c'est d'ailleurs à mon sens sur cette assimilation tacite et indue entre le *déclencheur* de mon action et sa *cause* que repose pour partie la fameuse thèse de Davidson qui dit qu'« une raison est une cause rationnelle ». Pour montrer en effet que la rationalisation est une espèce particulière de l'explication causale, Davidson s'appuie sur « l'idée que l'agent a accompli l'action *parce qu*'il avait une certaine raison »[x]. Mais il est clair que si une cause est ce qui déclenche une action (si c'est là la définition de la cause), alors la raison est évidemment une cause; personne, me semble-t-il ne pourrait le nier, et le problème wittgensteinien lui-même de savoir ce qu'est suivre une règle lorsque cette règle est par exemple la règle d'un jeu n'aurait tout simplement pas de sens sans cette connexion qui fait de la raison le déclencheur de l'action. Mais cette nécessaire « causalité des raisons », pour reprendre une expression de Bouveresse[y] reprise à son tour par Pascal Engel[z], n'efface nullement la différence entre la raison que l'on donne et la cause que l'on observe, avec tout ce qui découle de cette distinction. L'illustration que donne Davidson

x. D. Davidson, *Actions and Events* (1980), trad. fr. P. Engel, *Actions et événements*, Paris, PUF, 1993, p. 23.

y. J. Bouveresse, « La "causalité" des raisons », *Studia philosophica*, 51, 1992, p. 33-59.

z. P. Engel, « La causalité des raisons », *Critique*, n° 567-568, août-septembre 1994, p. 577-592.

lui-même me semble instructive à cet égard : pour lui, la demande d'explication surgit lorsqu'un « comportement paraît étrange, étonnant, outré, absurde, déconcertant, incongru », et il s'agit du coup d'obtenir, en apprenant la raison de l'action, « une interprétation, une nouvelle description de ce qu'il a fait, qui s'inscrit dans un cadre familier ». Apprendre la raison de l'action, « c'est saisir la raison d'être de l'action au sein d'un certain dispositif de règles, de pratiques, de conventions et d'attentes ». Toute la discussion de Davidson se place donc sur le terrain de la *réduction d'étrangeté* d'une action de prime abord inintelligible, et cette réduction d'étrangeté s'opère dès que l'on a appris la raison de l'action, ce qui reviendra à découvrir une pro-attitude doublée d'une « croyance associée ». Mais cette description de la réduction d'étrangeté passe comme chat sur braise sur ce qui me semble être le point crucial de la discussion, à savoir que cette réduction d'étrangeté, pour être authentiquement accomplie, nécessite précisément un changement de point de vue : car c'est *l'observateur* qui ne comprend pas l'action, mais c'est *l'auteur* de l'action qui en donne la raison. Davidson le dit lui-même, sans en tirer hélas aucune conséquence : il s'agit d'apprendre, dans son exemple, que « l'agent *concevait son action* comme un mensonge »[a]. Apprendre les raisons, c'est donc apprendre comment l'agent conçoit son action, c'est se mettre au point de vue de la première personne ! J'ai assez dit que c'est ce changement de perspective qui constitue précisément la différence fondamentale entre les causes et les raisons, et Davidson la confirme malgré lui.

Toutefois, cette assimilation davidsonnienne des raisons aux causes, pour indue qu'elle soit, fait tout de même rebondir le débat dans le camp des partisans de la distinction entre causes et raisons. Car si la position d'observateur abolit le trait distinctif

a. C'est moi qui souligne. Toutes ces citations proviennent des pages 23-24 de D. Davidson, *Actions et événements*, *op. cit.*

des raisons, qui est de se dire à la première personne sur le mode catégorique, en quoi au juste une interrogation sur les raisons des actions des autres sera-t-elle différente d'une interrogation sur leurs causes? À quel critère reconnaîtra-t-on que la question « pourquoi » porte sur les *raisons* plutôt que sur les *causes* d'une action dès lors que cette action est une action d'autrui? Car ces raisons, nous ne pouvons que les observer et ne pouvons donc les soustraire au doute inhérent à toute observation; raisons et causes semblent donc s'égaliser sous le regard neutralisant de l'observateur.

La réponse à cette question a somme toute déjà été donnée par Wittgenstein d'une part et, paradoxalement, par Davidson. La position d'observateur nous interdit certes d'avoir un accès catégorique aux raisons, mais il est clair qu'il reste néanmoins très différent par nature de rechercher un *événement provoquant une action*, ayant donc avec elle un lien empirique, ou de rechercher le lien *logique* qui lie une action à ce qui la *justifie* aux yeux de son auteur. Dans le premier cas, on recherche un événement, précisément, dans le second, on interroge l'intentionnalité de l'acteur – comme le reconnaît Davidson en définissant précisément les raisons par la conjonction d'une « pro-attitude » et de « croyances associées ». Si les raisons s'énoncent sur un mode catégorique, c'est parce qu'elles ne résultent pas d'une observation qui dirait quelque chose du monde, fondée sur une inférence ou un jugement; en ce sens, elles ne sont pas susceptibles d'être vérifiées ou infirmées. L'énoncé des raisons ressemble de ce point de vue à l'expression « J'ai mal ! » : celle-ci ne *décrit* pas la douleur, mais l'*exprime*. De la même manière, l'énoncé d'une raison ne résulte pas d'une observation inférentielle de sa propre action qu'on pourrait en quelque manière voir infirmée, mais est l'expression énoncée sur un mode catégorique du pourquoi de mon action.

Encore une fois, ces pro-attitudes et croyances associées sont certes inaccessibles pour un observateur sur le mode catégorique qui caractérise la position performative, mais il n'en demeure pas moins que l'interrogation est très différente selon qu'elle porte sur un *événement* par nature accessible à la troisième personne – dont l'être même est d'être accessible à la troisième personne –, ou sur une *raison* qui est par nature certes inaccessible à la troisième personne, mais que rien n'interdit pour autant de vouloir rétablir au point de vue de la première personne. Cette différence dans l'accessibilité est précisément le critère qui permet de distinguer les causes et les raisons, et qui simultanément invalide les tentatives de les assimiler l'un à l'autre. Or, cette tentative de restituer au point de vue de la troisième personne ce qui n'est pourtant catégoriquement accessible qu'à la première, c'est précisément ce que je propose d'appeler *compréhension* – et qui m'amène maintenant à mes conclusions sur ce point. Avant toutefois d'y venir directement, j'aimerais d'abord, pour la clarté de l'ensemble, rassembler les fils qui m'ont conduit jusqu'ici.

Après avoir différencié en général l'extension de la notion d'explication en explication causale, explication sémantique, explicitation du savoir d'arrière-plan puis explication herméneutique, j'ai donc essayé de montrer ce qui distinguait les règles observationnelles des règles grammaticales dans la conduite des actions humaines, et en quoi, deuxièmement, cette distinction n'était *pas* recoupée par celle des causes et des raisons, contrairement à ce que suggérait parfois la distinction wittgensteinienne entre deux types de règles : le caractère hypothétique des affirmations causales n'est pas tant dû à leur caractère causal qu'à la perspective d'extériorité à laquelle elles sont nécessairement énoncées. C'est pourquoi l'opération de réduction d'étrangeté d'une action reste hypothétique aussi longtemps que ne s'est pas opéré le changement de perspective de la troisième à la première personne. Ce qui veut dire qu'un énoncé sur des raisons reste lui aussi hypothétique, tant que l'énoncé porte sur les raisons *des autres* ; tant, donc, que la raison n'est pas énoncée en première personne. Il est toujours loisible de s'interroger sur les raisons des actions des autres – et cette interrogation est différente de l'interrogation sur les causes –, mais cela nous limite inévitablement à la formulation d'hypothèses : que nous partions en quête des causes des actions des autres ou de soi, ou des raisons des actions des autres, la position d'observateur à laquelle nous sommes alors confinés nous contraint inévitablement à ne pouvoir formuler que des énoncés explicatifs conjecturaux. Il n'y a que la position performative de celui qui dit ses raisons qui lui confère ce régime de conscience catégorique qui la préserve de tout doute raisonnable possible. Nous venons de voir toutefois que malgré cette inaccessibilité principielle des raisons, l'interrogation sur les raisons reste néanmoins par nature radicalement différente d'une interrogation sur les causes; et que par exemple, ce n'est certainement pas par pure coïncidence linguistique que l'on recherche les raisons d'un suicide, mais la cause de la mort.

Du coup, le caractère catégorique, non inférentiel et électif des raisons qui caractérise le régime de conscience où elles sont invoquées dégage une nouvelle strate dans le champ d'extension de la notion d'explication, une strate à la première personne ou strate d'intentionnalité subjective qu'on peut aisément appeler *explication intentionnelle*, ou, précisément, *compréhension*. À la différence donc de l'intentionnalité objective de l'explication sémantique ou de l'explicitation du savoir d'arrière-plan, qui se référaient à des significations codifiées, stabilisées et donc publiquement accessibles – objectives en ce sens –, l'intentionnalité subjective de l'explication intentionnelle se réfère à une intentionnalité qui n'est catégorique que pour celui qui en est le sujet; et à la différence de l'explication herméneutique où l'explication est référée à un horizon d'interprétation choisi par l'interprète, l'explication intentionnelle tente de restituer des raisons au point de vue de l'acteur lui-même. Comme je l'ai déjà mentionné, c'est donc à ce seul type d'explication-là que devrait en toute rigueur s'appliquer le terme de compréhension.

Autrement dit, il ressort de cette analyse essentiellement menée au plan des points de vue adoptés sur l'action plutôt que sur la nature de l'action elle-même que l'*explication* en sciences humaines revient à rendre compte d'une production intentionnelle humaine en la référant à un élément accessible en son principe même à la troisième personne : un *événement* dans le cas d'une corrélation causale, ou une loi de couverture, une *règle d'usage* dans le cas d'une explication sémantique, un *horizon de valeurs* dans le cas d'une explication herméneutique – tous éléments qui par nature sont publiquement accessibles. En revanche, dans ce qui me semble être son sens rigoureux, la *compréhension* revient à rendre compte d'une action ou d'une production symbolique en la référant à une raison dont le principe veut qu'elle ne soit catégorique que pour la première personne. Entre expliquer et comprendre, je propose donc une autre ligne de partage que celle qui sépare habituellement les sciences de la nature des sciences humaines, traditionnellement distinguées selon leurs *objets* – les régularités naturelles itérables pour les sciences de la nature, les productions humaines singulières pour les sciences humaines. À cette distinction par les objets spécifiques, je propose de substituer une distinction selon le point de vue adopté, distinction qui dédramatise donc singulièrement la question classique de l'autonomie des sciences humaines, puisque la question du point de vue est par soi indifférente à la nature des objets à expliquer. En tentant de maintenir, tout en la déplaçant, la distinction entre expliquer et comprendre, je ne vise donc pas tant à affirmer l'autonomie des sciences humaines, qui est à mon sens une mauvaise réponse à une question mal posée, qu'à montrer l'irréductible spécificité du point de vue performatif, intrinsèquement inassimilable à celui de la troisième personne. Ce point de vue ne peut certes être adopté qu'à propos de productions intentionnelles, et se trouve de ce fait même exclu du champ des sciences de la nature. Mais à l'inverse, le point de vue caractéristique des sciences de la nature ne leur est pas spécifique et s'étend aussi sur le champ des productions intentionnelles, comme je l'ai montré à propos de l'explication sémantique et de certaines explications herméneutiques, pour ne rien dire des explications causales. Le comprendre est donc bien loin d'épuiser le champ des sciences dites humaines, dont il ne saurait donc constituer la marque caractéristique.

De même, – autre ligne de partage traditionnellement suggérée – il est inexact, en fonction de ce qui a été dit, de considérer de manière polaire qu'on explique par des causes, alors qu'on comprend par les raisons, puisqu'on explique aussi par ce que j'ai appelé l'intentionnalité objective et que ces explications-là ne sont pas causales. Il est exact en revanche de dire qu'on comprend par les raisons, et que cette compréhension se décline sur différents modes, selon que c'est l'acteur lui-même qui peut donner ses raisons (c'est somme toute le cas-limite de la compréhension) ou qu'on n'y a qu'un accès indirect, par procuration en quelque sorte de l'intentionnalité subjective originaire, dans une sorte d'opération de décentrement compréhensif, nécessaire par exemple lorsque l'on s'interroge sur les *motivations* d'un agent absent, motivations qui diffèrent des raisons en ce qu'elles impliquent une coloration existentielle dans l'explication fournie, comme le montre le fait qu'une motivation ne *justifie* pas une action au même sens où le fait une raison. Néanmoins, comme les raisons, les motivations ne peuvent se dire catégoriquement que dans la position performative. C'est ainsi que dès lors que l'acteur n'est plus là pour dire ses raisons, nous sommes assurément condamnés à la posture de la troisième personne; mais il n'en reste pas moins que la simple tentative de se déplacer ou de se décentrer au point de vue de la première personne marque une différence intrinsèque avec la pure posture objectivante[b]. Il y a donc différents sens au terme explication, selon que cette explication est causale, sémantique, herméneutique ou qu'elle se décline comme explicitation d'un savoir d'arrière-plan, et l'un de ses sens est mieux rendu par le terme de compréhension dès lors qu'il s'agit de tenter restituer au point de vue de la première personne ce qui est en son principe inaccessible à la troisième. Il me semble donc au total qu'un départ rigoureux entre explication et compréhension ne recoupe pas la distinction entre sciences de la nature et sciences humaines, et qu'elle doit donc prioritairement se fonder non sur la nature de ce qui est à expliquer, mais sur la perspective que l'on adopte à son égard.

b. La sociologie de Pierre Bourdieu me semble l'exemple même d'une sociologie entièrement à la troisième personne, et c'est très exactement ce qui lui permet d'affirmer, dans un entretien entendu sur France Culture, que « Les sciences humaines sont des sciences comme les autres ». Comme exemple d'une « sociologie intentionnelle », pour la nommer ainsi, je citerais certaines des analyses de Marx. Car dans son décryptage proprement hiéroglyphique de la réalité sociale, les phénomènes comme la production de la religion, celle de l'idéologie des Droits de l'homme, le fétichisme de la valeur et de la marchandise, la confusion par le capitaliste du profit et de la plus-value – tous ces phénomènes ne sont pas analysés – déchiffrés – comme des *événements* qui adviennent dans le monde selon telle ou telle causalité mécanique, mais comme des *illusions d'optique* dont sont victimes les acteurs sociaux. [...] Si, au-delà de toutes les coupures épistémologiques possibles dans le corpus marxien, on peut donc déceler une continuité fondamentale, c'est bien celle-là – celle qui fait Marx se placer du côté de l'intentionnalité des acteurs sociaux, du côté de leur logique intentionnelle. Le déchiffrage hiéroglyphique auquel se consacre Marx n'est donc pas une simple interprétation du social au sens où un interprète aurait à lire le livre de la société (comme on parle du livre de la nature), mais une véritable phénoménologie de l'action sociale opérée du point de vue des acteurs sociaux, c'est-à-dire opérée du point de vue de leur contenu intentionnel à eux. On est donc très loin ici d'un modèle galiléen de causalité, qui viserait à naturaliser la logique du développement humain ; on est ici bien plus près d'une logique de l'intentionnalité que d'une mécanique de la nature.

PASCAL ENGEL

HERMÉNEUTIQUE, LANGAGE ET VÉRITÉ *

PHILOSOPHIE HERMÉNEUTIQUE ET PHILOSOPHIE ANALYTIQUE

Dans son article « Logique herméneutique » Paul Ricœur, en présentant les grandes lignes de la tradition herméneutique au XXe siècle – chez Dilthey, puis Heidegger, Gadamer, Habermas et Apel – montre comment cette tradition est passée du problème de la compréhension du sens à celui de sa « pré-compréhension », dans le *Dasein* chez Heidegger, puis dans le langage et la tradition chez Gadamer :

> Avec Gadamer, la certitude du sens précède encore l'interrogation sur le comprendre : la beauté de l'œuvre d'art m'a déjà saisi avant que je la juge, la tradition m'a déjà porté avant que je la mette à distance, le langage m'a déjà enseigné, avant que je le maîtrise comme système de signes disponibles. De toutes manières l'appartenance au sens précède toute logique du langage. C'est pourquoi l'herméneutique est finalement une lutte contre la compréhension de ce qui a toujours été déjà compris, soit que la précompréhension procède des confusions véhiculées par la métaphysique (confusion entre l'étant que nous sommes et les étants subsistants et

* P. Engel, « Herméneutique, langage et vérité », *Studia philosophica* 57, 1998, p. 109-131.

manipulables, confusion de l'être en tant qu'être avec un étant suprême dans l'onto-théologie, méconnaissance de la différence ontologique entre être et étant) soit que la mécompréhension procède de l'objectivation et de l'aliénation méthodologique [a].

L'autre tradition contemporaine majeure en philosophie, celle de la philosophie analytique, de Frege à nos jours, semble au contraire, comme le note Ricœur, s'être concentrée sur deux questions : l'une est celle du critère de distinction entre le sens et le non-sens dans le langage (quels sont les énoncés qui sont doués de sens, et selon quels critères, et quels sont ceux qui sont dépourvus ?), l'autre est celle de la compréhension du sens (comment comprenons-nous un langage en général ?). La première question conduit à des critères de démarcation de ce qui est métaphysique et de ce qui ne l'est pas, alors que la seconde entreprend une analyse positive des conditions du sens. Si l'on fait abstraction de la « naïveté » anti-métaphysique qu'une bonne partie de la tradition analytique à ses débuts (dans le positivisme) a manifesté dans l'espoir de produire des critères d'exclusion des énoncés métaphysiques réputés être des non-sens par rapport à des énoncés « biens formés » scientifiques – qui est une naïveté parce qu'elle a précisément échoué à produire les exclusions en question – il y a, sans nul doute, un point de convergence, souvent notée, entre la démarche heideggerienne de critique de la métaphysique et de l'onto-théologie, et celle des philosophes analytiques. Dans la mesure où la métaphysique fut, à un moment, une sorte d'ennemi commun de Heidegger et de Carnap, on peut dire que les deux traditions ont, sur ce point, convergé. La différence entre les deux traditions tient plutôt à la réponse que les

a. P. Ricœur, « Logique herméneutique ? », dans G. Floistad (ed.), *Contemporary Philosophy*, I, *Philosophy of Language*, La Haye, Nijhoff, 1986, p. 213 [rééd. dans *Écrits et conférences*, 2, *Herméneutique*, D. Frey et N. Stricker (eds.), Paris, Seuil, 2010, p. 123-196].

philosophes de tradition herméneutique ont apportée à la seconde question, positive, celle des conditions du sens et de la compréhension dans le langage. Car alors que les « herméneuticiens » ont défendu l'idée qu'il ne pouvait pas y avoir de théorie, en un sens scientifique ou quasi scientifique, de la compréhension du langage et de la nature du sens – précisément parce que le sens est toujours déjà « précompris » –, les « analytiques » semblent avoir poursuivi l'idéal d'une telle théorie, qui pourrait, en quelque sorte, délimiter la nature de la compréhension de l'extérieur, en se plaçant du point de vue d'un locuteur qui serait supposé ne pas comprendre son langage ni celui de sa communauté, et dont on pourrait, ensuite, analyser les capacités qui seraient constitutives de cette compréhension dans son exercice « normal ». Les exemples de ce type de démarche, au sein de la tradition analytique, sont nombreux : ils vont des efforts prodigués par les positivistes pour essayer d'articuler les conditions de vérification des énoncés qui les rendraient sensés (et par conséquent le « critère de signification ») à ceux de philosophes qui, comme Quine et Davidson, ont essayé de formuler les conditions du sens à partir des données d'une situation de « traduction radicale » dans laquelle le sens n'est pas compris pour aller vers les conditions de la traduction « normale » (où un locuteur comprend son langage et celui d'autrui). Le même présupposé selon lequel le sens et la compréhension peuvent être analysés de l'extérieur se retrouverait encore dans les orientations « naturalistes » et « cognitivistes » des philosophes mentalistes contemporains, qui, à la suite de Chomsky et de Fodor, ont élaboré des conceptions psychologiques de la signification « mentale », dont la signification linguistique serait dérivée[b]. Sur ce point, la tradition analytique semble, aux yeux

b. En ce sens, comme l'a noté Charles Taylor, la philosophie du langage analytique semble ressusciter les conceptions naturalistes de la signification et du mental de l'âge des Lumières, comme celle de Condillac, qu'avaient critiquée des

des philosophes de l'herméneutique, coupable d'une naïveté au moins aussi suspecte que celle qui consistait à tracer une ligne de partage entre sens et non-sens, entre métaphysique et science, puisque sa démarche vise à tenter de trouver les conditions objectives du sens et de la compréhension dans des conditions naturelles (psychologiques, comportementales, physiques), alors que toute la démarche herméneutique vise à montrer au contraire que de telles conditions sont impossibles à établir : si le sens est déjà pré-compris, dans le *Dasein*, dans la tradition ou dans la culture, il n'y a pas moyen de se situer au dehors de la sphère du sens pour montrer comment elle se construit. Le sens est déjà constitué, les conditions de la compréhension sont déjà réunies, avant même qu'on puisse se demander ce que c'est que comprendre. C'est l'une des versions du « cercle herméneutique », et c'est l'ignorance de cette nécessité d'aborder le sens à partir du sens qui conduit les philosophes analytiques à une naïveté qui n'est pas sans rappeler celle des *Aufklärers*, qui rejetaient le préjugé et la tradition au nom de la vérité et de la pensée claire. Le naturalisme même des philosophes analytiques contemporains rappelle celui des penseurs des Lumières. Pour la même raison, Dilthey, dans son combat contre ce que nous appellerions aujourd'hui la « naturalisation » des sciences humaines, insistait sur l'idée que les sciences historiques ne peuvent pas espérer aborder scientifiquement les couches de sens que nous fournit l'histoire, et que seul un processus de compréhension interne du sens historique pouvait nous les faire ressaisir. On retrouverait sans doute aussi dans l'anhistoricisme des philosophes analytiques la même méprise : ils prennent l'histoire de la pensée de l'extérieur, à partir d'un socle anhistorique, et oublient que l'histoire elle-même (*Historie*) est dans une condition historique (*geschichtlich*) qui fait que

auteurs comme Herder. *cf.* l'article de Taylor « Theories of Meaning » (1976), dans Ch. Taylor, *Philosophical Papers* I, Cambridge, Cambridge UP, 1992.

même quand on se penche sur elle, on est exposé à elle, et qu'il est aussi vain de vouloir ressaisir le passé à partir du présent que de penser le présent indépendamment du passé, de manière objective. Il est possible de généraliser toutes ces critiques – implicites ou explicites – que l'herméneutique adresse à la philosophie analytique, en opposant les attitudes que les deux traditions ont eues à l'égard de la notion de vérité. Pour l'herméneutique – et la phénoménologie dont elle est issue – la possibilité d'articuler un discours vrai – sur le monde, comme dans la science de la nature, mais aussi sur l'histoire, les pratiques humaines et le sens en général – n'est pas, pour reprendre la distinction de Gadamer, affaire de découverte de la bonne méthode pour y parvenir, comme si la connaissance et la réalité étaient dans un rapport d'extériorité et d'adéquation mutuelle – mais affaire de ressaisie des conditions antérieures à la vérité et à la méthode même. Ces conditions résident dans un accord ou une entente préalable à partir desquelles tout accord de nos énoncés ou de nos théories avec la réalité peut être possible. Ce n'est qu'au sein de l'univers ouvert par la « tradition » et le « préjugé » que la « fusion des horizons » est possible. Ce qu'on peut exprimer ainsi : la vérité, comme le sens, présuppose la vérité. Comme le dit Ricœur au sujet de Gadamer : « Toute compréhension du monde… y apparaît conditionnée par une pratique langagière commune » (*ibid.*, p. 190). C'est dans une dialectique entre le sens précompris dans la tradition et le sens compris par l'enquête historique que peut s'effectuer la saisie du sens et de la vérité. C'est en ce sens que l'herméneutique a, comme le dit Gadamer, un caractère « universel », et non pas simplement limité à l'interprétation des textes historiques.

Comme le note Ricœur, il serait abusif cependant d'opposer simplement les deux traditions, en supposant que l'ensemble de la tradition analytique a souscrit à de telles visées objectivantes sur la nature du sens et de la vérité, et que l'ensemble de la tradition herméneutique a souscrit aux idées heideggeriennes et gadameriennes. Dans la première des auteurs comme Dray, Danto, et von Wright par exemple, ont été sensibles à des doutes semblables à ceux que l'herméneutique a pu soulever au sujet du positivisme, et dans la seconde des auteurs comme Habermas et Apel ont cherché à réconcilier certains principes herméneutiques avec les exigences d'une pensée rationaliste et objectivante. Les ressources existent, par conséquent, pour essayer de nouer une forme de dialogue entre les deux traditions et envisager de surmonter les oppositions que je viens de rappeler. L'article de Ricœur de 1986, et une grande partie de son œuvre, sont une tentative en ce sens. Cette confrontation, si on la veut générale, est cependant difficile : elle implique que l'on puisse traduire les principaux concepts de l'une des traditions dans les termes de ceux de l'autre, ce qui est loin d'être facile, à supposer que ce soit possible[c]. Ce n'est pas sur ce terrain que je me placerai ici. Je voudrais essayer de montrer qu'à l'intérieur même de la philosophie analytique du langage récente, une question comme celle de la précompréhension du sens et de la vérité a bien été posée, mais que le traitement qu'on peut en fournir et la réponse qu'on peut lui apporter diffèrent beaucoup de ceux que la tradition herméneutique semblent favoriser.

c. Comme le remarque Diego Marconi (*La philosophie du langage au XXe siècle*, Combas, L'Éclat, 1997, p. 5) la raison pour laquelle la comparaison est difficile est que la réflexion des philosophes de l'herméneutique sur le langage reste extrêmement générale, et qu'ils ne posent jamais des questions spécifiques comme celles que posent les philosophes du langage analytique : « Le sens détermine-t-il la référence ? » ou « Le sens d'une phrase est-il fonction du sens de ses parties ? ». Les seconds semblent travailler dans le détail, et ignorer les « grandes questions », alors que les premiers n'ont en vue que des généralisations « profondes », et réputent des questions précises du genre de celles que je viens de citer comme « purement linguistiques ». À mon sens, c'est une impression trompeuse : dans les questions dites « de détail » se cachent souvent des questions « profondes ».

2. DAVIDSON, WITTGENSTEIN ET LA THÈSE DE PRIORITÉ

La question de la nature du langage et de la signification linguistique a occupé une bonne partie de la philosophie analytique du XXe siècle. Ce que l'on peut appeler le « paradigme dominant » en philosophie du langage au sein de cette tradition repose sur trois principes, mis en avant de manière parfaitement explicite par Frege : 1) le principe de contextualité : l'unité de base de la signification n'est pas le mot, mais la phrase (« Ce n'est que dans le contexte des phrases que les mots ont un sens »), 2) le principe de vériconditionnalité : le sens d'une phrase est constitué par ses conditions de vérité, et 3) le principe du rejet du psychologisme : le sens n'est pas constitué par des représentations dans l'esprit. Ces trois principes sont étroitement liés : une phrase n'a de sens que si ses conditions de vérités sont déterminées, compositionnellement, par les expressions qui la constituent, et si ce sens est objectif, c'est-à-dire indépendant des contenus psychologiques des locuteurs qui saisissent ce sens. Frege appliquait ces principes à une élucidation du sens des signes de sa *Begriffsschrift* [idéographie]. Il fournissait en ce sens les rudiments de ce que l'on allait appeler une sémantique pour une langue logique. Ce n'est pas avant les années 30 qu'une telle sémantique fut formulée explicitement par Tarski, avec en particulier la distinction du langage-objet et du métalangage dans lequel la signification – les conditions de vérité – des phrases est formulée. Comme on le sait, Tarski donne comme schéma de base de l'énoncé ces conditions de vérité des phrases de la forme :

(T) « S » est vrai (dans L) si et seulement si (ssi) p

où « S » est une phrase du langage-objet (« L »), et « p » une phrase du métalangage exprimant les conditions de vérité de S. Ce n'est que dans les années 60 que les philosophes et logiciens envisagèrent d'appliquer cette idée aux langues naturelles (par conséquent sous des formes nécessairement distinctes de celles que Tarski avait proposées, puisqu'il ne s'intéressait qu'aux langues formelles). Pour une phrase déclarative usuelle, une instance de (T) est

(1) « Le lilas sent bon » (en français) est vrai ssi le lilas sent bon.

Supposons maintenant que nous voulions énoncer le sens, donc les conditions de vérité de toutes les phrases d'une langue-naturelle (donc un ensemble potentiellement infini). On peut suggérer, avec Davidson, qu'une théorie de la signification pour cette langue sera une théorie qui nous permet, à partir des règles qui associent les parties des phrases à des choses au monde (les noms aux objets, les prédicats aux propriétés, etc.) et des règles qui déterminent la composition syntaxique de ces phrases, de dériver un ensemble de phrases métalinguistiques de la forme (T). Davidson propose qu'on considère comme la théorie de la signification pour le langage d'un locuteur l'ensemble des spécifications de conditions de vérité de forme (T) qu'un interprète de ce locuteur peut lui attribuer. Il considère que cette théorie de la signification permet de représenter ce que comprend le locuteur quand il comprend son propre langage, c'est-à-dire sa compétence sémantique. Plus précisément, Davidson se pose, comme Quine dans ses réflexions sur la traduction radicale, la question de savoir à quelles conditions quelqu'un qui ne disposerait que des données comportementales sur un locuteur, et de données portant sur son environnement externe, pourrait attribuer des significations aux phrases de son langage. À la différence de Quine, qui assimile cette tâche de « traduction radicale » à l'établissement d'un manuel de traduction entre la langue du locuteur et celle du « traducteur », Davidson considère que ce n'est pas un manuel de traduction qu'il nous faut établir, mais une « théorie de la vérité » pour les phrases du locuteur, qui va consister en une interprétation du langage de ce locuteur. Une théorie de la vérité peut être formulée comme un ensemble d'axiomes dont seraient dérivables des phrases de la forme (T). La procédure d'« interprétation radicale » que propose Davidson, consiste donc, pour l'interprète, à formuler, au sujet du langage de celui qu'il interprète (« l'interprété ») le plus de phrases possibles de la forme (T). Il le fait sur la base de trois principes : 1) tout d'abord il commence par repérer, au sein des phrases émises par l'interprète des phrases déclaratives que ce dernier « tient-pour-vraies », ou dont il suppose qu'il les croit vraies ; 2) ensuite, il formule, dans son propre langage (celui de l'interprète) des phrases (T) correspondantes (par exemple, quand le locuteur énonce « Es regnet » à un moment où il pleut dans l'environnement de l'interprété, l'interprète émet l'hypothèse : « "Es regnet" est vrai si et seulement si il pleut »), et 3) il part du principe que la majeure partie des croyances de l'interprété est la même que les siennes. Ce principe d'interprétation (3) est ce que Davidson appelle le « principe de charité » : il prescrit à l'interprète de tenir pour vraies et cohérentes (non contradictoires) le plus possible de phrases du langage du locuteur. Comme, selon Davidson comme selon Quine, les croyances et les significations d'un individu forment une trame inférentielle, en sorte qu'il n'est pas possible d'attribuer une croyance sans en attribuer un ensemble d'autres qui lui sont liées (car elles forment une structure holistique), il est possible, à partir d'un petit nombre de significations et de croyances, de procéder de proche en proche pour finir par assigner des ensembles de plus en plus vastes de croyances, exprimées par des phrases dont les conditions de vérité seront progressivement établies. La procédure, une fois complétée, fournira une interprétation du langage du locuteur, qui pourra elle-même être révisée jusqu'à ce qu'on obtienne la meilleure adéquation possible. Cette interprétation repose donc sur une théorie de la vérité pour les phrases du locuteur. Et elle nous permettra de révéler ainsi la compétence sémantique du locuteur, ce qu'il comprend quand il comprend son propre langage.

Je ne détaillerai pas plus ici la procédure proposée par Davidson[d]. Elle repose, comme on le voit, sur les idées suivantes. Tout d'abord, une théorie de la signification repose, et est constituée en partie, par une théorie de la vérité. Elle n'est pas seulement cela, car Davidson admet, comme Quine, que plusieurs théories de la vérité équivalentes pour un langage L rendraient aussi bien compte des données, et qu'en ce sens l'interprétation restera indéterminée. Ensuite, comprendre un langage, c'est l'interpréter. Plus exactement, la compréhension qu'a le locuteur du langage L est fournie par la théorie que l'interprète extérieur lui assigne. Enfin, cette théorie de l'interprétation n'est possible que si le locuteur et l'interprète sont supposés partager, et avoir en commun, un grand nombre, voire une majorité de croyances qu'ils tiennent pour vraies. C'est le sens du principe de charité, qui n'est pas une simple maxime heuristique de l'interprétation, mais une précondition sans laquelle celle-ci ne peut avoir lieu.

On a adressé à cette conception davidsonienne de l'interprétation du langage bien des objections. La principale que nous pouvons retenir ici pour notre propos est la suivante. Puisque l'interprète forme des phrases de type (T) qui sont supposées donner la signification des phrases du langage L du locuteur, via l'établissement de leurs conditions de vérité, on peut se demander en quoi ces phrases permettent d'expliquer la compréhension qu'a l'interprète de son propre langage. Or la réponse semble être qu'elles ne l'expliquent pas. Car tout ce que font ces phrases, c'est expliciter le savoir dont dispose l'interprète, quand il formule dans son propre langage, des hypothèses de la forme (T), puisqu'il utilise comme métalangage, pour le langage L du locuteur, son propre langage. Bref, c'est lui, interprète, qui formule les phrases métalinguistiques-T. Il n'y a aucune garantie que le locuteur lui-

d. Pour un exposé plus complet, *cf.* P. Engel, *Davidson et la philosophie du langage*, Paris, PUF, 1994.

même puisse formuler des phrases de ce type. Ou plus exactement, il n'y a qu'une garantie très générale, qui repose sur le principe de charité, que le locuteur tienne pour vraies la majeure partie des phrases que l'interprète tient aussi pour vraies. Mais d'une part, toute cette procédure repose, si l'on peut dire, sur les épaules de l'interprète, et de la connaissance qu'il a de son propre langage. Faudra-t-il, pour interpréter le langage de l'interprète, un autre interprète, dont il faudra à nouveau interpréter le langage ? Auquel cas on court le risque d'une régression à l'infini. Ou bien faut-il supposer que l'interprète connaît déjà, sans interprétation, son propre langage ? Dans ce cas, les significations sont déjà supposées connues, et on ne peut pas dire qu'on ait expliqué la compétence sémantique du locuteur : on l'a seulement présupposée, en supposant que l'interprète a un accès privilégié à ses propres significations. La même difficulté pourrait être formulée ainsi. Supposons que l'on veuille apprendre à quelqu'un qui ne connaît pas déjà la signification de la phrase « Le lilas sent bon », le sens de cette phrase. Supposons qu'on lui dise : « "Le lilas sent bon" (en français) est vrai ssi le lilas sent bon » dans le style de (1). Mais il ne peut comprendre cette « explication » de la signification de la phrase que s'il comprend déjà cette phrase dans son propre langage, ou s'il dispose d'une traduction appropriée de cette phrase dans son langage. Si tout ce que j'ai à savoir, pour savoir ce que signifie « Le lilas sent bon », c'est que « "Le lilas sent bon" est vrai (en français) ssi le lilas sent bon », et que cette phrase métalinguistique est vraie, on peut se demander comment je sais qu'elle est vraie. En d'autres termes je dois déjà connaître, dans mon langage, le français, ce que signifie cette phrase. Et par conséquent nous n'avons même pas commencé à expliquer en quoi consiste la signification de cette phrase, puisque nous l'avons simplement présupposée. Il faut certainement distinguer le fait de savoir qu'une phrase est vraie du fait de savoir quelle proposition cette phrase exprime, c'est-à-dire connaître sa signification. Telle est la raison pour laquelle des nombreux critiques de Davidson lui ont objecté que sa conception d'une théorie de la signification comme théorie de la vérité ne pouvait au mieux qu'être une représentation de liens de signification pour un langage déjà compris, et non pas une véritable recette permettant d'apprendre, à quelqu'un qui ne comprendrait pas ce langage, ce que ses phrases signifient. Selon Dummett, c'est pourquoi la conception de Davidson ne peut nous fournir qu'une théorie « modeste » de la signification, et non pas une théorie « substantielle »[e].

Si l'on suppose qu'une théorie de la signification doit être substantielle en ce sens, il ne fait pas de doute que la conception davidsonienne est inadéquate. Le problème est cependant : est-ce qu'il est possible de fournir une telle théorie substantielle ? Est-il possible d'apprendre à quelqu'un un langage sans présupposer, en quelque façon, la connaissance d'un langage ? Est-il possible de se placer de l'extérieur du langage pour comprendre comment s'y constituent les significations ? Un argument de Wittgenstein bien connu permet d'en douter. Wittgenstein ne part pas, comme Davidson et le paradigme dominant en sémantique chez les philosophes analytiques, de la conception véриconditionnelle de la signification, mais de l'idée que comprendre un langage, c'est maîtriser un ensemble de règles pour l'usage des expressions de ce langage (« le sens, c'est l'usage »). Par exemple, supposons que comprendre le sens du mot « jaune », c'est disposer d'une règle pour l'usage de ce mot dans une variété de contextes. Maintenant, supposons que je veuille apprendre le sens de mot à quelqu'un qui ne le connaît pas. Je pourrais employer une règle de la forme :

(2) « Jaune » est employé pour désigner des choses jaunes.

e. *Cf.* ma discussion dans P. Engel, *Davidson et la philosophie du langage*, *op. cit.*, chap. 4.

Mais on se trouverait alors devant la même difficulté qu'avec (1), puisque celui à qui j'apprends le sens de « jaune » devrait déjà savoir ce que c'est que « désigner des choses jaunes » pour comprendre cette explication. Si l'on y réfléchit bien, le syndrome est parfaitement général. Même si on employait d'autres spécification que (2) pour énoncer la règle d'emploi de « jaune », il nous faudrait dans chaque cas interpréter la règle en question, et interpréter cette interprétation, et ainsi de suite, ou la présupposer. Ici aussi on courrait le risque d'une régression à l'infini ou d'un cercle. La réponse que Wittgenstein donne est que suivre une règle « n'est pas une interprétation », et que cela ne peut pas être par l'intermédiaire du langage que l'on apprend à suivre une règle, puisque le langage lui-même doit être interprété, et donc donner lieu à d'autres règles. il n'y a pas de règles permettant de déterminer quand une règle est correcte. Cela ne signifie pas qu'il n'y ait pas de règles, et qu'il n'y ait pas de manière correcte de suivre une règle. Cela signifie plutôt que suivre une règle doit se baser sur autre chose que du langage, sur ce qu'il appelle « une pratique ». Mais nos pratiques sont déjà immergées dans le langage. Par conséquent, il n'y a pas de manière possible de se placer à l'extérieur du langage pour apprendre le langage. Comme le dit Wittgenstein :

> En un certain sens, l'usage du langage est quelque chose qui ne peut pas être appris, à savoir que je ne peux pas utiliser le langage pour l'apprendre de la manière dont le langage pourrait être utilisé pour apprendre à quelqu'un à jouer du piano. Et c'est une autre manière de dire que je ne peux pas utiliser le langage pour sortir du langage[f].

f. L. Wittgenstein, *Philosophische Untersuchungen*, Oxford, Blackwell, 1958, p. 54.

Wittgenstein ne veut pas dire que l'on ne peut pas apprendre un langage, ce qui serait manifestement faux. Il veut dire que les signes ne peuvent véhiculer un sens que si, à un moment quelconque, il y a une prise naturelle sur la manière dont on les utilise. Cette prise est ce que l'on ne peut pas apprendre. Elle fait partie de ce qu'il appelle « notre histoire naturelle ». Et bien qu'elle soit une précondition de l'apprentissage, elle ne peut pas elle-même être apprise : c'est une condition de possibilité de l'apprentissage que le maître et l'élève doivent partager. En apprenant une règle de langage, selon Wittgenstein, j'apprends ses applications, mais ceci ne requiert pas des règles supplémentaires qui détermineraient quelles sont ses applications à des cas particuliers. Un être qui est capable de saisir et d'appliquer une règle doit avoir des réponses normatives spontanées quant à la manière correcte d'appliquer cette règle, et cette manière correcte n'est pas déterminée par une autre règle.

L'argument de Wittgenstein est dirigé contre aussi bien une conception des règles qui se formulerait, à la manière de Davidson, sous une forme vériconditionnelle, que contre une autre conception, qui se formulerait à partir d'états psychologiques des locuteurs, par exemple des représentations mentales. Si l'on suppose que les règles sont fixées par des représentations mentales, on se heurte exactement au même problème que précédemment : une idée, une image, ou une représentation mentale quelconques demandent à être interprétées : elles ne portent pas en elles-mêmes leur propre interprétation. L'erreur que commettent les théories psychologiques de la signification est donc ici exactement la même.

Cet argument est au cœur de toute une conception de la philosophie analytique conçue comme philosophie du langage, et philosophie de la manière dont on ne peut pas sortir du langage, en particulier pour décrire une réalité qui serait extérieure à lui. Il signifie qu'il y a une priorité du langage sur la pensée, du langage sur la réalité qu'il est supposé désigner, telle qu'on ne peut pas se placer en dehors du langage pour expliquer ses relations au réel ou à la pensée. Et si cet argument est correct, il valide aussi la démarche de Davidson, puisque l'interprète doit déjà posséder un langage pour en interpréter un autre. Davidson, comme Wittgenstein, bien que comme on l'a vu sur des bases distinctes, admettent en ce sens la priorité du langage sur la pensée, ou ce que l'on peut appeler la thèse de priorité.

3. La thèse de priorité et le problème de la vérité

La thèse de priorité n'implique pas seulement une priorité du langage sur la pensée, mais aussi sur la réalité. Elle entraîne qu'il n'est pas plus possible de « sortir du langage » pour parler d'une pensée qui lui serait extérieure que pour parler d'une réalité qui lui serait extérieure. Chez Wittgenstein, cette idée correspond à la fameuse thèse du *Tractatus* selon laquelle on ne peut pas dire la relation entre le langage et le monde, mais seulement la montrer. Mais comme l'ont souligné de nombreux interprètes, c'est une idée à laquelle il ne semble pas avoir renoncé dans sa seconde philosophie, quand il parle de la relation de la « grammaire » avec la réalité.

John Mc Dowell a fort bien exprimé cette position, quand il dit que le réaliste transcendantal soutient que l'on pourrait se placer du point de vue d'une perspective extérieure au langage, d'une sorte d'« exil cosmique » à partir duquel on pourrait discerner les relations entre notre langage et un monde réel, et que Wittgenstein refuse cette perspective : « il faut nous voiler la face devant l'exil cosmique »[g]. Cette position a quelquefois été appelée une forme d'idéalisme linguistique[h].

Je n'examinerai pas ici les arguments de Wittgenstein en faveur de cette thèse, mais elle peut être abordée à partir de l'un d'eux, qui porte sur la notion de vérité. Dans le *Tractatus*, Wittgenstein cherche notoirement à formuler une version de ce qu'on appelle la théorie de la vérité-correspondance : la vérité se définit comme une relation entre les propositions de notre langage et certaines entités du monde (les faits). Mais même si elle se définit ainsi, la relation en question ne peut être dite, ou formulée. Tout ce que l'on peut dire est que la relation a lieu quand une proposition est vraie ; mais on ne peut pas dire en quoi elle a lieu. En ce sens la vérité elle-même est inexprimable et indéfinissable. Dans les années 30, sous l'influence de Ramsey, Wittgenstein défend une conception de la vérité distincte, bien qu'elle ait des affinités importantes avec celle du *Tractatus*. Il soutient désormais que la vérité ne se définit pas par la correspondance aux faits, mais simplement par l'équivalence entre « il est vrai que p » et « p » : dire qu'une phrase est vraie, ce n'est rien d'autre qu'énoncer ou asserter cette phrase. Le prédicat « vrai » est purement redondant, et c'est pourquoi on appelle souvent cette théorie celle de la vérité-redondance. Cela n'a, selon cette conception, tout simplement pas de sens de chercher à définir le

g. *Cf.* J. McDowell, « Antirealism and the Epistemology of Understanding », dans J. Bouveresse et H. Parret (eds.), *Meaning and Understanding*, Berlin, de Gruyter, 1981.

h. Récemment des voix se sont élevées pour contester cette interprétation de Wittgenstein comme un idéaliste. Il serait, nous dit-on un véritable réaliste (C. Diamond, *The Realistic Spirit*, Cambridge (Mass.), MIT Press, 1993 ; J. Bouveresse, *Langage, perception et réalité*, Nîmes, J. Chambon, 1995). Tout dépend de ce qu'on entend par ce terme. Car ces commentateurs ne nient pas que Wittgenstein ne soit pas un réaliste externe (transcendantal, au sens kantien). Ils disent qu'il est un réaliste « naturel ». Je reviens sur ce point plus bas.

prédicat « vrai », et il n'y a rien d'autre à en dire que cette équivalence : il est vrai que p = p. La vérité devient ainsi relative à l'assertion. Si certaines phrases sont vraies, c'est parce que nous les assertons. Mais il n'y a pas lieu de rechercher une propriété substantielle qui définirait cette notion, en termes, par exemple, de vérification, de justification garantie de nos assertions, de cohérence de nos assertions, ni a fortiori de correspondance. Il n'y a donc pas de raison de chercher à confronter nos énoncés vrais à une réalité quelconque. La vérité est, en ce sens, purement interne au langage. Il faut noter une autre conséquence de cette idée. Quand nous disons que « p » est vrai nous devons présupposer que nous savons ce que signifie « p », autrement dit quelle proposition cette phrase exprime. L'assertion de la vérité dépend de la connaissance de la signification des phrases que nous assertons comme vraies. Supposons maintenant que, selon la conception véricondi-tionnelle de la signification nous assimilions la signification d'une phrase à ses conditions de vérité. Si la théorie de la vérité-redondance est correcte, cela implique que nous ne puissions pas employer notre connaissance des conditions de vérité des phrases pour asserter leur vérité, puisque précisément cette connaissance doit être présupposée. Ou notre explication est circulaire, ou la théorie vériconditionnelle est incorrecte. C'est une variante de la thèse de priorité, cette fois appliquée à la priorité du langage et de la signification sur la réalité : nous ne pouvons pas sortir du langage pour exprimer une relation entre lui et les choses. Nous devons présupposer le langage et la signification pour affirmer la vérité des phrases.

Davidson semble défendre une position proche de celle de la vérité-redondance. Car les phrases-T semblent reposer sur le même type d'équivalence que l'équivalence entre « "p" est vrai » et « p ». Ce n'est pourtant pas le cas. Car dans un schéma comme (T), ce n'est pas la signification de la phrase « p » qui est présupposée, mais seulement cette phrase elle-même, qui est citée dans les guillemets. En d'autres termes, nous pouvons asserter la vérité de phrases comme (2) sans connaître la signification de ces phrases. « Vrai » n'est alors qu'un dispositif de « citation » et de « décitation » des phrases. C'est ce que l'on appelle la théorie décitationnelle de la vérité. La théorie décitationnelle ne présuppose pas la signification de la phrase « p », contrairement à la théorie de la vérité-redondance. Mais en même temps, elle présuppose que le métalangage employé par l'attributeur est soit déjà compris, soit traductible dans le langage-objet. En cela elle se heurte exactement au cercle ou à la régression déjà énoncé plus haut. Et elle rend la vérité relative à un langage. Par conséquent, elle est aussi liée à la thèse de priorité.

Divers interprètes de Davidson, comme Rorty, et Davidson lui-même, ont admis que la conception de la vérité qui va de pair soit avec le schéma décitationnel (T) de Tarski soit avec la théorie de la vérité-redondance, entraîne qu'il n'y a pas de « confrontation » possible de nos énoncés à la réalité, et qu'en ce sens la conception correspondantiste est fausse. Rorty en conclut lui-même que Davidson rejette toute conception de la vérité qui reposerait sur un de définition substantielle de cette notion, et par conséquent qu'il n'est ni idéaliste, ni réaliste, mais selon lui « pragmatiste ». En tout état de cause, on peut formuler une variante de la thèse de priorité pour la réalité : il n'est pas possible de sortir du langage pour décrire des relations entre les énoncés et la réalité, qui rendraient ceux-ci vrais en un sens intéressant.

4. Gadamer et la thèse de priorité

La thèse de priorité, ainsi que les vues de Davidson et de Wittgenstein qui viennent d'être présentées peut être comparée à certaines thèses de Gadamer au sujet de l'herméneutique[i]. Il est toujours dangereux de chercher à résumer les positions d'un philosophe sous la forme d'une série de thèses, mais il me semble que Gadamer soutient les suivantes.

1) La signification repose sur l'interprétation. tout phénomène humain est le produit d'une interprétation, et n'existe que relativement à notre pratique interprétative. En ce sens, l'interprétation est « universelle ».

2) La réalité elle-même, et la nature de l'être, dépend de l'interprétation et est révélée par elle.

3) L'interprétation n'est pas une méthode particulière, et notamment ce n'est pas une méthode scientifique. C'est une pratique, partagée par tous les êtres humains, qui peut devenir réflexive ou consciente, mais qui est avant tout implicite dans la vie humaine.

4) L'interprétation n'est pas une forme d'explication, causale ou nomologique. C'est une forme de compréhension. En ce sens les sciences de la nature sont foncièrement distinctes des sciences de l'esprit.

5) La compréhension interprétative repose sur le « cercle herméneutique » : tout phénomène signifiant doit être précompris pour pouvoir être compris. En ce sens nous ne pouvons pas sortir du cercle herméneutique pour découvrir des significations qui seraient indépendantes de nos interprétations ultérieures.

6) La compréhension est une forme d'accord, une « fusion des horizons ». Elle est fondée sur une précompréhension, sur des préjugés immanents à une tradition et à un arrière-plan historique. Elle est aussi dynamique : nous interprétant en révisant sans cesse nos interprétations pour parvenir à une visée commune. La compréhension est donc intersubjective.

i. Les analyses de ce paragraphe reprennent en partie celles de P. Engel, « Interpretation without Hermeneutics », *Topoi* 10, 1991, p. 137-146.

Certaines de ces thèses au moins semblent avoir leur contrepartie chez Davidson.

1') Une théorie de la signification est une théorie de l'interprétation.

5') L'interprétation présuppose un arrière plan de croyances communes et partagées, et un ensemble de significations partagées ; l'argument de la priorité montre qu'elle repose sur la compréhension d'un langage.

6') Comprendre et interpréter est un processus dynamique, de révision progressive de nos interprétations[j].

La comparaison, cependant, s'arrête là. Car pour lui une théorie de l'interprétation est une théorie empirique, qui est testée, au même titre que toute théorie, au contact de données empiriques. Ce n'est pas une théorie totalement empirique, puisqu'elle présuppose des principes de rationalité qui ne sont pas eux-mêmes testables empiriquement, comme le principe de charité. Gadamer ne conçoit certainement pas le processus d'interprétation sous la forme d'une théorie, en encore moins sous la forme d'une théorie axiomatisée qui révèlerait les conditions de vérité des phrases d'une langue. Il conçoit le processus de l'interprétation comme un processus de compréhension, au sens du *Verstehen*. Davidson au contraire le conçoit comme un processus qui est au moins en partie explicatif et causal, une forme d'*Erklären*. Pour lui toute explication par les raisons est également une explication causale, contrairement à ce que dit (4). Enfin, il convient de s'interroger sur le sens de (2), la thèse selon laquelle la réalité est relative à l'interprétation, et sur le sens de (5). Si le processus

j. Pour une comparaison systématique en ce sens, *cf.* B. Ramberg, *Davidson's Philosophy of Language*, Oxford, Blackwell, 1989. Aussi ma critique de ces analyses dans l'article cité à la note précédente. Pour une analyse des relations entre philosophie herméneutique et philosophie analytique, voir J. Bouveresse, *Herméneutique et linguistique*, Combas, L'Éclat, 1991.

interprétation dépend de « préjugés » d'une « tradition », en quoi la saisie du sens pourra-t-elle se faire en dehors de la référence à cette tradition ? Comment en ce sens éviter une forme de relativisme, selon lequel le sens et la vérité seraient propres à chaque tradition ? La « fusion des horizons » (6) devrait nous permettre de l'éviter, mais il n'est pas clair que les traditions ne soient pas comme des « paradigmes ». Davidson rejette au contraire explicitement cette notion, et soutient que sa conception de l'interprétation rend dénuée de sens l'idée même de schèmes conceptuels distincts[k]. Sa conception est d'autant moins une forme d'idéalisme ou de relativisme qu'il admet, dans les conditions mêmes de l'interprétation, qu'il existe une relation causale entre la réalité à laquelle l'interprète est confronté et les croyances de celui-ci.

Je ne poursuivrai pas cette comparaison au delà. En dépit de similarités superficielles, Gadamer et Davidson ne s'intéressent pas au même problème. Davidson, comme Quine et comme la plupart des auteurs qui, dans la philosophie analytique récente, se sont intéressés au problème du sens et de l'intentionnalité, se pose la question de savoir à quelles conditions le sens linguistique et l'intentionnalité sont possibles. Il se demande comment, dans une situation d'interprétation radicale un interprète pourrait comprendre un langage qu'il ne comprend pas et attribuer des états mentaux. Il pose la question de savoir comment le sens peut émerger de conditions naturelles, au sein d'un environnement causal. La question posée par Gadamer ne se pose pas ainsi. Sa question est celle de la nature du sens historique, dans des conditions non naturelles, où il y a déjà du sens. Et les conditions du sens qui l'intéressent portent non pas, comme chez Quine et Davidson sur la possibilité d'attribution de croyances et d'autres états mentaux, mais sur l'attribution du sens à des textes, qui demandent, dans

k. *Cf.* « On the very Idea of a Conceptual Scheme », dans D. Davidson, *Enquête sur la vérité et l'interprétation*, *op. cit.*

leur distance historique, à être interprétés. Les philosophes analytiques ne s'intéressent pas à cette dimension historique, ni par conséquent à la notion de tradition. Il s'ensuit que la question de la vérité dont ils parlent n'est pas celle d'une vérité qui émergerait des conditions de compréhension du sens. Les croyances « partagées » que présuppose le principe de charité n'ont aucune dimension historique : ce sont des croyances banales, portant sur des objets usuels d'un environnement naturel. Du même coup, la thèse de priorité ne prend pas la même signification pour l'herméneutique philosophique que pour les théories analytiques dont il est question ici. C'est, si l'on veut, pour la philosophie herméneutique, une priorité absolue. La question de la relation d'une théorie de la signification à des états mentaux naturels ou à une réalité qui agirait de manière causale sur nos croyances ne s'y pose pas, parce que le sens est toujours déjà compris dans sa dimension historique. Si l'on voulait absolument trouver un point de contact entre ces idées et celles que discutent les philosophes analytiques du langage, il faudrait plutôt les trouver dans les discussions qui portent sur le caractère social ou non social du langage, et sur ce que l'on appelle, au sein de la tradition analytique récente, l'externalisme[1].

5. Les limites de l'interprétationnisme et la vérité minimale

Laissons, par conséquent, de côté une tentative de comparaison entre la tradition analytique et la philosophie herméneutique sur ces points, et revenons à la thèse de priorité telle qu'elle s'exprime dans cette dernière. Nous avons vu qu'elle reposait

1. Par exemple les discussions de H. Putnam dans *Representation and Reality*, Cambridge (Mass.), MIT Press, 1989 (trad. fr. Cl. Tiercelin, Paris, Gallimard, 1992).

essentiellement sur l'argument wittgensteinien – et sa variante davidsonienne – selon lequel toute « interprétation » d'un signe linguistique devrait elle-même présupposer une interprétation ou en susciter une autre, au risque d'une circularité ou d'une régression. Cet argument est supposé montrer que les conditions du sens linguistique sont telles qu'elles présupposent déjà le sens, et que pour cette raison on ne peut « sortir du langage ». Mais cet argument peut aussi être retourné contre la thèse selon laquelle comprendre un signe, c'est l'interpréter, comme le montre l'analyse wittgensteinienne des règles. Suivre une règle, ou comprendre un signe, nous dit Wittgenstein, ne peut pas être une interprétation, précisément parce que si c'était le cas nous entrerions dans la circularité ou la régression en question. Or nous suivons des règles, et savons que nous les suivons, et par conséquent nous parvenons à comprendre nos semblables sans passer par un processus indéfini d'interprétation. Donc il doit être possible de comprendre sans interpréter. Wittgenstein indique clairement ce qui rend possible cela : c'est, comme on l'a vu, le fait qu'il existe une prise naturelle sur les signes, qui fait que nous parvenons à nous accorder avec nos semblables sur ces signes. L'usage, selon lui, est fondé dans des « formes de vie », un « accord sur les jugements ». Il y a de nombreuses manières de comprendre cela, dont l'une, comme on l'a vu, consiste à dire que nous sommes toujours déjà au sein d'une communauté linguistique. Mais il y a une manière de comprendre cela qui va clairement dans un sens naturaliste : c'est parce que nous avons certaines dispositions naturelles à suivre des règles que nous les suivons. Wittgenstein rejette, en même temps qu'il rejette l'idée que suivre une règle est une interprétation, l'idée selon laquelle ce seraient des dispositions physiques ou comportementales qui fixeraient le sens des règles que nous suivons[m]. Mais même si nous pouvons admettre que suivre une règle n'est pas réductible à un ensemble de dispositions, nous devons bien admettre que pour qu'il s'agisse d'une « pratique », elle doit bien reposer sur un ensemble de dispositions, de tendances ou d'inclinations habituelles instanciées dans un sujet. S'agissant de la compréhension du langage, le même point peut être formulé ainsi.

La compétence sémantique d'un locuteur ne peut pas être seulement un ensemble de pratiques, elle doit être fondée, d'une manière ou d'une autre dans des capacités réelles d'un locuteur. Elle ne peut pas être une connaissance explicite de ces règles, mais une connaissance tacite. Il y a plusieurs manières d'analyser cette notion, dont l'une est proprement psychologique, et peut s'appuyer sur la notion psychologique de connaissance tacite. Cette analyse pose des problèmes notoires. Mais au moins une notion quelconque de connaissance tacite doit pouvoir être invoquée.

On peut le voir clairement si l'on revient à la version non plus wittgensteinienne mais davidsonienne de la thèse de priorité et la conception de la compétence sémantique qui la sous-tend. Rappelons-nous que Davidson soutient que cette compétence n'est pas, directement, celle du locuteur, mais qu'elle est indirectement attribuée à celui-ci par l'interprète. Même si nous supposons qu'une théorie de l'interprétation est une théorie de la manière dont les significations sont attribuées par un interprète à un locuteur, nous devons rendre compte du fait suivant : comment l'interprète lui-même comprend-il son propre langage, avant même de l'utiliser pour interpréter autrui ? Davidson ne répond pas à cette question. Selon lui, un sujet comprend un langage, et a certains états intentionnels tels que des croyances et des désirs parce qu'il pourrait, idéalement, être interprété par un interprète

m. *Cf.* S. Kripke, *Wittgenstein on Rules and Private Language*, Oxford, Blackwell, 1981 (trad. fr. Th. Marchaise, Paris, Seuil, 1996).

qui serait placé dans les conditions appropriées de l'interprétation radicale. L'interprète fournit, à partir de principes de rationalité du comportement, une reconstruction, de son point de vue, de la compétence sémantique et mentale du locuteur. Ceci suppose qu'il a une aptitude, ou une capacité, celle d'interpréter, à la lumière de ses principes. Mais d'où tire-t-il cette capacité ? Il doit bien lui-même suivre des règles, comprendre des significations, pour les attribuer à autrui. Et nous pouvons supposer que cette capacité ne lui est pas donnée par magie : elle doit pouvoir être expliquée. En ce sens il est difficile de résister à la suggestion que cette capacité a certaines bases naturelles et psychologiques.

Si ces points corrects, comprendre un langage ne peut pas être simplement l'interpréter. Certaines aptitudes pratiques, communes à l'interprète et à ceux qu'il interprète, doivent servir de base à la compréhension[n]. Rappelons-nous aussi que Wittgenstein ne disait au fond pas autre chose, quand il soutenait que quand on ne peut pas apprendre une règle au moyen d'un langage, il faut disposer d'une certaine prise naturelle sur cette règle, commune à celui qui l'apprend et à celui qui l'acquiert. C'est pourquoi il faut ici renoncer à ce que l'on appelle l'interprétationnisme de Davidson, la thèse selon laquelle il n'y a de sens linguistique et de contenus mentaux que relativement à une interprétation. Il s'ensuit qu'une théorie de la signification ne peut pas être totalement « modeste ».

Les sources de ces difficultés proviennent également de la conception « modeste » de la vérité que Davidson présuppose. Qu'il défende une version de la théorie décitationnelle ou une version de la théorie redondantiste, cette conception est

n. En ce sens j'ai défendu, contre Davidson, la validité d'une conception psychologique, dans le style de celle que donne Chomsky, de la compétence sémantique « tacite » des sujets, *cf.* P. Engel, *Davidson et la philosophie du langage*, *op. cit.*, chap. 7.

inadéquate, puisqu'elle suppose que la signification est déjà donnée dans le premier cas, ou qu'on peut appliquer une théorie de la vérité sans connaître déjà la signification des phrases dans le second cas. Une autre théorie de la vérité doit être adoptée.

Doit-t-on alors revenir à une théorie correspondantiste, c'est-à-dire à une théorie qui repose sur l'établissement de relations externes entre nos énoncés et le monde ? Cela impliquerait que le concept de vérité soit bien « substantiel ». Mais il y a de bonnes raisons, que les partisans de la théorie « modeste » de la vérité ont articulée, de ne pas le faire. La solution, à mon sens, est de conserver une conception « modeste », mais d'admettre que le concept de vérité n'est pas aussi modeste que la théorie redondantiste ou la théorie décitationnelle ne le disent. Cette solution est ce que l'on peut appeler un minimalisme, et c'est cette thèse que je voudrais esquisser pour finir.

Quand nous employons le mot « vrai », nous semblons faire plus qu'employer un dispositif logique comparable à celui qui nous fait « déciter » le prédicat « vrai » selon le schéma (T). En faisant des assertions, et en disant qu'elles sont vraies, nous enregistrons aussi le fait qu'elles sont valables, c'est-à-dire assertables, et nous admettons implicitement que nos assertions visent le vrai. Autrement dit, nous sanctionnons le fait que la vérité est une norme de nos assertions. Autrement dit si l'on décrivait la pratique d'une communauté linguistique dont les membres seraient dits faire des assertions, mais en ne mentionnant pas que ces assertions sont destinées à viser la vérité, notre description serait nécessairement incomplète et incorrecte. De quelle norme s'agit-il ? Nous sommes évidemment tentés de dire ici : la norme selon laquelle nos énoncés doivent correspondre aux faits, ou représenter la réalité. Mais comment admettre à la fois que tout prédicat de vérité doit satisfaire les conditions formelles posées par le schéma (T), et l'idée que la vérité enregistre une norme distincte de l'assertion ?

La réponse est qu'il n'est peut-être pas impossible d'admettre ces deux choses à la fois, à condition d'accorder que la norme de correspondance aux faits que nous associons à la vérité n'est précisément que cela : une norme selon laquelle dire qu'un énoncé est vrai c'est dire que les choses sont telles qu'il le décrit, réellement. Ce n'est pas une propriété profonde ; c'est tout simplement une platitude. Crispin Wright a proposé que nous l'incorporions aux platitudes dont le déflationniste dit qu'elles caractérisent le prédicat de vérité. Selon lui tout prédicat susceptible de jouer le rôle d'un prédicat de vérité doit satisfaire aux platitudes suivantes :

(a) asserter un énoncé, c'est le présenter comme vrai (E) ;
(b) « p » est vrai si et seulement si p (*i.e.* (T)) ;
(c) les énoncés susceptibles d'être vrais ont des négations susceptibles d'être vraies (N) ;
(d) être vrai n'est pas la même chose qu'être justifié ;
(e) être vrai, c'est correspondre aux faits.

Ces platitudes circonscrivent un concept minimal de vérité, sans lequel il est impossible de reconnaître dans notre usage du mot « vrai » son sens le plus ordinaire. C'est pourquoi Wright appelle cette conception le minimalisme quant à la vérité[o]. Que le vrai soit minimal ne veut pas dire qu'il soit, comme le soutient la théorie redondantiste ou la théorie décitationnelle vide. Il correspond à une propriété réelle de nos assertions, une norme de vérité distincte de la norme d'assertion. On parvient ainsi à une conception qui admet les intuitions d'une conception modeste de la vérité, mais qui admet aussi, conformément à nos intuitions réalistes, conformément à nos intuitions « réalistes » qu'il y a bien des caractéristiques de la vérité qui transcendent les simples

o. C. Wright, *Truth and Objectivity*, Cambridge (Mass.), Harvard UP, 1992, et P. Engel, *Davidson et la philosophie du langage*, *op. cit.*, chap. 5.

caractéristiques locales des assertions. Quelles sont-elles? Là aussi on frise la trivialité. En premier lieu, un énoncé vrai est stable : il ne cesse pas d'être vrai si nous venons à avoir plus de raisons de le justifier (bien qu'il puisse devenir faux si les raisons de le rejeter s'accroissent). En second lieu, un énoncé vrai sera tel que les opinions de ceux qui les considèrent ont tendance à converger. Il ne s'ensuit évidemment pas que la convergence des opinions soit une marque fiable de vérité, puisque les opinions peuvent converger sans que l'énoncé soit pour autant vrai. Mais au moins on peut dire que si pour un énoncé donné, si nous avons toutes les raisons de supposer que sa vérité est assertée parce que nous disposons d'un processus fiable – par exemple une photographie ou une bande d'enregistrement – des divergences d'opinion ne pourront être dues qu'à des défauts cognitifs particuliers des agents, c'est-à-dire à des défauts dans leurs traitements respectifs de l'information. Enfin, un énoncé susceptible d'être vrai doit pouvoir être expliqué par des faits qui sont indépendants des moyens que nous avons de les asserter ou de nos représentations de ces faits. Il est naturel de supposer – sauf si l'on est un berkeleyen pur et dur – que la propriété d'être mouillé est ce qui explique à la fois des croyances, comme ma croyance que la route est mouillée, des événements, comme le fait que ma voiture dérape, ou des états, comme l'humidité du sol. Indépendamment de toutes les réserves que nous avons formulées quant à l'emploi du mot « fait » pour caractériser ces circonstances, il semble clair que nous avons affaire à des faits indépendants, qui entrent dans nos explications de la vérité des énoncés correspondants, et qui les causent.

Wright soutient, dans la même veine que Peirce et Putnam, que le prédicat minimal de vérité peut correspondre à une norme d'assertabilité idéale, qu'il exprime, pour éviter les difficultés propres à l'idée selon laquelle il pourrait exister des conditions mythiques où toutes les données en faveur d'un énoncé seraient disponibles, sous la forme suivante :

> (S) Un énoncé est surassertable ssi il est assertable de manière garantie et destiné à demeurer tel quelle que soit l'information dont nous pourrions disposer en sa faveur.

Selon Wright, cette condition, la surassertabilité, est suffisante, dans certains cas, pour exprimer ce que signifie le prédicat de vérité. Le prédicat « est surassertable » passe les tests d'équivalence, de décitation, de stabilité, de convergence et d'indépendance qui correspondent aux platitudes énoncées ci-dessus. Il satisfait à ces platitudes dans tous les cas où nous voulons soutenir que la vérité, pour un domaine particulier, n'excède pas nos pouvoir de connaissance. Ainsi l'intuitionniste en mathématiques peut vouloir dire que les énoncés mathématiques sont vrais seulement à proportion de la capacité que nous avons de les démontrer, l'anti-réaliste en morale peut vouloir dire que nos énoncés moraux sont vrais à proportion de la capacité qu'auraient des agents idéalement rationnels, ou idéalement informés, de les reconnaître comme tels. Ceux qui défendent ces positions n'ont pas besoin de rejeter la notion classique de vérité; ils peuvent conserver une notion, comme celle de surassertabilité, qui en soit suffisamment proche.

Je ne développerai pas ici ces idées. Si elles sont correctes, cela indique que nous pouvons disposer d'un concept de vérité qui ait suffisamment de caractéristiques de la notion usuelle de vérité pour satisfaire aux conditions « réalistes » que nous associons à ce concept, et qui en soit suffisamment distinct pour ne pas tomber dans les difficultés que la thèse de priorité rencontre.

Les difficultés de cette thèse, que j'ai analysées ici, signifient à mon sens qu'il existe une manière possible de réconcilier l'idée fondamentale sur laquelle cette thèse repose – le domaine de la signification est irréductible – avec une conception réaliste de la vérité et une conception naturaliste de la signification. Mais cela implique de renoncer à la thèse de priorité comme thèse de l'autonomie absolue du langage. Si c'est bien ce que la philosophie herméneutique et la philosophie du langage analytique impliquent, alors il faut renoncer à la conception de cette autonomie qu'elles proposent.

OLIVER R. SCHOLZ

COMPRÉHENSION ET RATIONALITÉ : LES RÈGLES DE PRÉSOMPTION HERMÉNEUTIQUES*

1. TÂCHES

Sur la base de cet inventaire historique, et en recourant constamment au matériau que nous avons déployé, il faut maintenant clarifier plus avant le statut des principes généraux les plus importants de la compréhension et de l'interprétation. Comme de telles recherches relèvent des tâches fondamentales de l'herméneutique générale, une partie entière leur sera ici spécialement consacrée.

Rappelons-le : les principes sont généraux en un double sens. En premier lieu, ils sont particulièrement fondateurs. Des règles spéciales d'interprétation, comme par exemple la règle de comparaison des passages parallèles ou de prise en compte du contexte, en dépendent. Dans cette mesure, on peut également parler de principes de principes ou de métaprincipes. En second lieu, leur domaine d'application est très étendu. Dans de nombreuses

* O.R. Scholz, *Verstehen und Rationalität*, Frankfurt a.M., Klostermann, 2001, 2e partie, *Règles de présomption herméneutique. Sur le statut et la justification de principes généraux de la compréhension et de l'interprétation*, p. 147-165. Traduction par François Thomas.

herméneutiques, ils valent pour l'interprétation de n'importe quels discours ou écrits. Dans maintes théories de la compréhension et de l'interprétation, le domaine d'application est, comme nous l'avons vu, encore plus étendu : soit qu'on inclue les signes et représentations non linguistiques, soit qu'on intègre tous les artéfacts qui jouent un rôle (comme par exemple chez Daniel Dennett), soit même que les signes naturels soient rangés dans le domaine d'application du principe (comme par exemple chez Georg Friedrich Meier).

Après une description de leur forme linguistique et logico-sémantique et de leur statut méthodologique, épistémologique et pragmatique, il convient, d'une manière globale et synoptique, d'envisager des voies et des modes de justification possibles pour de tels principes. Malgré la réflexion herméneutique depuis plusieurs siècles et malgré la vaste littérature ne serait-ce qu'au sujet du « principle of charity » et de principes analogues, ce domaine se trouve encore pour une large part dans l'obscurité. Nous voulons accomplir ici un véritable pas supplémentaire.

Le manque de clarté affectant le statut des principes se révèle déjà dans une terminologie composite et flottante. On parle aussi bien dans la littérature de « principes » et de « propositions fondamentales » que de « maximes », « sous-entendus » [*Unterstellungen*], « présomptions », « présuppositions » [*Voraussetzungen*], « conditions transcendantales », « suppositions » [*Annahmen*], « anticipations », « attentes », etc. Par exemple, le lexique est particulièrement bariolé et instable dans l'herméneutique de Hans-Georg Gadamer, qui parle dans le contexte en question tout à la fois de « préappréhension » [*Vorgriff*], d'« anticipation » et d'« attente », ainsi que de « préjugé », et finalement aussi d'« axiome »[a].

a. H.G. Gadamer, *Wahrheit und Methode* (1960), 4e éd. [Tübingen, Mohr], 1975, p. 277 *sq.*, p. 352.

Dans ce qui suit j'avance des arguments pour montrer que le concept de présomption est particulièrement approprié pour caractériser le statut des principes généraux de la compréhension et de l'interprétation. Je défendrai alors les thèses suivantes : *les principes généraux de la compréhension et de l'interprétation sont des règles de présomption.* Plus précisément : ce sont *des règles de présomption accompagnées de présomptions réfutables.* À la suite de l'éclaircissement et de l'établissement de cette thèse relative à leur statut, les possibilités de justification de telles règles herméneutiques de présomption seront examinées et évaluées dans le détail.

2. UNE THÉORIE DE LA PRÉSOMPTION

Naturellement, le simple terme de « présomption » ne permet pas à lui seul de fournir une définition des principes de l'interprétation. Au contraire, nous sommes dans la nécessité d'esquisser une théorie des présomptions et des règles de présomption avant de pouvoir éclairer le statut très controversé de tels principes généraux de la compréhension.

2.1. *Les présomptions en droit*

C'est d'abord en droit que le concept de présomption a été et est employé, et en particulier en droit des procès, mais également ensuite, en logique (au sens large, celui dont on usait au XVIIIe siècle), notamment en théorie de l'argumentation, en logique informelle et méthodologie. En jurisprudence on s'est toujours préoccupé de présomption. En revanche ce concept n'a pas toujours trouvé en philosophie la considération qu'il mérite [b].

b. Aux XVIIe et XVIIIe siècles il joua un rôle important dans la discussion sur la conscience morale et les différentes espèces de la probabilité. Au IXe, Richard

Commençons avec quelques exemples typiques. Il se pourrait que les exemples tirés du domaine du droit soient les plus familiers. Tout le monde connaît ainsi la présomption d'innocence, que les juristes allemands nomment « supposition d'innocence »[1]. Elle stipule que l'accusé doit être considéré comme innocent jusqu'à ce que sa culpabilité soit juridiquement prouvée. Cette présomption est particulièrement fondamentale, mais il va de soi que tous les systèmes juridiques développés regorgent d'innombrables autres présomptions[c].

Considérons d'autres exemples pour voir quels sont les traits caractéristiques, ou du moins typiques, des présomptions. La présomption de décès est également bien connue, selon laquelle on présume qu'une personne portée disparue depuis un certain laps de temps (dix ans en droit allemand) n'est plus en vie (§ 9 de la loi sur la disparition). Dans un autre domaine juridique, s'applique la présomption selon laquelle possession vaut droit de propriété (§ 1006 du BGB [Bürgerliches Gesetzbuch]). Dans

Whately et Charles Sanders Peirce ont beaucoup contribué à l'élucidation de la fonction méthodologique des présomptions. Récemment Nicholas Rescher, Edna Ullman-Margalit et Douglas N. Walton ont attiré l'attention sur l'importance du concept de présomption pour les théories de l'argumentation et de la rationalité.

c. Les juristes de la Renaissance dénombraient déjà des centaines de présomptions; *cf.* par exemple Menochius, [*De praesumtionibus, coniecturis, signis et indiciis commentarii*, Cologne], 1615.

1. [N.d.T.] De manière générale, dans ce domaine, « supposition » (*Vermutung*), en tant que terme juridique technique, a largement remplacé « *Praesumption* » (*cf.* l'article « Vermutung » dans l'*Universal-Lexicon* de Zedler). Comme cela s'éclaircira plus tard, le terme « supposition » (ou encore « conjecture ») éveille dans notre contexte, en raison de sa signification courante, des associations qui sont trop univoques, voire nous induisent en erreur. C'est pourquoi je m'en tiens dans ce qui suit à « présomption », pour souligner que ce qui est en jeu est une expression technique dotée d'une signification particulière.

le cas de cette supposition juridique, ce n'est pas seulement un fait qui est présumé, mais bien l'existence d'un droit.

2.2. *Les présomptions en dehors du droit*

Il est capital pour la suite de notre propos que les présomptions ne jouent pas un rôle dans le seul domaine du droit, mais bien davantage dans des raisonnements théoriques et pratiques d'espèces très différentes et dans des situations de décision très diverses. Il est clair tout d'abord qu'il y a des présomptions non seulement en droit mais aussi en morale et en politique. La présomption d'égalité constitue un exemple particulièrement important et discuté.

En outre, des présomptions méthodologiques jouent un rôle dans toutes les sciences, même dans les sciences naturelles. Que l'on pense simplement à la présomption d'uniformité de la nature, à la présomption de descriptibilité par une théorie simple, à la supposition de normalité en tout lieu, et encore à d'autres du même type[d]. L'examen du rôle et du statut de tels principes dans la recherche scientifique est une tâche fondamentale de toute théorie de la science. Quant à la question de l'unité méthodologique des sciences, il faut encore examiner si, dans les sciences de l'esprit, de la culture et dans les sciences sociales, on doit faire usage de présomptions qui n'ont aucun équivalent dans les sciences de la nature.

En somme, le bon usage des présomptions, comme ces quelques remarques le laissent déjà supposer, constitue un

d. *Cf.* par exemple C.S. Peirce, *Collected Papers*, Cambridge (Mass.) [The MIT Press], 1931 *sq.*, 6.421, 6.424 *sq.*; F. Gonseth, « La notion du normal », *Dialectica* 1, 1947, p. 243-252; N.R. Hanson, *Perception and Discovery*, San Francisco [Wodsworth], 1969, en particulier chap. 21; J.P. Day, « The Uniformity of Nature », *American Philosophical Quarterly* 12, 1975, p. 1-16; N. Rescher, *Methodological Pragmatism*, Oxford [Blackwell], 1977, p. 113-116 etc.

moment central de la rationalité pratique et théorique à l'intérieur et à l'extérieur des sciences. Si nous caractérisons dans la suite le statut des principes généraux de l'interprétation à l'aide des concepts de « présomption » et de « règle de présomption », cela ne signifie donc pas que nous essayons d'assimiler partialement les principes de l'interprétation aux présomptions juridiques. Au contraire, les présomptions juridiques et les présomptions herméneutiques apparaissent les unes et les autres, comme des sous-espèces (absolument différentes sur de nombreux points) d'un concept bien plus général de règle de présomption.

2.3. *À propos de la forme des présomptions*

Avant de nous tourner vers les présomptions herméneutiques, nous aimerions à partir des exemples considérés jusque-là abstraire des éléments communs, notamment en ce qui concerne la forme linguistique et logico-sémantique des présomptions ainsi que le type de situations dans lesquelles elles ont un rôle à jouer.

Le schéma suivant permet de représenter la forme linguistique la plus élémentaire des présomptions :

(Pr) Il y a une présomption que Q;

ou bien encore :

(Pr') Il y a une présomption en faveur de Q.

De cette manière est indiqué le contenu de la présomption. « Q » vaut pour l'état de chose présumé, comme par exemple dans le cas de la présomption d'innocence, le fait que la personne inculpée soit innocente, ou dans le cas de la présomption de décès, le fait que la personne disparue soit décédée.

Dans une perspective significative, une telle formule (« il y a une présomption que Q ») serait néanmoins encore incomplète. Il manque une indication relative au fait initial [*Ausgangstatsache*], au fait qui, pour ainsi dire, produit la présomption, ou sur la base duquel naît la présomption. Par conséquent la formule de présomption serait plus complète ainsi :

> (Pr-F) Sur la base de P, on présume Q.

Au lieu de quoi on pourrait tout aussi bien dire :

> (Pr-F') Sur la base de P il y a une présomption que Q.

Ou bien, pour citer une variante tout aussi usitée :

> (Pr-F'') P produit la présomption que Q.

« P » représente ici le fait qu'on appelle de base (« basic fact ») ou le fait qui produit la présomption (« presumption-raising fact »). De manière abrégée nous pourrions présenter la formule de présomption de la manière suivante :

> (Pr-F)Pr (P, Q).

À strictement parler, « P » et « Q » représentent des états choses génériques, ou encore des faits génériques. La formule de présomption s'applique à un cas concret lorsque le fait générique qui produit la présomption est mis en exergue dans ce cas. Pour marquer la différence on peut utiliser des caractères minuscules, par exemple : Pr (p, q).

Aux formules de présomption correspondent des formulations de règle(s), c'est-à-dire en l'occurrence, des formulations de règles de présomption.

> (Pr-R) Étant donné le cas p, conduis-toi comme si le cas était q, jusqu'à avoir des raisons suffisantes de croire que q n'est pas le cas.

À l'aide de cette formulation de la règle nous pouvons maintenant clarifier quelques traits des présomptions. Le « conduis-toi de telle manière » souligne une orientation vers l'action et la décision. Les règles de présomption sont pertinentes dans les situations où la réflexion déterminante pour la décision dépend de la question de savoir si un certain état de chose p (ou bien non-p) existe, où ne se trouvent aucune raison suffisante ou bien aucune raison contraignante pour l'une ou l'autre des hypothèses, mais où le processus de réflexion et de décision doit néanmoins se poursuivre. Dans une telle situation la règle de présomption informe en passant la personne qu'elle doit, p étant donné, prendre q comme prémisse dans la suite de la réflexion.

2.4. *Présomptions réfutables et irréfutables*

On fait depuis toujours la distinction entre présomptions réfutables et présomptions irréfutables. Autrefois une présomption irréfutable s'appelait également « praesumtio absoluta » ou « praesumtio iuris et de iure »; on appelait au contraire une présomption réfutable « praesumtio conditionalis » ou « praesumtio iuris ». Dans le cas de la présomption, par exemple, selon laquelle les enfants en dessous d'un certain âge n'ont pas d'intentions ou de mobiles criminels, il s'agit d'une présomption absolue. On s'y tiendra dans tous les cas.

Plus courantes et plus intéressantes sont les présomptions réfutables. La caractéristique de la réfutabilité est exprimée au moyen de clauses correspondantes. Elles se formulaient en latin traditionnellement : « donec probetur contrarium », ou « donec constet contrarium ». Nous les rencontrons par exemple dans la présomption, comme on dit, de bonne réputation ou d'opinion favorable : « Quisque praesumitur bonus, donec probetur contrarium », ce qui signifie : « Chacun est présumé bon, jusqu'à preuve du contraire ». Gottfried Wilhelm Leibniz donnait justement la définition suivante : « Praesumtio est, quod pro vero habetur donec contrarium probetur »[e] (« Une présomption est ce qu'on

e. Leibniz, *Definitionum Juris Specimen* (1676), dans *Philosophische Schriften*, Berlin [Akademie Verlag], 1980, p. 631. Ce que Leibniz définit ici était traditionnellement la « praesumtio iuris »; la présomption qu'on appelle absolue

doit tenir pour vrai jusqu'à ce que le contraire soit démontré »). Il pensait ainsi que la propriété de réfutabilité était essentielle au caractère de présomption. En anglais on utilise de manière correspondante une clause « unless or until ». Et en allemand on recourt à des tournures du type « à moins que le contraire ne soit démontré », ou « jusqu'à ce que le contraire soit démontré ».

Lorsque le sujet qui obéit à la règle a des raisons suffisantes pour supposer que q n'est pas le cas, la présomption est réfutée ou rejetée. Il faut bien noter que c'est la présomption « que q est le cas » qui est alors réfutée, non la règle de présomption Pr-R (P, Q). Des règles de présomption sont certes révisables pour elles-mêmes ; par exemple, lorsque la pratique commandée par de telles règles entraîne des conséquences socialement non souhaitées. En tout cas on doit distinguer les deux sortes de révisions.

2.5. *Présomption et charge de la preuve*

Pour avancer dans la compréhension des présomptions, il est d'un grand intérêt de se référer au rapport étroit entre l'idée de présomption et celle de charge de la preuve, ou plus généralement, de charge de l'argumentation. « Charge » est dans ce contexte une métaphore pour « obligation » ; il s'agit d'un devoir d'argumenter ou d'un devoir de justifier. Cela évoque en outre la représentation d'une balance dont les plateaux sont d'emblée inégalement chargés.

En fait, « présomption » et « charge de la preuve » sont à peu de chose près des concepts corrélatifs. Leurs relations sont très clairement exposées par Richard Whately (1787-1863), le célèbre auteur des *Éléments de logique* (1826) et des *Éléments de rhétorique* (1828) :

devait plutôt être conçue, selon Leibniz, comme une fiction juridique : « Praesumtio juris et de iure est fictio » (*ibid.*, p. 631).

> Suivant l'usage le plus correct du terme, une « présomption » en faveur d'une supposition signifie non pas (comme on imagine parfois à tort) une plus grande probabilité en sa faveur mais une véritable prise en compte de ce qui la justifie, impliquant qu'elle doit être valable jusqu'à ce qu'on invoque à son encontre une raison suffisante; bref, que la charge de la preuve incombe à celui qui la contesterait[f].

Whately élucide ce point central avec l'exemple de la présomption juridique d'innocence.

> Ainsi est-ce un principe juridique bien connu, selon lequel tout homme (même un prisonnier traduit en justice) doit être présumé innocent jusqu'à ce que sa culpabilité soit établie. Cela ne signifie pas, naturellement, que nous devons tenir pour acquis qu'il est innocent; si tel était le cas, il devrait être libéré immédiatement; cela ne signifie pas non plus que par avance son innocence soit plus probable, ni que la majorité de ceux qui sont traduits en justice soient innocents. De toute évidence, cela signifie seulement que la charge de la preuve incombe aux accusateurs; – qu'il n'a pas à prouver son innocence, ou à être traité comme un criminel tant qu'il ne l'a pas prouvée; mais que c'est à eux d'exposer leurs accusations contre lui, et s'il peut les repousser, il est acquitté[g].

Non seulement Whately fait très clairement ressortir le rapport entre présomption et charge de la preuve; mais il donne en outre quelques linéaments qui seront importants pour la fondation des règles de présomption. Je reviendrai plus tard sur ce point.

f. R. Whately, *Elements of Rhetorics* (1828), Carbondale [Southern Illinois UP], 1963, p. 112; auquel se rattache Ch. Hamblin, *Fallacies*, Londres [Methuen], 1970, p. 171 *sq.*; N. Rescher, *Dialectics*, Albany [SUNY Press], 1977, p. 209 *sq.* et *Methodological Pragmatism*, Oxford [Blackwell], 1977, p. 32 *sq.*

g. R. Whately, *Elements of Rhetorics*, *op. cit.*, p. 112 *sq.*; *cf.* aussi Ch. Hamblin, *Fallacies*, *op. cit.*, p. 172.

2.6. *À propos de la force des présomptions*

Nous devons au préalable compléter un point qui, pour les présomptions interprétatives ou herméneutiques, est également d'importance. Des présomptions peuvent être de force différente. Souvenons-nous à ce propos de la formule de présomption et de la clause de réfutabilité. La présomption que Q est (pour un sujet S) réfutée lorsque S a des raisons suffisantes pour supposer que Q n'est pas le cas. Or on peut considérer le modalisateur « suffisantes » comme un substitut qui doit être remplacé par une indication plus précise du poids des raisons ou de l'étendue du matériel de preuves nécessaires pour la réfutation [h].

Trois types de forces peuvent être à cette fin grossièrement distingués. i) Les présomptions *fortes* sont caractérisées par la règle suivante : étant donné p, conduis-toi comme si q était le cas jusqu'à ce que tu aies des raisons contraignantes de juger que non-q. De nombreuses présomptions, notamment en droit, sont fortes en ce sens. Un bon exemple (dans la plupart des systèmes juridiques) est la présomption d'innocence, du moins dans les affaires pénales. La culpabilité de l'accusé doit être établie, comme disent les Anglo-Saxons, « sans le moindre doute possible ». ii) Dans le cas d'une présomption faible une (quelconque) raison de supposer que non-q suffit pour la rejeter. iii) Beaucoup de présomptions, la plupart probablement, se caractérisent par une force *moyenne*. On peut s'y tenir jusqu'à ce que l'on ait de prime abord des raisons ou de bonnes raisons de supposer le contraire [i].

h. *Cf.* E. Ullmann-Margalit, « On Presumption », *Journal of Philosophy* 80, 1983, p. 152.

i. Reste à élucider la question de savoir quels facteurs déterminent les différentes forces des présomptions. *Cf.* de E. Ullmann-Margalit, « Analyticity by Way of Presumption », *Canadian Journal of Philosophy* 12, 1982, p. 439; « On Presumption », art. cit., p. 154; et « Some Presumptions », dans L.S. Cawman *et alii* (eds.), *How Many Questions ?*, Indianapolis, 1983, p. 452 *sq.*

2.7. *De la justification des présomptions*

Considérons maintenant la justification des présomptions. Nous devons distinguer dans ce contexte deux tâches de justification[j]. Nous pouvons les décrire au moyen des questions suivantes.

1) Pourquoi, de manière générale, devrait-il y avoir dans un domaine déterminé des règles de présomptions, quelles qu'elles soient (au lieu d'aucunes) ? Rapporté à notre thème, cela signifie : pourquoi, de manière générale, devrait-il y avoir, dans la pratique de l'interprétation, des règles de présomptions, quelles qu'elles soient (au lieu d'aucunes) ?

2) Par quoi, précisément ces présomptions spécifiques, sont-elles justifiées – à la différence d'alternatives envisageables et des présomptions contraires en particulier? Rapporté à notre thème, cela signifie : par quoi, dans la pratique de l'interprétation, précisément les présomptions de vérité, de consistance et de rationalité, sont-elle justifiées – à la différence d'alternatives envisageables, et des présomptions contraires en particulier ?

Il y a des relations entre les deux tâches de fondation. C'est seulement lorsque l'on peut répondre à la première question (pourquoi de manière générale des règles de présomption ?) qu'il y a un sens à passer à la seconde. D'autre part, le fait que l'on puisse répondre, dans des cas déterminés, de manière convaincante à la seconde question peut constituer une partie de la réponse à la première question. Avant de nous tourner vers la question de la justification des règles de présomption herméneutiques ou d'interprétation, nous devons mettre au jour quelques aspects principiels à partir d'exemples non-herméneutiques.

j. *Cf.* E. Ullmann-Margalit, « Analyticity... », art. cit., p. 439; « On Presumption », art. cit., p. 154; « Some Presumptions », art. cit., p. 453.

1) Commençons par la question de la justification : pourquoi spécialement des règles de présomption ?

Pour examiner la justification rationnelle des règles de présomption, il est nécessaire d'avoir sous les yeux la structure caractéristique des situations où elles remplissent une fonction. De telle situations sont des situations de décision. Les personnes impliquées doivent se décider dans un laps de temps limité, voire typiquement dans un laps de temps très bref. Pour choisir au mieux, il faudrait savoir si un état de chose déterminé, q, existe. Les personnes qui doivent se décider se trouvent dans l'ignorance ou le doute quant à la question de savoir si q existe. Les circonstances qui les encadrent sont telles que ces personnes ne peuvent se permettre d'attendre longtemps, en particulier elles ne disposent pas d'autant de temps qu'elles le voudraient pour se procurer des informations et savoir si q est le cas. Dans les cas extrêmes on ne peut même pas espérer en obtenir. Toutefois, ces personnes ne peuvent pas non plus suspendre tout simplement leur jugement et les actions qui en dépendent, mais elles doivent se décider dans un sens ou dans l'autre. Ainsi s'agit-il de raisonnements qui ne sont pas achevés mais qui doivent l'être d'une manière ou d'une autre. Les acteurs ont besoin d'un moyen pour se dégager de cette situation. Ils ont besoin de règles, de stratégies, ou d'arguments de niveau supérieur, surtout lorsqu'il s'agit de situations qui se représentent fréquemment. Naturellement, d'un point de vue structurel, il y a de nombreux procédés appropriés pour réduire les alternatives à un petit nombre, voire à une seule. On peut par exemple faire ce qui passe par la tête, ou bien lancer une pièce, etc. Simplement, tout procédé de ce genre n'est pas non plus rationnel. C'est un procédé rationnel qui est requis.

Le simple besoin d'une méthode pour résoudre les problèmes de décision ne suffit pas encore, à lui seul, à justifier l'instauration d'une règle de présomption. Une règle de présomption offre une solution en ceci que, systématiquement, est préférée par avance une des alternatives disponibles, jusqu'à ce qu'il y ait des raisons suffisantes à son encontre. Par là on ne résout tout d'abord que le problème structurel de la réduction des alternatives. La légitimité d'instaurer une stratégie offrant à l'avance une solution dépend de manière décisive de la possibilité de justifier de manière indépendante cette sorte de solution, et de la valeur de la justification.

Les règles de présomption remplacent les stratégies arbitraires ou *ad hoc* par des anticipations rationnelles ou des jugements anticipateurs. La rationalité se mesure ici à deux choses. i) Dans chaque cas singulier la présomption relevant de la règle de présomption doit être réfutable. ii) L'anticipation que la règle prescrit doit être justifiable de manière indépendante.

2) En ce qui concerne la deuxième tâche de justification (pourquoi cette présomption et pas une autre, par exemple la présomption inverse?), quatre sortes de raisonnements sont mobilisés. Ce qui va de pair avec le fait qu'on peut distinguer au moins quatre types de justification qui certes ne s'excluent pas mutuellement. De fait, dans de nombreuses tentatives de justification, on trouve pour cette raison leur combinaison.

i) Fondations inductivo-probabilistes et autres fondations empiriques.

Dans nombre de cas on justifie aisément les présomptions ou les règles de présomption à l'aide de raisonnements inductivo-probabilistes. Pour éclaircir cela, considérons à nouveau les formules de présomption de la forme familière : étant donné P, on peut présumer que Q. Les raisonnements inductivo-probabilistes portent dès lors sur la probabilité que Q, étant donné P.

De tels raisonnements sont de fait à la base de nombreuses présomptions. Considérons tout d'abord, à titre d'exemple, la présomption de décès : d'après celle-ci, lorsque des personnes sont portées disparues depuis plus de dix ans, on considère qu'elles ne sont plus en vie. Une justification inductivo-probabiliste de cette présomption s'appuierait sur le fait que la plupart des personnes introuvables depuis plus de dix ans étaient effectivement mortes, comme on l'a découvert *a posteriori*. Quand le type de faits présumés Q s'accorde la plupart du temps avec le type de faits P qui produit la présomption, il semble alors rationnel, p étant donné, d'en déduire que q est le cas, aussi longtemps que n'émerge aucun indice allant en sens contraire. Dans de nombreuses situations de décision, cela représenterait une dépense irresponsable d'énergie et de temps si dans chaque cas particulier où il y a p, on voulait entreprendre des recherches, aussi longues devraient-elles être, pour savoir si effectivement q a lieu. Une telle dépense pourrait surtout réduire à néant le but de la procédure tout entière.

Parmi les justifications de la présomption herméneutique de rationalité et de vérité nous rencontrerons encore un autre type spécifique de fondations empiriques : la fondation évolutionniste qui doit son importance en particulier à Daniel Dennett et ses tenants.

ii) Fondations au moyen de raisonnements normatifs, axiologiques.

Les raisonnements inductivo-probabilistes – bien qu'ils soient tout sauf sans importance – ne suffisent pas à eux seuls, c'est-à-dire sans motifs de justification supplémentaires ou d'espèce différente, à fonder dans chaque cas la présomption en question. On peut même douter qu'il soit possible de parler de présomption au sens propre du terme lorsqu'au fond n'est en jeu qu'une hypothèse probable.

Avant tout, les raisonnements normatifs et axiologiques peuvent avoir un poids plus important que les raisonnements inductivo-probabilistes. Autrement dit : les considérations normatives ou relatives aux valeurs peuvent conduire à accepter ou maintenir la présomption que q, même si non-q est plus vraisemblable.

Dans les considérations qui se réfèrent aux valeurs, on peut dégager deux lignes principales : a) d'une part elles ont trait à la question de savoir quelle sorte d'erreurs ou de fautes sont plus acceptables, eu égard aux conséquences morales et sociales immédiates ; b) d'autre part, elles sont liées au problème de savoir comment estimer et évaluer, d'un point de vue moral et social, l'effet régulateur à moyen et long terme de l'institution et de l'efficacité de la règle de présomption, eu égard au comportement du groupe concerné[k].

On peut éclairer ces points avec l'exemple de la présomption d'innocence. Même s'il devait un jour apparaître que la plupart des accusés ont effectivement commis ce qui leur est reproché, on peut naturellement rester attaché à la présomption d'innocence et la défendre[l]. Et c'est même avec une grande fermeté que nous serions enclins à le faire ; car la question décisive ici n'est manifestement pas la probabilité de se tromper. Il s'agit bien plutôt de savoir quelle sorte d'erreurs et de fautes il faut préférer ou quelles sont celles dont il faut s'accommoder, eu égard aux buts de la société et aux valeurs morales ou autres fins supérieures : la faute consistant à remettre parfois en liberté un coupable sans le punir, ou la faute de punir parfois un innocent. Nous préférons une société qui parfois remette en liberté un coupable sans le condamner, à une société dans laquelle on tolérerait consciemment qu'un pourcentage déterminé d'innocents soit condamné. Pour le dire avec Jeremy Bentham : « [...] en cas de doute, le juge devrait considérer l'erreur qui acquitte comme plus légitime, ou moins préjudiciable pour le bien de la société, que l'erreur qui condamne »[m].

k. *Cf.* E. Ullmann-Margalit, « On Presumptions », art. cit., p. 161.

l. Comme nous l'avons vu plus haut, ce point a déjà souligné par Richard Whately.

m. J. Bentham, *Treatise on Judicial Evidence*, Londres, 1825, p. 197 *sq.*

Des fondations de type normatif ou axiologique sont sans doute plus évidentes pour des présomptions juridiques que pour des présomptions herméneutiques ou méthodologiques. Mais penser que des considérations normatives ne joueraient aucun rôle dans le domaine des anticipations ou présuppositions interprétatives, serait une erreur. Il faut d'abord souligner que le domaine normatif est plus englobant que le domaine moral en un sens plus étroit. De la normativité est en jeu dès lors qu'il est question de la différence entre ce qui est exact et ce qui est faux, qu'il s'agisse de justesse morale ou d'une autre forme d'exactitude. Et, deuxièmement, l'idée que des considérations purement morales ne seraient absolument pas de mise dans le domaine de la compréhension et de l'interprétation, serait aussi pour le moins hâtive. Le coup d'œil que nous avons jeté sur l'histoire de l'herméneutique a montré que certains auteurs aspiraient à une fondation morale des règles interprétatives. Une éthique minimale de l'interprétation ne saurait, même aujourd'hui, être devenue entièrement obsolète.

Nous nous concentrerons principalement sur les justifications extramorales. Toutefois, nous nous heurterons plus loin – lorsqu'il s'agira de la notion de personne – à un point au regard duquel des considérations morales sont de la plus haute importance.

iii) Fondations par des estimations du caractère approprié.

Dans certaines configurations, dès lors qu'il est clair qu'une règle de présomption est absolument nécessaire, la marge de manœuvre pour déterminer quelle présomption est appropriée ou est la plus appropriée est réduite. Parmi les options envisageables, il y en a souvent une qui se distingue clairement dans la mesure où elle seule est « appropriée » (*determinate*), c'est-à-dire dans la mesure où elle seule contient de la manière souhaitée les possibilités de décision. Nous pouvons parler ici d'estimation du caractère approprié[n]. Par exemple, on pourrait justifier la présomption (naturellement réfutable) selon laquelle le locuteur est sincère entre autre en remarquant que les suppositions qui lui sont associées sont dans ce cas particulier plus appropriées que celles qui sont attachées à la présomption contraire.

iv) Fondations par des considérations d'ordre procédural.

Un autre type de considérations concerne l'allègement de la procédure qui peut être obtenu par une présomption. De telles considérations procédurales, présentes dans le domaine juridique, mais également ailleurs, peuvent concerner le début de la procédure, sa mise en marche, la rapidité du déroulement, le succès de sa réalisation[o].

3. LES PRINCIPES GÉNÉRAUX DE L'INTERPRÉTATION COMME RÈGLES DE PRÉSOMPTION HERMÉNEUTIQUES

Nous sommes maintenant mieux armés pour considérer sur nouveaux frais les principes interprétatifs ou herméneutiques dont le statut, comme nous le montrons dans ce qui suit, peut être caractérisé de manière éclairante par les concepts de « présomption » et de « règles de présomption » que nous venons d'exposer.

Rappelons tout d'abord certaines formulations relatives aux principes généraux de l'interprétation, tirées de l'histoire de l'herméneutique et de la philosophie du langage. Ce qui tout d'abord se présente, ce sont les propositions où le caractère de présomption des règles herméneutiques est dégagé très explicitement. Comme nous l'avons vu dans la partie historique, quelques

n. *Cf.* E. Ullmann-Margalit, « On Presumptions », art. cit., p. 161.

o. *Cf.* E. Ullmann-Margalit, « On Presumptions », art. cit., p. 161 *sq.*

auteurs utilisent même la terminologie des présomptions. Ainsi peut-on lire chez Christian Weise :

> [...] Lorsque quelqu'un dit ou écrit quelque chose, on présume qu'il vise à travers ces mots quelque chose d'exact et que volontairement, il n'avancera rien qui puisse ressembler à une absurdité manifeste ou simplement même mener à une conséquence absurde[p].

C'est surtout chez Christian August Crusius qu'on trouve utilisée très consciemment, et d'ailleurs même déjà sur fond d'une théorie des présomptions, la tournure : « présomptions de vraisemblance herméneutique ». Les quatre principales présomptions dans sa conception sont, on s'en souvient : i) la présomption de consistance du locuteur, ii) la présomption que le locuteur ou l'auteur « parle clairement et veut être compris », iii) la présomption « qu'un auteur dit ce qui répond au but qu'il se propose », et iv) la présomption « que chacun s'exprime selon la situation qui est la sienne »[q].

Des herméneuticiens et philosophes du langage contemporains se servent également de cette terminologie, même si dans la plupart des cas ils ne le font qu'incidemment. Ainsi, dans sa théorie des systèmes intentionnels, il arrive que Daniel C. Dennett appelle « presumption of rationality » le principe de rationalité[r]. Dans le cadre de ce que Dennett appelle « l'attitude intentionnelle », nous essayons de prédire et d'expliquer le comportement d'un système à l'aide d'une présomption de rationalité (réfutable). Dans un passage clé, Dennett décrit ainsi le procédé :

p. Ch. Weise, *Curieuse Fragen über die Logica*, Leipzig, 1696, p. 721.

q. C.A. Crusius, *Weg zur Gewißheit und Zuverläßigkeit der menschlichen Erkenntniß*, Leipzig, 1747, p. 1091 *sq.*, § 636.

r. D.C. Dennett, *Brainstorms*, Cambridge (Mass.) [The MIT Press], 1978, p. 9, 239. *Cf.* aussi W. Dray, *Laws and Explanation in History*, Oxford [Oxford UP], 1957, p. 137 *sq.*

> Nous commençons par supposer la rationalité. Nous ne nous attendons pas à ce que d'autres personnes réagissent de manière irrationnelle sur certains sujets particuliers ou à certaines éventualités, mais si elles réagissent ainsi nous révisons nos stratégies, tout comme avec un logiciel de jeu d'échec : on commence à jouer en se faisant une haute idée de sa rationalité et on réévalue à la baisse cette estimation chaque fois que sa performance est déficiente. La présomption de rationalité est si fermement enracinée dans nos habitudes d'inférence que lorsque nos prédictions échouent nous cherchons d'abord à réajuster les conditions dans lesquelles nous avons acquis nos informations (il ne doit pas avoir bien entendu, il ne doit pas connaître l'anglais, il ne doit pas avoir vu x, être conscient que y, etc.) ou à pondérer nos objectifs, avant d'interroger la rationalité du système dans son ensemble [s].

Ainsi la présomption de rationalité demeure-t-elle fondamentalement réfutable. Néanmoins Dennett fait aussi remarquer expressément que cette supposition jouit d'un statut si élevé que nous doutons d'abord d'un grand nombre d'autres hypothèses avant de mettre en question la rationalité d'un système. En fait, plus fréquemment que d'une présomption, il parle, nous l'avons vu, d'une « supposition de rationalité » (*assumption of rationality*) ou encore d'une « présupposition de rationalité » [t].

Donald Davidson utilise dans sa théorie de l'interprétation radicale, comme nous l'avons montré, surtout le terme « principe de charité ». Dans deux des versions les plus courantes, ce principe de l'interprétation exige de supposer que les conditions dans lesquelles la personne qu'il s'agit de comprendre tient des propositions pour vraies, sont en général et en gros les condi-

s. D.C. Dennett, *The Intentional Stance* [Cambridge (Mass.), The MIT Press], 1987, p. 9 *sq.*

t. « Supposition de rationalité », entre autres : D.C. Dennett *The Intentional Stance*, *op. cit.*, p. 242, 247, 258; « Présupposition de rationalité », entre autres : D.C. Dennett, *Brainstorms*, *op. cit.*, p. 272 et *The Intentional Stance*, *op. cit.*, p. 242.

tions dans lesquelles ces propositions sont effectivement vraies (supposition de la vérité en général). De même il exige surtout de supposer que les propositions tenues pour vraies par quelqu'un sont généralement cohérentes en soi et les unes par rapport aux autres (supposition de la cohérence). Toutefois il s'agit souvent de la supposition (plus) générale de rationalité ; et dans ce contexte Davidson parle également, à l'occasion, d'une présomption méthodologique :

> La présomption méthodologique de rationalité ne doit pas empêcher d'attribuer des pensées et des actions irrationnelles à un agent, mais elle exige un tribut pour de telles attributions. Nous revoyons à la baisse l'intelligibilité des pensées que nous attribuons à un agent, quelles qu'elles soient, dans la mesure où nous ne parvenons pas à découvrir une structure cohérente dans ses croyances et, finalement, dans ses actions, car c'est seulement sur le fond d'une telle structure que nous pouvons identifier des pensées[u].

Sur la base de nos développements précédents, l'expression « mais elle exige un tribut pour de telles attributions » est particulièrement frappante, elle confirme que sont ici en jeu les estimations relatives à la charge de la preuve, caractéristiques des présomptions.

Chez quelques théoriciens de la compréhension qui n'emploient pas expressément le terme même de présomption, on peut malgré tout remarquer en lisant que, déjà au niveau de la forme, les principes herméneutiques qu'ils prônent sont et doivent être des règles de présomption. Dans les formulations du principe

u. D. Davidson, *Inquiries into Truth and Interpretation*, Oxford [Clarendon Press], 1984, p. 159. Une autre référence : « la possibilité de comprendre un discours repose sur la présomption selon laquelle la structure des attitudes d'un locuteur vis-à-vis de son énoncé (qu'il soit ou non prononcé) est largement, et dans la plupart des situations courantes, cohérente et correcte » (D. Davidson, « A new Basis for Decision Theory », *Theory and Decision* 18, 1985, p. 90).

de l'équité herméneutique qu'on trouve chez Alexander Gottlieb Baumgartner ou Georg Friedrich Meier, sautait aux yeux l'ajout constant de la formule : « donec constet contrarium » ou « jusqu'à ce que le contraire apparaisse » (entre autres). Il s'agit là de la clause classique de réfutabilité qui s'applique aux présomptions. Pour ne rappeler qu'un passage central :

> l'équité herméneutique (*aequitas hermeneutica*) est l'inclination de l'interprète à tenir pour herméneutiquement vraies les significations qui concordent au mieux avec les réalisations de l'auteur des signes, jusqu'à ce que le contraire soit démontré [v].

Naturellement, il ne suffit pas que quelques philosophes aient à l'occasion appelé « présomptions » les principes généraux de l'interprétation qu'ils ont analysés et défendus, pour que nous soyons convaincus ni même contraints d'admettre qu'il s'agisse effectivement de présomptions en un sens intéressant, c'est-à-dire qu'il soit possible par là de décrire le statut de ces principes de manière éclairante. Néanmoins, il est possible de le montrer de manière vraisemblable par plusieurs biais, indépendamment des indices terminologiques mentionnés. i) Nous pouvons tout d'abord nous demander dans quelle mesure la situation où se trouve quelqu'un qui veut ou doit comprendre une assertion, un texte, etc., appartient au type de situations où les présomptions sont utiles ou même indispensables. ii) On peut ensuite considérer les rôles que jouent les principes généraux de la compréhension lors de la compréhension et de l'interprétation, et se demander si, et si oui, comment, ces rôles sont adaptés à leur caractère de présomption, voire même si ce dernier ne permet pas de les expliquer. Relativement à cela, on peut examiner des stratégies possibles de justification rationnelle des principes généraux de la

v. G.F. Meier, *Versuch einer allgemeinen Auslegungskunst*, Halle, 1757, § 39; *cf.* A.G. Baumgarten, *Acroasis Logica*, Halle, 1761, § 464 *sq.*

compréhension et de l'interprétation, et voir si elles correspondent aux modèles utilisés pour justifier les présomptions.

Nous étudierons plus en détail les stratégies de justification et les fonctions qui incombent aux principes. Il faut toutefois et au préalable ajouter quelques remarques fondamentales sur ce qu'on pourrait appeler la situation herméneutique : se comprendre est une forme d'agir social. Nous devons en permanence accorder nos actions aux actions des autres personnes. Nous devons constamment faire dépendre nos propres actions non-verbales et verbales de la façon dont nous interprétons le comportement verbal et non-verbal des autres. Une grande incertitude demeure parfois quant au sens des propos d'autres personnes, quant à la nature de leurs intentions et de leurs motifs. Ainsi la lettre d'un propos tenu à l'oral ou d'un texte écrit peut-elle autoriser toute une série d'interprétations. Les phrases employées peuvent être par exemple syntaxiquement ou sémantiquement ambiguës. Les références aux objets dans une description peuvent ne pas être claires. De même la fonction illocutoire et l'aspect essentiel de l'échange peuvent rester problématiques. Or, dans de nombreuses occasions de ce genre, il faut agir, décider – et très souvent dans l'urgence. Dans une conversation courante, par exemple, nous avons une seconde pour répondre ou réagir d'une autre façon (dans d'autres tentatives de compréhension, par exemple lorsqu'on cherche à comprendre le *Parménide* de Platon ou *Fin de partie* de Beckett, nous avons plus de temps devant nous. Mais on accordera facilement que, la plupart du temps, les ressources sont plus réduites et la nécessité d'agir plus pressante).

En tout cas, la décision ne doit pas être prise arbitrairement mais dans le cadre de ce qui est rationnellement possible. Et les solutions devraient présenter un certain degré de généralité afin d'être utiles non pas uniquement dans telle occasion, mais pour toute une catégorie de cas. On a donc besoin de méthodes pour résoudre de façon systématique et par conséquent traiter de manière rationnelle de tels problèmes de décision.

À mon avis, nous retrouvons dans la situation herméneutique un type plus général de situation où l'usage des présomptions est nécessaire ou du moins approprié. De même qu'en droit les présomptions juridiques particulières sont indispensables, de même les disciplines scientifiques ne peuvent se passer de présomptions méthodologiques, ni non plus la pratique de l'interprétation de présomptions herméneutiques spéciales. La question philosophiquement intéressante est alors, naturellement, de savoir en quel sens les présomptions sont dans chaque cas requises. Pour ce qui est des principes généraux de l'interprétation, nous allons examiner en détail cette question et y répondre.

4. Rôles et fonctions des principes généraux de l'interprétation

Dans la pratique de l'interprétation différents rôles ou différentes fonctions peuvent être attribués aux principes de l'interprétation.

a) Ils peuvent avoir, tout d'abord, des fonctions *heuristiques*, en ce sens qu'ils nous dirigent parfois dans la recherche d'hypothèses d'interprétation appropriées. Si l'on voulait expliciter cette fonction, on pourrait en formuler les principes au moyen du schéma suivant : chercher une interprétation I de l'*interpretandum* x, telle qu'elle ait la propriété E souhaitée.

b) Ils peuvent en outre remplir des fonctions évaluatives, en ce qu'ils permettent de distinguer, en jugeant de leur valeur, des interprétations en conflit qui sont équivalentes du point de vue des données (phonèmes, signes, etc.). Si cette fonction se trouve au premier plan, on peut en formuler les principes de la manière suivante : choisir parmi plusieurs interprétations concurrentes celle qui est la seule à posséder la propriété E (ou qui présente E dans une plus grande mesure que les autres).

c) Une troisième fonction n'a été que rarement prise en compte et commentée de manière théorique, bien qu'elle ait toujours été utilisée depuis l'Antiquité, comme nous l'avons vu. Les principes généraux de la compréhension peuvent imposer ou du moins rendre possible le changement ou le *passage* d'un niveau de compréhension à un autre. Analyser cette fonction des principes est un préalable essentiel à une théorie de la compréhension de tout ce qui est donné à comprendre outre ce qui est littéralement dit. En relève les « implications » au sens de H. Paul Grice ou encore les actes de langage qu'on appelle indirects, sur lesquels John R. Searle a attiré l'attention. Nous traiterons en détail de ces phénomènes dans ce qui suit.

5. Thèses sur le caractère indispensable

Un point particulièrement débattu est de savoir si certains principes de l'interprétation sont *indispensables*, si nous *devons* les appliquer si jamais nous voulons comprendre quelque chose. Parvenir à montrer cela, implique qu'on dispose bien sûr d'une justification aussi solide que possible des principes généraux de l'interprétation et des présomptions herméneutiques qui en sont corollaires.

Ce genre de thèses sur le caractère indispensable ont évidemment provoqué un intérêt philosophique particulier. Les débats qu'elles ont suscités sont depuis longtemps devenus confus. Il est donc d'autant plus important de remettre un peu d'ordre dans le champ de cette discussion. Avant tout, il faut d'emblée remarquer que ces thèses problématiques peuvent être lues de manières très diverses selon la façon dont on comprend les expressions modales « devoir » et « indispensable » dans la formulation utilisée plus haut (et des expressions du même type dans d'autres formulations courantes).

(NI) Nécessité instrumentale : on peut affirmer, et on a affirmé, que les présomptions herméneutiques sont des moyens indispensables pour parvenir à une compréhension exacte ou adéquate. Appelons cette modalité, simplement pour disposer d'une expression pratique, « nécessité instrumentale ».

(CC) Conditions constitutives : on peut affirmer en un sens plus large qu'elles sont des conditions constitutives pour la compréhension ou l'interprétation [w]. Il convient toutefois d'opérer là encore une nouvelle distinction, entre conditions « constitutives de la pratique » (CP) et conditions « constitutives des concepts » (CC).

(CP) Celui qui défend une thèse du premier type affirme, par exemple, que les règles de présomption herméneutiques sont des règles constitutives de notre pratique de la compréhension et de l'interprétation ou encore de notre pratique ordinaire d'explication, de pronostic et de compréhension psychologiques des actions.

(CC) On peut, au lieu de cela, affirmer qu'elles sont des conditions constitutives pour l'application légitime de concepts qui interviennent dans l'interprétation : par exemple pour l'application légitime de concepts comme « signification », « opinion », « erreur », « souhait », « prise de position propositionnelle », « action » ou « personne ». On peut bien évidemment qualifier la modalité en cause de « nécessité conceptuelle ». Des thèses de ce type ont été récemment défendues et fondées de manière remarquable par Donald Davidson et Daniel C. Dennett.

w. Pour l'application à notre thématique de cette distinction entre moyens indispensables et conditions constitutives, *cf.* R. Bittner, « Verständnis für Unvernünftige », *Zeitschrift für philosophische Forschung* 43, 1989, p. 578.

(NE) Nécessité évolutionnaire : Dennett – mais d'autres également – ont, en outre, fait la notoriété d'une autre stratégie d'argumentation qui introduit une troisième modalité. Il a essayé de montrer qu'une certaine proportion d'irrationalité était impossible du point de vue de l'évolution, que par conséquent nous pouvions supposer la rationalité, car l'évolution biologique garantit que nous sommes dans l'ensemble rationnels. Si l'on part du principe que l'évolution est soumise à des lois naturelles, on peut parler ici de nécessité selon les lois de la nature. Ou bien, on peut également parler, de manière plus spécifique, de nécessité évolutionnaire. [...]

BIBLIOGRAPHIE

ABEL Günter, *Interpretationswelten : Gegenwartsphilosophie jenseits von Essentialismus und Relativismus*, Frankfurt a.M., Suhrkamp, 1993.

– *Sprache, Zeichen, Interpretation*, Frankfurt a.M., Suhrkamp, 1999 ; trad. fr. L. Sosoe, Paris, Vrin, 2011.

ALBERT Hans, « Hermeneutik und Realwissenschaft. Die Sinnproblematik und die Frage der theoretischen Erkenntnis », dans H. Albert (ed.), *Sozialtheorie und soziale Praxis*, Meisenheim a.Glan, Hain, 1971 ; repris dans A. Bühler (ed.), *Hermeneutik. Basistexte zur Einführung in die wissenschaftstheoretischen Grundlagen von Verstehen und Interpretation*, Heidelberg, Synchron, 2003, p. 23-58.

– « Erkenntnis, Sprache und Wirklichkeit. Der kritische Realismus und das Problem der Erkenntnis », dans B. Kanitschneider (ed.), *Sprache und Erkenntnis*, Innsbruck, Institut fur Sprachwissenschaft der Univresität, 1976 ; repris dans H. Albert, *Kritische Vernunft und menschliche Praxis*, Stuttgart, Reclam, 1977, p. 101-126.

– *Kritik der reinen Hermeneutik. Der Antirealismus und das Problem des Verstehens*, Tübingen, Mohr Siebeck, 1994.

APEL Karl-Otto, *Transformation der Philosophie*, Frankfurt a.M., Suhrkamp, 1973 ; trad. fr. *Transformation de la philosophie*, Paris, Le Cerf, 2008.

– *Die Erklären/Verstehen Kontroverse in transzendental-pragmatischer Sicht*, Frankfurt a.M., Suhrkamp, 1979 ; trad. fr. S. Mesure, *La controverse expliquer-comprendre*, Paris, Le Cerf, 2000.

– « La dimension herméneutique des sciences sociales et sa fondation normative » (1997), dans J.-M. Salanskis, F. Rastier et R. Scheps (éds.), *Herméneutique : textes, sciences*, Paris, PUF, 1997, p. 163-198.

ARON Raymond, *Introduction à la philosophie de l'Histoire. Essai sur les limites de l'objectivité historique* (1938), éd. critique S. Mesure, Paris, Gallimard, 1986.

BAGETTO Luca, *Etica della communicazione. Che cos'è l'ermeneutica filosofica ?*, Turin, Paravia, 1999.

BERNER Christian, *Au détour du sens. Perspectives d'une philosophie herméneutique*, Paris, Le Cerf, 2007.

— et THOUARD Denis (éds.), *Sens et interprétation. Pour une introduction à l'herméneutique*, Lille, Presses Universitaires du Septentrion, 2008.

BETTI Emilio, *Teoria generale della interpretazione*, Milan, Giuffre, 1955.

– *Die Hermeneutik als allgemeine Methodik der Geisteswissenschaften*, Tübingen, Mohr, 1962.

– *Zur Grundlegung einer allgemeinen Auslegungslehre*, Tübingen, Mohr, 1988.

BIANCHI Luca, « Interpréter Aristote par Aristote », *Methodos* 2, 2002, p. 267-288.

BLUMENBERG Hans, *Die Lesbarkeit der Welt*, Frankfurt a.M., Suhrkamp, 1981; trad. fr. P. Rusch, *La lisibilité du monde*, Paris, Le Cerf, 2008.

BÖHM Jan M., *Kritische Rationalität und Verstehen. Beiträge zu einer naturalistischen Hermeneutik*, Amsterdam-New York, Rodopi, 2006.

BOLLACK Jean, « Un futur dans le passé. L'herméneutique matérielle de Peter Szondi » (1989), dans *La Grèce de personne*, Paris, Seuil, 1997.

– *Sens contre sens. Comment lit-on ?*, entretiens avec Patrick Llored, Aubenas, La Passe du vent, 2001.

– *L'Écrit. Une poétique dans l'œuvre de Celan*, Paris, PUF, 2003.

BOUVERESSE Jacques, *Herméneutique et linguistique*, Combas, L'Éclat, 1991.

BÜHLER Axel (ed.), *Unzeitgemäße Hermeneutik. Verstehen und Interpretation im Denken der Aufklärung*, Frankfurt a.M., Klostermann, 1994.

– « Die Vielfalt des Interpretierens », *Analyse und Kritik* 21, 1999, p. 117-137.

– (ed.), *Hermeneutik. Basistexte zur Einführung in die wissenschaftstheoretischen Grundlagen von Verstehen und Interpretation*, Heidelberg, Synchron, 2003.

BULTMANN Rudolf, « Le problème de l'herméneutique » (1950), dans *Foi et savoir*, t. 2, Paris, Seuil, 1970.

CASSIRER Ernst, *La philosophie des formes symboliques, 1-3* (1923-1929), trad. fr. O. Hansen-Love et J. Lacoste, Paris, Minuit, 1972-1975.

– *Logique des sciences de la culture* (1942), trad. fr. J. Carro, Paris, Le Cerf, 1995.

CHISHOLM Roderick M., « Verstehen: The Epistemological Question », *Dialectica* 33, 1979, p. 233-246.

COMETTI Jean-Pierre, « L'intention du texte ou les figures de l'évêque Wilkins », *Critique* 572-573, 1995, p. 94-105.

Commission Biblique Pontificale, *L'interprétation de la Bible dans l'Église*, préface J. Ratzinger, Vatican, 1993 ; rééd. Paris, Téqui, s.d.

COMPAGNON Antoine, *Le Démon de la théorie*, Paris, Seuil, 1998.

COURTINE Jean-François (éd.), *Heidegger 1919-1929. De l'herméneutique de la facticité à la métaphysique du Dasein*, Paris, Vrin, 1996.

DANNEBERG Lutz, « Zum Autorkonstrukt und zu einem methodologischen Konzept der Autorintention », dans *Rückkehr des Autors*, Tübingen, Niemeyer, 1999, p. 77-105.

—et MÜLLER Hans Harald, « "Der intentionale Fehlschluss" – ein Dogma? Systematischer Forschungsbericht zur Kontroverse um eine intentionalistische Konzeption in den Textwissenschaften », I & II, *Zeitschrift für allgemeine Wissenschaftstheorie* 14, 1983, p. 103-137 et p. 376-411.

DASCAL Marcelo, *Interpretation and Understanding*, Amsterdam, Benjamins, 2003.

DAVIDSON Donald, *Inquiries into Truth and Interpretation*, Oxford, Clarendon Press, 1984 ; trad. fr. P. Engel, *Enquête sur la vérité et l'interprétation*, Nîmes, J. Chambon, 1993.

–*Actions and Events*, Oxford, Clarendon Press, 1980 ; trad. fr. P. Engel, *Actions et événements*, Paris, PUF, 1993.

DEHAENE Stanislas, *Les neurones de la lecture*, Paris, Odile Jacob, 2007.

DELPLA Isabelle, *Quine, Davidson. Le principe de charité*, Paris, PUF, 2001.

DENIAU Guy, *Cognitio imaginativa. La phénoménologie herméneutique de Gadamer*, Bruxelles, Ousia, 2002.

–*Qu'est-ce que comprendre ?*, Paris, Vrin, 2008.

DESCOMBES Vincent, *Les institutions du sens*, Paris, Minuit, 1995.

DI CESARE Donatella, *Utopia del comprendere*, Gênes, Il Melangolo, 2003.

DIECKMANN Andreas, *Empirische Sozialforschung. Grundlagen, Methoden, Anwendungen*, Reinbeck, Rororo, 1995.

DILTHEY Wilhelm, « Die Entstehung der Hermeneutik » (1900), GS V, G. Misch (ed.), Stuttgart-Göttingen, Teubner-V & R, 1957, p. 316-338 ; trad. fr. D. Cohn et É. Lafon, « La Naissance de l'herméneutique », dans *Écrits d'esthétique*, Paris, Le Cerf, 1995, p. 291-307 ; trad. fr. M. Remy avec les compléments tirés des manuscrits, « Origine et développement de l'herméneutique », dans *Le Monde de l'esprit* I, Paris, Aubier Montaigne, 1947, p. 319-340.

–*L'Édification du monde historique* (1911), trad. fr. S. Mesure, Paris, Le Cerf, 1989.

–*Die Geistige Welt* (1923), dans *Gesammelte Schrifften*, t. V, G. Misch (ed.), Stuttgart-Göttingen, Teubner-V & R, 1957.

–*Le Monde de l'esprit* I-II, trad. fr. M. Rémy, Paris, Aubier, 1947.

ECO Umberto, *Les limites de l'interprétation* (1990), Paris, Grasset, 1992.

–*Interprétation et surinterprétation*, S. Collini (éd.), trad. fr. J.-P. Cometti, Paris, PUF, 1996.

—et SEBEOK T.A. (eds.), *The Sign of Three : Dupin, Holmes, Peirce*, Bloomington, Indiana UP, 1983.

ELSTER Jon, « Interpretation and rational choice », *Rationality and Society* 21, 2009, p. 5-33.

ENGEL Pascal, « Interpretation without Hermeneutics : A Plea against Ecumenism », *Topoi* 10, 1991, p. 137-146.

FELLMANN Ferdinand, *Symbolischer Pragmatismus. Hermeneutik nach Dilthey*, Reinbeck, Rororo, 1991.

FERRARIS Maurizio, *T'es où? Ontologie du téléphone mobile* (2005), trad. fr. Paris, Albin Michel, 2006.

FERRY Jean-Marc, *Les puissances de l'expérience*, t. 1-2, Paris, Le Cerf, 1991.

– *Les grammaires de l'intelligence*, Paris, Le Cerf, 2004.

FEUERHAHN Wolf, « Max Weber et l'explication compréhensive », *Philosophie* 85, 2005, p. 19-41.

FIGAL Günter, *Der Sinn des Verstehens*, Stuttgart, Reclam, 1996.

– *Gegenständlichkeit. Das Hermeneutische und die Philosophie*, Frankfurt a.M., Klostermann, 2006.

FLASCH Kurt, *Philosophie hat Geschichte I-II*, Frankfurt a.M., Klostermann, 2003-2005; trad. fr. partielle F. Gregorio et C. König-Pralong, *Prendre congé de Dilthey*, Paris, Les Belles Lettres, 2008.

FØLLESDAL Dagfin, « The status of rationality assumptions in interpretations and in the explanation of actions », *Dialectica* 36, 1982, p. 301-316.

FRANK Manfred, *Das Sagbare und das Unsagbare*, Frankfurt a.M., Suhrkamp, 1989.

FREY Gerhard, « Hermeneutische und hypothetisch-deduktive Methode », *Zeitschrift für allgemeine Wissenschaftstheorie* 1, 1970, p. 23-40.

FREYER Hans, *Theorie des objektiven Geistes. Eine Einführung in die Kulturphilosophie* (1923), trad. anglaise S. Grosby, *Theory of Objective Mind. An introduction into the philosophy of culture*, Ohio, UP, 1988.

GADAMER Hans-Georg, *Gesammelte Werke*, 10 volumes, Tübingen, Mohr, 1986-1995.

– *L'Art de comprendre I et II*, trad. fr. M. Simon et P. Fruchon (dir.), Paris, Aubier, 1982 et 1991.

– *Langage et vérité*, trad. fr. J.-C. Gens, Paris, Gallimard, 1995.

– « L'herméneutique comme philosophie pratique » (1972), dans *Langage et vérité*, trad. fr. J.-C. Gens, Paris, Gallimard, 1995, p. 232-253.

– *La Philosophie herméneutique*, trad. fr. J. Grondin, Paris, PUF, 1996.

– *Wahrheit und Methode. Grundzüge einer philosophischen Hermeneutik*, Tübingen, Mohr, 1960; rééd. dans *Gesammelte Werke*, vol. 1, Tübingen, Mohr, 1986.

– *Vérité et méthode*, trad. fr. partielle E. Sacre, Paris, Seuil, 1976.

– *Vérité et méthode*, trad. fr. P. Fruchon, J. Grondin et G. Merlio, dans *Vérité et méthode. Les grandes lignes d'une philosophie herméneutique*, Paris, Seuil, 1996.

GAUTIER Claude, « Texte, contexte et intention illocutoire de l'auteur. Les enjeux du programme méthodologique de Quentin Skinner », *Revue de métaphysique et de morale*, 42, 2004, p. 175-192.

GEERTZ Clifford, *The Interpretation of Culture*, New York, Basis Books, 1973.

GENS Jean-Claude, *La pensée herméneutique de Dilthey. Entre néokantisme et phénoménologie*, Lille, Presses Universitaires du Septentrion, 2002.

– *Éléments pour une herméneutique de la nature*, Paris, Le Cerf, 2008.

GINZBURG Carlo, « Traces. Les racines d'un paradigme indiciaire » (1979), trad. fr. M. Aymard dans *Mythes, emblèmes, traces. Morphologie et histoire*, Paris, Flammarion, 1989, p. 139-180.

– *Il filo e le tracce. Vero falso finto*, Milan, Feltrinelli, 2006; trad. fr. M. Rueff, Lagrasse, Verdier, 2010.

GOODMAN Nelson, *Manières de faire des mondes* (1983), trad. fr. M.D. Popelard, Nîmes, J. Chambon, 1992.

GRAESER Andreas, « Interpretation, Erfahrung und Bedeutung », *Studia philosophica* 57, 1998, *Interprétation et vérité*, p. 11-25.

GREISCH Jean, *L'Âge herméneutique de la raison*, Paris, Le Cerf, 1985.

– (éd.), *Comprendre et interpréter. Le paradigme herméneutique de la raison*, Paris, Beauchesne, 1993.

– *Le cogito herméneutique*, Paris, Vrin, 2000.

— et KEARNEY Richard (éds.), *Paul Ricœur. Les métamorphoses de la raison herméneutique*, Paris, Le Cerf, 1991.

GRIFFERO Tonino, VERCELLONE Federico, FRANZINI Elio, FERRARIS Maurizio, *Ciò che l'autore non sa. Ermeneutica, tradizione, critica*, Milan, Guerini, 1988.

GRONDIN Jean, *L'Horizon herméneutique de la pensée contemporaine*, Paris, Vrin, 1993.

– *L'Universalité de l'herméneutique*, Paris, PUF, 1993.

GRÜNDER Karlfried, « Hermeneutik und Wissenschaftstheorie », *Philosophisches Jahrbuch* 75, 1968, p. 152-165.

GUMBRECHT H.U., *Die Macht der Philologie*, Frankfurt a.M., Suhrkamp, 2004.

HABERMAS Jürgen, *Connaissance et intérêt* (1968), trad. fr. G. Clémençon, Paris, Gallimard, 1976.

– « La prétention à l'universalité de l'herméneutique » (1970), dans *Logique des sciences sociales* (1985), trad. fr. R. Rochlitz, PUF, 1987, p. 239-266.

– « Les sciences sociales face au problème de la compréhension » (1980, sous le titre « Interpretive social science *vs* Hermeneuticism »), dans *Morale et communication*, Paris, Le Cerf, 1986, p. 23-62.

– *Logique des sciences sociales* (1985), trad. fr. R. Rochlitz, PUF, 1987.

– *Vérité et justification* (1999), trad. fr. R. Rochlitz, Paris, Gallimard, 2001.

HEIDEGGER Martin, *Sein und Zeit* (1927), Tübingen, Max Niemeyer, 1976; trad. fr. F. Vezin, *Être et temps*, Paris, Gallimard, 1986; trad. fr. E. Martineau, Paris, Authentica, 1985 (hors commerce).

HIRSCH Eric Donald, *Validity in Interpretation*, New Haven-Londres, Yale UP, 1967.

– *The Aims of Interpretation*, Chicago, Chicago UP, 1976.

HOGREBE Wolfram, *Mantik und Metaphysik*, Frankfurt a.M., Suhrkamp, 2000.

– « Mantik und Hermeneutik », dans W. Hogrebe (ed.), *Mantik. Profile prognostischen Wissens in Wissenschaft und Kultur*, Wurzburg, K&N, 2005, p. 3-15.

INEICHEN Hans, *Philosophische Hermeneutik*, Fribourg-Munich, Karl Alber, 1991.

ISAMBERT Francois-André, « L'interprétation, source de compréhension chez Max Weber », *Enquête* 3, 1993, *Interpréter, surinterpréter* (revues.org).

JACQUES Francis, *De la textualité*, Paris, Maisonneuve, 2002.

JANNIDIS Fotis (ed.), *Regeln der Bedeutung. Zur Theorie der Bedeutung literarischer Texte*, Berlin-New York, de Gruyter, 2003.

— et LAUER Gerhard, MARTINEZ Matias, WINKO Simone (eds.), *Rückkehr des Autors. Zur Erneuerung eines umstrittenen Begriffs*, Tübingen, Niemeyer, 1999.

JAPP Uwe, *Hermeneutik. Der theoretische Diskurs, die Literatur und die Konstruktion ihres Zusammenhanges in den philologischen Wissenschaften*, Munich, Fink, 1977.

JAUSS Hans Robert, *Pour une herméneutique littéraire*, trad. fr. M. Jacob, Paris, Gallimard, 1988.

KÖNIG Christoph, « Kritische Philologie heute », dans J. Schönert (ed.), *Literaturwissenschaft und Wissenschaftsforschung*, Stuttgart-Weimar, Metzler, 2001, p. 317-335.

KOSELLECK Reinhart, *Vergangene Zukunft*, Frankfurt a.M., Suhrkamp, 1979; trad. fr. J. et M.-C. Hoock, *Le futur passé. Contribution à une sémantique des temps historiques*, Paris, MSH, 1990.

KÜNG Guido, « Understanding and its rational Justification », *Dialectica* 33, 1979, p. 217-232.

KÜNNE Wolfgang, « Verstehen und Sinn. Eine sprachanalytische Betrachtung », *Allgemeine Zeitschrift für Philosophie* 6, 1981, p. 1-16.

KURT Ronald, *Hermeneutik. Eine sozialwissenschaftliche Einführung*, Constance, UVK (UTB), 2004.

LAKS André, « Herméneutique et argumentation », *Le Débat*, Automne 1992, p. 146-154.

— et NESCHKE Ada (éds.), *La naissance du paradigme herméneutique*, Lille, Presses Universitaires du Septentrion, 2008[2].

LAUGIER Sandra, « Charité, traduction radicale et prélogicité », *Revue de Métaphysique et de Morale*, 29, 2001, p. 63-83.

LENK Hans, *Philosophie und Interpretation. Vorlesungen zur Entwicklung konstruktionistischer Interpretationsansätze*, Frankfurt a.M., Suhrkamp, 1993.

– *Interpretationskonstrukte. Zur Kritik der interpretatorischen Vernunft*, Frankfurt a.M., Suhrkamp, 1993.

LEWIS David, « Radical interpretation », *Synthese* 23, 1974, p. 331-344; rééd. dans D. Lewis, *Philosophical Papers* I, Oxford, Oxford UP, 1983, p. 108-121.

LIPPS Hans, *Untersuchungen zu einer hermeneutischen Logik* (1938), Frankfurt a.M., Klostermann, 1976; trad. fr. S. Kristensen, *Recherches pour une logique herméneutique*, Paris, Vrin, 2004.

LITT Theodor, *L'universel dans les sciences morales* (1942), trad. fr. L. Guérin-Mathias et M. de Launay, Paris, Le Cerf, 1999.

LUHMANN Niklas, « Systeme verstehen Systeme », dans N. Luhmann et K.E. Schorr (eds.), *Zwischen Intransparenz und Verstehen. Fragen an die Pädagogik*, Frankfurt a.M., Suhrkamp, 1986, p. 72-117.

MAKKREEL Rudolf, *Dilthey, Philosopher of the Human Studies*, Princeton, Princeton UP, 1975.

MESURE Sylvie, *Dilthey et la fondation des sciences historiques*, Paris, PUF, 1990.

MONTMINY Martin, « Interprétation et interprétationnismes », *Philosophiques* 32, 2005, p. 3-17.

MORIZOT Jacques, « Mondes, versions et textes », dans Ch. Berner et D. Thouard (éds.), *Sens et interprétation. Pour une introduction à l'herméneutique*, Lille, Presses Universitaires du Septentrion, 2008, p. 83-97.

MOST Glenn W., « Philologie et interprétation indiciaire » (2007), dans D. Thouard (éd.), *L'interprétation des indices. Enquête sur le paradigme indiciaire avec Carlo Ginzburg*, Lille, Presses Universitaires du Septentrion, 2007, p. 59-74.

NANCY Jean-Luc, *Le Partage des voix*, Paris, Galilée, 1982.

NESCHKE-HENTSCHKE Ada (éd.), *Les herméneutiques au seuil du XXIe siècle. Évolution et débat actuel*, Louvain-Paris, Peteers, 2004.

OEVERMANN Ulrich, *Thesen zur Methodik der werkimmanenten Interpretation vom Standpunkt der objektiven Hermeneutik*, manuscrit daté d'avril 1997, disponible en ligne sur www.agoh.de.

OEXLE Otto Gerhard, « Naturwissenschaft und Geschichtswissenschaft. Momente einer Problemgeschichte », dans O.G. Oexle (ed.), *Naturwissenschaft, Geisteswissenschaft, Kulturwissenschaft : Einheit – Gegensatz – Komplementarität ?*, Göttingen, Wallstein, 2000.

ORTH Ernst W. (ed.), *Dilthey und die Philosophie der Gegenwart*, Fribourg, Albert, 1985.

PASSERON Jean-Claude, *Le raisonnement sociologique. Un espace non popperien de l'argumentation*, Paris, Albin Michel, 2006[3].

PORTER James I., « Hermeneutic Lines and Circles : Aristarchus and Crates on the Exegesis of Homer », dans R. Lamburton et J.J. Keaney (eds.), *Homer's Ancient Readers. The Hermeneutics of Greek Epic's earliest Exegetes*, Princeton, Princeton UP, 1992, p. 67-133.

QUINE W.v.O., *Le mot et la chose* (1960), trad. fr. J. Dopp et P. Gochet, Paris, Flammarion, 1977.

RASTIER François, *Sémantique interprétative*, Paris, PUF, 1987.

– *Sémantique et recherches cognitives*, Paris, PUF, 1991.

– « Représentation ou interprétation? Une perspective herméneutique sur la médiation sémiotique », dans V. Rialle et D. Fisette (éds.), *Penser l'esprit. Des sciences de la cognition à une philosophie cognitive*, Grenoble, Presses Universitaires, 1996, p. 239-259.

– *Arts et sciences du texte*, Paris, PUF, 2001.

RICŒUR Paul, *De l'interprétation*, Paris, Seuil, 1965.

– *Le conflit des interprétations. Essais d'herméneutique*, Paris, Seuil, 1969.

– *Du texte à l'action. Essais d'herméneutique II*, Paris, Seuil, 1986.

– *Temps et récit I-III*, Paris, Seuil, 1983-1985.

– *Écrits et conférences, 2, Herméneutique*, D. Frey et N. Stricker (eds.), Paris, Seuil, 2010.

RIEDEL Manfred, *Verstehen oder Erklären? Zur Theorie und Geschichte der hermeneutischen Wissenschaften*, Stuttgart, Klett-Cotta, 1978.

– *Hören auf die Sprache. Die akroamatische Dimension der Hermeneutik*, Frankfurt a.M., Suhrkamp, 1990.

RODI Frithjof, *Das Erkenntnis des Erkannten. Zur Hermeneutik des 19. und 20. Jahrhunderts*, Frankfurt a.M., Suhrkamp, 1990.

SALANSKIS Jean-Michel, *Le temps du sens*, Orléans, HYX, 1997.

– *Herméneutique et cognition*, Lille, Presses Universitaires du Septentrion, 2002.

—, RASTIER François, SCHEPS Ruth (éds.), *Herméneutique : textes, sciences*, Paris, PUF, 1997.

SCHMID Holger, *Kunst des Hörens. Orte und Grenzen philosophischer Spracherfahrung*, Cologne-Weimar, Böhlau, 1999.

SCHOLTZ Gunter, *Zwischen Wissenschaftsanspruch und Orientierungsbedürfniss. Zu Grundlage und Wandel der Geisteswissenschaften*, Frankfurt a.M., Suhrkamp, 1991.

– « Was ist und seit wann gibt es "hermeneutische Philosophie"? » *Dilthey-Jahrbuch* 8, 1993, p. 93-119.

– « Das *Interpretandum* in der philosophischen Hermeneutik Gadamers », dans M. Wischke et H. Hofer (eds.), *Gadamer Verstehen/Understanding Gadamer*, Darmstadt, Wissenschaftliche Buchgesellschaft, 2003, p. 13-34.

– « La notion de "significance" et la transformation de l'herméneutique », dans Ch. Berner et D. Thouard (éds.), *Sens et interprétation. Pour une introduction à l'herméneutique*, Lille, Presses Universitaires du Septentrion, 2008, p. 49-65.

SCHOLZ Oliver, *Verstehen und Rationalität. Untersuchungen zu den Grundlagen von Hermeneutik und Sprachphilosophie*, Frankfurt a.M., Klostermann, 2001^2.

– « Compréhension, interprétation et herméneutique », dans Ch. Berner et D. Thouard (éds.), *Sens et interprétation. Pour une introduction à l'herméneutique*, Lille, Presses Universitaires du Septentrion, 2008, p. 67-80.

SCHWEMMER Oswald, *Handlung und Struktur. Zur Wissenschaftstheorie der Kulturwissenschaften*, Frankfurt a.M., Suhrkamp, 1987.

SCHWINN Thomas, « Max Webers Verstehensbegriff », *Zeitschrift für philosophische Forschung* 47, 1993, p. 573-587.

SEARLE John R., *The Construction of social reality*, Londres, Allen Lane-The Penguin Press, 1995; trad. fr. Cl. Tiercelin, Paris, Gallimard, 1996.

SEEBOHM Thomas M., *Hermeneutics. Method and methodology*, Dordrecht, Kluwer, 2004.

SIMMEL Georg, *Philosophie des Geldes* (1900), trad. fr. *Philosophie de l'argent*, Paris, PUF, 1987.
– « Le concept et la tragédie de la culture », dans *La tragédie de la culture et autres essais*, Marseille, Rivages, 1911.
– « De la nature de la compréhension historique » (1918), dans *La forme de l'histoire*, trad. fr. K. Winkelvoss, Paris, Le Promeneur, 2004, p. 46-88.
SIMON Josef, *Sprachphilosophie*, Fribourg-Munich, Karl Alber, 1981.
– *Philosophie des Zeichens*, Berlin, de Gruyter, 1989.
– (ed.), *Zeichen und interpretation* I-IV, Frankfurt a.M., Suhrkamp, 1994-2000.
– *Signe et interprétation*, trad. fr. C. Berner, M. de Launay et D. Thouard, Lille, Presses Universitaires du Septentrion, 2004.
SPOERHASE Carlos, *Autorschaft und Interpretation. Methodische Grundlagen einer philologischen Hermeneutik*, Berlin, de Gruyter, 2007.
STRUBE Werner, « Analyse des Verstehensbegriffs », *Zeitschrift für Allgemeine Wissenstheorie* 16, 1985, p. 315-333.
SZONDI Peter, *Introduction à l'herméneutique littéraire* (1975), trad. fr. M. Bollack, Paris, Le Cerf, 1989.
– *Poésie et poétique de l'idéalisme allemand*, éd. J. Bollack (dir.), Paris, Minuit, 1975 ; rééd. Paris, Gallimard, 1991.
– *Poésie et poétique de la modernité*, M. Bollack (éd.), Lille-Paris, PUL-MSH, 1987.
TAYLOR Charles, *La liberté des modernes*, trad. fr. Ph. De Lara, Paris, PUF, 1997.
TEPE Peter, *Kognitive Hermeneutik. Textinterpretation ist als Erfahrungswissenschaft möglich*, Würzburg, Königshausen & Neumann, 2007.
—, RAUTER Jürgen, SEMLOW Tania (eds.), *Interpretationskonflikte am Beispiel von E.T.A. Hoffmanns Der Sandmann*, Würzburg, K&N, 2009.
THOUARD Denis, « Les trois possibilités de l'herméneutique après Kant. Pour une logique des positions herméneutiques », dans J.-M. Salanskis, F. Rastier et R. Scheps (éds.), *Herméneutique : textes, sciences*, Paris, PUF, 1997, p. 33-55.
– « Qu'est-ce qu'une "herméneutique critique" ? », *Methodos* 2, 2002, p. 289-312.
– « La méthode des sciences de la culture », *Methodus. Revista internacional de filosofia moderna. International Journal for modern Philosophy* 1, 2006, p. 38-60.
– (éd.), *L'interprétation des indices. Enquête sur le paradigme indiciaire avec Carlo Ginzburg*, Lille, Presses Universitaires du Septentrion, 2007.
– « Über den Gegenstand der Hermeneutik », *Allgemeine Zeitschrift für Philosophie* 32.2, 2007, p. 121-135.
– « Les conceptions du texte. Un conflit d'interprétation », dans Ch. Berner et D. Thouard (éds.), *Sens et interprétation. Pour une introduction à l'herméneutique*, Lille, Presses Universitaires du Septentrion, 2008, p. 99-130.
TULLY J. (ed.), *Meaning & Context – Quentin Skinner and his Critics*, Princeton, Princeton UP, 1988.

VATTIMO Gianni, *Au-delà de l'interprétation. La signification de l'herméneutique* (1994), trad. fr. M. Somville-Garant, Bruxelles, De Boeck, 1997.

VERCELLONE Federico, *Apparenza e interpretazione*, Milan, Guerini, 1989.

VOSSENKUHL Wilhelm, « Analyse und Hermeneutik. Über "Verstehen" », *Philosophia naturalis* 32, 1995, p. 295-317.

WAGNER Hans-Josef, *Objektive Hermeneutik und Bildung des Subjekts*, Weilerwist, Velbrück Wissenschaft, 2001.

WATIER Patrick, « Les ressources de l'interprétation sociologique », *L'Année sociologique* 57, 2007, p. 83-102.

WEBER Max, « Die "Objektivität" sozialwissenschaftlicher und sozialpolitischer Erkenntnis » (1904), dans *Gesammelte Aufsätze zur Wissenschaftslehre*, J. Winckelmann (ed.), Tübingen, Mohr, 1988, p. 146-214; trad. fr. J. Freund, dans *Essais sur la théorie de la science*, Paris, Plon, 1965.

WELLMER Albrecht, *Sprachphilosophie*, Frankfurt a.M., Suhrkamp, 2004.

WILS Jean-Pierre, *Nachsicht. Studien zu einer ethisch-hermeneutischen Basiskategorie*, Paderborn, Schöningh, 2006.

WINCH Peter, *L'idée d'une science sociale et sa relation à la philosophie* (1958), trad. fr. M. Le Du, Paris, Gallimard, 2009.

WISCHKE M. et Hofer H. (éds.), *Gadamer Verstehen/Understanding Gadamer*, Darmstadt, Wissenschaftliche Buchgesellschaft, 2003.

WITTGENSTEIN Ludwig, *Philosophische Untersuchungen*, Oxford, Blackwell, 1958.

– *The Big Typescript*, M. Nedo (ed.), Vienne, Springer, 2000.

ZACCAÏE-REYNERS Nathalie (éd.), *Expliquer-comprendre*, Bruxelles, Éditions de l'Université de Bruxelles, 2003.

Numéros de revue consacrés à l'interprétation

Revue de Métaphysique et de Morale 1, 2001, *Éthique et interprétation*, Ch. Berner (dir.).

Dialectica 33, 1979.

Philosophia naturalis 32, 1995.

Philosophiques 32, n° 1 (printemps 2005), *Questions d'interprétation*, M. Montminy (dir.).

Enquêtes 3, 1993, *Interpréter, surinterpréter*.

Internationales Jahrbuch für Hermeneutik, 2001-.

Studia philosophica 57, 1998, *Interpretation und Wahrheit* (*Interprétation et vérité*).

Revue internationale de philosophie 4, 2003, *Dilthey*, R. Makkreel (dir.).

Revue internationale de philosophie 3, 2000, *Gadamer*.

INDEX DES NOTIONS

INDEX DES NOMS

TABLE DES MATIÈRES

L'INTERPRÉTATION DES TEXTES

LOGIQUES DE L'INTERPRÉTATION

DANS LA MÊME COLLECTION

Esthétique contemporaine. Art, représentation et fiction
Textes réunis par J.-P. COMETTI, J. MORIZOT et R. POUIVET, 480 pages, 2005

Éthique de l'environnement. Nature, valeur, respect
Textes réunis par H.-S. AFEISSA, 384 pages, 2007

L'Histoire des sciences. Méthodes, styles et controverses
Textes réunis par J.-F. BRAUNSTEIN, 384 pages, 2008

Métaphysique contemporaine. Propriétés, mondes possibles et personnes
Textes réunis par E. GARCIA et F. NEF, 384 pages, 2007

Philosophie animale. Différence, responsabilité et communauté
Textes réunis par H.-S. AFEISSA et J.-B. JEANGÈNE-VILMER, 384 pages, 2010

Philosophie de l'action. Action, raison et délibération
Textes réunis par B. GNASSOUNOU, 384 pages, 2007

Philosophie de l'esprit
Textes réunis par D. FISETTE et P. POIRIER
– vol. I : *Psychologie du sens commun et sciences de l'esprit*, 384 pages, 2002
– vol. II : *Problèmes et perspectives*, 384 pages, 2003

Philosophie de la connaissance. Croyance, connaissance, justification
Textes réunis par J. Dutant et P. Engel, 448 pages, 2005

Philosophie de la logique. Conséquence, preuve et vérité
Textes réunis par D. Bonnay et M. Cozic, 448 pages, 2009

Philosophie de la médecine
– vol. I : *Frontière, savoir, clinique*. Textes réunis par M. Gaille, 380 pages, 2011

Philosophie de la religion. Approches contemporaines
Textes réunis par C. Michon et R. Pouivet, 384 pages, 2010

Philosophie des sciences
Textes réunis par S. Laugier et P. Wagner
– vol. I : *Théories, expériences et méthodes*, 370 pages, 2004
– vol. II : *Naturalismes et réalismes*, 424 pages, 2004

Philosophie du corps. Expériences, interactions et écologie corporelle
Textes réunis par B. Andrieu, 384 pages, 2010

Philosophie du langage
Textes réunis par B. Ambroise et S. Laugier
– vol. I : *Signification, vérité et réalité*, 384 pages, 2009
– vol. II : *Sens, usage et contexte*, 380 pages, 2011

Philosophie du théâtre
Textes réunis par M. Haumesser, C. Combes-Lafitte et N. Puyuelo, 352 pages, 2008

Psychologie morale. Autonomie, rationalité pratique et responsabilité
Textes réunis par M. Jouan, 384 pages, 2008

Imprimerie de la Manutention à Mayenne (France) - Août 2011 - N° 692702W
Dépôt légal : 3e trimestre 2011